1.重庆市高校优秀中青年思想政治理论课教师择优资助项目"高校思想政治教育话语理论研究与实践"（编号：SZKZY2020009）

2.重庆市研究生教育教学改革研究一般项目"研究生思想政治理论课辩论式教学模式研究"（编号：YJG233125）

3.重庆市高等教育教学改革研究一般项目"高校思想政治理论课叙事教学模式研究"（编号：243212）

4.重庆三峡学院2023年党建与习近平新时代中国特色社会主义思想理论阐释专项研究项目"中国共产党创新马克思主义法治理论中国化时代化研究"（编号：23DJYJ09）

马克思主义法治理论中国化研究

马克思主义研究文库

孙佳　黄袁——著

九州出版社
JIUZHOUPRESS

图书在版编目（CIP）数据

马克思主义法治理论中国化研究／孙佳，黄袁著.
北京：九州出版社，2024.9. -- ISBN 978-7-5225
-3399-5

Ⅰ. D920.0
中国国家版本馆 CIP 数据核字第 2024H8K267 号

马克思主义法治理论中国化研究

作　　者　孙　佳　黄　袁　著
责任编辑　沧　桑
出版发行　九州出版社
地　　址　北京市西城区阜外大街甲 35 号（100037）
发行电话　（010）68992190/3/5/6
网　　址　www. jiuzhoupress. com
印　　刷　唐山才智印刷有限公司
开　　本　710 毫米×1000 毫米　16 开
印　　张　15
字　　数　253 千字
版　　次　2025 年 1 月第 1 版
印　　次　2025 年 1 月第 1 次印刷
书　　号　ISBN 978-7-5225-3399-5
定　　价　95.00 元

自　序

中华民族具有悠久的法制传统，在封建社会时期，形成了独具特色的中华法制文化，并极大地影响了亚洲其他国家的法制发展。近代以来，中华民族面临着民族独立、富强和复兴的历史重任，在上述诉求之下，必然需要在法治领域中实现国家现代化。在这样的背景任务下，中国人民开始了对于各类法治理论的甄选。中国人民在中国共产党的领导下最终选择了马克思主义法治理论，并用其指导了我国社会主义法治实践发展。在这一法治实践的历史进程中，中国共产党人带领中国人民实现了将马克思主义法治理论的基本原理和中国法治国情的结合，并不断推进马克思主义法治理论中国化与中华优秀传统法制文化相结合，最终创造出了中国化的马克思主义法治理论。

中国共产党一直试图找到一条能够让一个人口众多的东方发展中大国快速实现法治现代化的发展道路。中国共产党从局部执政时期就开始开展法制实践，新中国夺取政权之后继续发展法制。这一发展过程在中间遭遇了波折，但是经过系统认真反思，中国共产党从十一届三中全会后决定重启了法制建设。伴随着市场经济体制的确立，在政治上，中国共产党于十五大提出了"依法治国"基本方略，并于十八届四中全会提出"全面推进依法治国"，在十九大上进一步明确了"全面依法治国是国家治理的一场深刻革命"，随后在十九届二中、三中、四中、五中、六中全会上将"全面依法治国"向纵深推进，找到了一条中国特色社会主义法治道路。沿着这条道路，中国法治建设取得了巨大成就。党的二十大上，明确了经过了新时代十年的发展，法治中国建设开创了新局面，提出了要将法治思维作为习近平新时代中国特色社会主义思想方法论中"坚持系统观念"的重要组成部分，更进一步提出了全面建设社会主义现代化国家必须要在法治轨道上展开的论述。党的二十届三中全会提出法治是中国式现代化的重要保障，要推动中国特色社会主义法治体系更加完善，社会主义法治国家建设达到更高水平，全面推进国家各方面工作法治化。可以说，中国已经走出了一条可以为世界上其他发展中国家实现法治现代化提供借鉴的新道路。这一道路涵盖了中国共产党建立之后从法制到法治的理解，在这条道路上实现了对于中华优秀传统法制文化的批判性吸收，实现了对于马克思主义法治理论的民族化发展和时代化创新，实现了对于法治理论在本质论、价值论、结构论和建设论的创造性推进。

目 录
CONTENTS

上篇 01

马克思主义法治理论的形成
发展及其中国化历程

第一章

马克思主义法治理论中国化的缘由与目标

马克思主义法治理论的中国化是指中国共产党人创造性地运用马克思主义关于法治的基本原理来研究中国革命和建设中的法治实际问题，结合中国国情开展法治实践，进而在理论上进行概括总结的过程，其目的是实现建设社会主义法治强国的目标。从法治中国的实践来看，马克思主义法治理论已经在中国产生了强大的生命力，形成了中国化的马克思主义法治理论，并使得一个落后的法治传统薄弱的东方大国在较短的时间走上了现代法治的康庄大道，朝着法治现代化强国的目标不断奋进。

第一节　马克思主义法治理论中国化的提出

法治是一种治理活动，法治理论是对于依据法律开展治理活动的一般规律的系统化总结，而马克思主义法治理论则是基于马克思主义的基本原理对于法治这一社会现象进行研究而形成的理论体系。开展马克思主义法治理论中国化研究，首先就要明确法制、法治、法治理论、马克思主义法治理论、马克思主义法治理论中国化的概念界定。从理论逻辑起点来看，任何一种法治理论必然以"法治"这一概念作为其研究出发点，但是，恰恰在这一问题上，"有多少种法治理论就会有多少种法治的定义"①。

---

① ［德］阿图尔·考夫曼.法律哲学［M］.刘幸义，译.北京：法律出版社，2011：12.

一、马克思主义法治理论中国化的含义

(一) 法制和法治的区别

法制不同于法治①。理论界对两者区分具有两种思路。第一种区分思路是认为法制是静态的法律制度的简称，而法治更多强调一种遵循法律制度的规则性治理活动，前者是静态制度，后者是动态活动。实际上，动态的法律治理必然包括了静态的法律制度的制定，因为法律制度的产生本身就是动态法律治理中立法环节的产物，所以，从此角度而言，法制可以被法治在动静二分的思路下进行吸纳。

第二种区分思路是认为法制仅仅是通过法律制度来进行统治②，而法治则是依据法律制度来进行治理，强调两者虽然都是依托法律来进行统治或者治理，但是这种依托方式具有差异，前者强调"使用"，后者强调"遵从"。这样，立足于适用法律的主体是否需要遵从其所适用的法律自身，构成了"法制"和"法治"的区别。前者在本质上实际还是"人治"，后者才是真正的"法治"，从这个角度而言，"法制"和"法治"是完全对立。

从上述的分析可以发现，"法治"和"法制"的区别不能从动静来进行区别，判断是否是法治的关键标准是法律在一个治理体系中的地位高低。如果在和其他规则发生冲突的时候，法律要让位于其他规则，例如暴力规则、领导人的指示、命令、道德、纪律等，那么这就显然不是"法治"。从这一角度而言，在马克思主义的经典著作中，或者在中国领导人的相关著作中，有时候，虽然使用的概念表达是"法制"，但是实际上是强调"法律制度"必须被所有主体"遵循"，具有"法治"的基本意蕴③，这一特点集中体现在邓小平同志所提出的"加强法制建设"这一表达上，其实际上指向的就是"加强法治建设"。所以，本书没有采取"邓小平法制理论"的表达，而采取了"邓小平法治理论"的概念表达。

(二) 法治、法治理论和马克思主义法治理论概念界定

马克思主义法治理论是立足于历史唯物主义和辩证唯物主义对于人类社

---

① 付子堂. 法理学进阶 [M]. 北京：法律出版社，2005：87.
② 张文显. 马克思主义法理学 [M]. 长春：吉林大学出版社，1993：73.
③ 公丕祥，蔡道通. 马克思主义法律思想通史（第三卷）[M]. 南京：南京师范大学出版社，2014：30.

会中的法治现象进行科学阐释的理论。马克思主义法治理论下的法治具有四个维度的概念内涵，即法治的哲学定义、科学定义、功能定义和价值定义。

首先，法治本质定义——法治的产生本基。法治的本基是指法律作为一种规则开展治理所产生的根本渊源或者实质渊源。按照历史唯物主义的观点，认为作为法治依据的法律作为一种上层建筑是由经济基础所决定的，在阶级社会中，一方面，法是由经济基础所决定，其背后的本质是阶级利益；另外一方面，法律也体现了统治阶级的意志，是统治阶级进行阶级统治的工具，所以，体现了"意志性"和"利益性"的统一①。而在法或者法律产生之后，必然就会进入到法律的运行环节，就要从"本基"进入了在运行中法治的"本质"探究。

其次，法治运行定义——法治的结构本质。法治体现为法律作为一种治理规则的结构化动态性运行，当立法产生法律规则之后，还需要进入执法、司法、守法环节，法治通过上述环节实现了对于各种社会关系的规则性治理。实际上，对于社会关系进行规则化治理的类型繁多，其外延不仅指向了法律规则治理，还指向了纪律规则，道德规则等。这样，就必须对法治规则和其他非法律规则进行比较，而这样，就进入了对其所具有特殊的治理属性——本性维度的探讨。

再次，法治的功能定义——法治的功能本性。法治独特的治理属性在于其具有强制性，这种强制体现在程序层面、规律层面和规范层面。

法治具有程序层面上的治理强制性。法治具有内在的治理程序性，体现为法律治理的一般性、公开性、非溯及既往、明确性、避免矛盾的一致性、现实性、稳定性、一致性、平等性等特征②。这种内置的程序性的要求是各种法治模式都必须要遵循的，中国特色社会主义法治当然概莫能外。

法治具有规律层面上的治理强制性。法治作为一种规律层面强制的表述方式是"应当要XXX"，其本质是将法律定位为一种"类技术性规则"，强调法治对于经济规律强制性的规则化表述，关注人与自然的生产关系。

法治具有规范层面上的治理强制性。"应当要XXX"强调一个人的行为要受到社会规范的规定，和规律的客观强制性相比，法律的规范性强制则更

① 李龙. 马克思主义法学中国化与法学的创新 [J]. 武汉大学学报（人文科学版），2005，58（4）：389-389.

② ［美］富勒. 法律的道德性 [M]. 郑戈，译. 北京：商务印书馆，2009：25.

加凸显一种主观规定性，无论其来自"道德应当"或是"政治应当"，法律都赋予了这种"规范性的应当"一种国家强制力，这也是马克思主义法治理论关注的国家强制特性的原因所在。同时，在这种强制中必然体现了主体的价值理想和主体的目的意图，这样就进入了法治的价值本旨维度。

最后，法治的价值定义——法治的价值本旨。法治的本旨在不同国家和民族具有不同的价值理想，这就实现了从普遍化的"一般法治"向"具体法治"递进。首先，法治中蕴含着"伦理价值本旨"。只有当一个社会中的法律价值和这个社会中的主流伦理价值实现了契合，才能够最大程度地实现"法治"①，也才能保证立法、执法、司法和守法的顺利进行。其次，法治中也蕴含着"政治价值本旨"。法治的一个重要特点是通过一个正式性的组织机构体系和一个刚性的具有内在互相关系的规则体系来实现的，所以，在一定程度上，法治的正义与否取决于政治体制的构建。所以，其从一开始就必然被负载不同政治价值旨向的政权体制所影响。

这样，法治的本原解释了法和法律的产生，本质解释了法产生之后的动态结构性运行环节，本性解释了这种运行所具有的强制性特点，本旨则体现了法的理想志向和价值旨归。上述定义从历史维度反映了法治的"历史—现实—未来"，从逻辑维度涉及由低到高的三层次逻辑位阶，其中本基处于最基础性层次，本质和本性定义处于中间层次，价值本旨则处于最高层次。这样，在上述四方面定义的基础上，延伸出了马克思主义法治理论的本质论、结构论、功能论、价值论等内容。

（三）马克思主义法治理论中国化的概念界定

马克思主义法治理论的中国化是指中国共产党人创造性地运用马克思主义关于法治的基本原理来研究中国革命和建设中的法治实际问题，在革命和建设的中对中国法治开展实践探索，进而在理论上进行概括总结。这是一种以实践为基础，继承中国的法制传统，实事求是地以当代中国法治实践中存在的问题解决为导向的基于马克思主义立场的对法治的系统化思考。

从逻辑来看，"马克思主义法治理论中国化"就是将马克思主义法治理论的基本原理和中国的法制历史传统文化和当代中国的法治实践相结合②；从主

---

① 卓泽渊. 法的价值论 [M]. 北京：法律出版社，1999：45.
② 唐丰鹤，王永杰. 论马克思主义法学中国化与社会主义法律体系的建立 [J]. 毛泽东邓小平理论研究，2011（06）：55-85.

体上看，其从中国共产党当建党之初就开始①，每一次的中国化的理论总结都是集体智慧的结晶；从过程来看，这一结合横跨了中国共产党带领中国人民开展新民主主义革命、社会主义革命、社会主义建设、改革开放和现代化建设等多个历史时期；从效果来看，在对马克思主义法治理论中国化的过程中，中国共产党不仅坚持马克思主义法治基本原理，实现了马克思主义法治理论在指导中国革命法治、社会主义法治改革和法治建设实践中的具体化展开，更为重要的是总结了中国法治建设的实践经验，使其上升为中国特色社会主义法治理论，进而发展、丰富和完善马克思主义法治理论，实现了守正和创新的有效结合；从结果来看，在不断开展马克思主义法治理论中国化的过程中，中国共产党运用马克思主义解决中国革命、建设和改革的实际问题，找到了一条适合中国国情的中国特色社会主义法治道路，完善了中国特色社会主义法治制度，形成了二次中国化的理论成果飞跃，第一次飞跃的成果是毛泽东法制思想，第二次飞跃的成果是中国特色社会主义法治理论②，其中，习近平法治思想是第二次飞跃，即中国特色社会主义法治理论的最新成果，上述理论都可以被统称为中国化的马克思主义法治理论。

如果就学科理论的外部归属来看，中国化的马克思主义法治理论是马克思主义法学学科体系的一部分，并进而构成了整个马克思主义理论的一个重要组成部分；从学科理论的内部构成来看，其包括了基础法学理论和应用法学理论；从理论研究主题来看，这一法治理论体系包括了法治本质论、法治结构论、法治价值论、法治建设论等。

二、马克思主义法治理论中国化提出的历史条件

马克思主义法治理论中国化的提出不是一个偶然事件，而是在特定的历史条件下的必然性结果。十月革命之后，马克思主义理论在中国的传播为马克思主义法治理论中国化任务的提出提供了基础性条件，除去这一基础性条件，新文化运动和工人阶级的成长则为法治理论中国化的提出提供了思想条件和阶级条件。

---

① 马长山. 法治的平衡取向与渐进主义法治道路 [J]. 法学研究，2008，30（04）：3-27.
② 公丕祥，蔡道通. 马克思主义法律思想通史（第三卷）[M]. 南京：南京师范大学出版社，2014：25.

（一）新文化运动兴起为马克思主义法治理论中国化诞生提供了思想基础

1915 年至 1919 年的新文化运动，是近代中国社会发展进程中的一次伟大的思想解放运动，这一运动为马克思主义法学在中国的传播提供了思想基础。

1915 年 9 月，陈独秀在上海创办《青年杂志》，一年后更名为《新青年》。以《新青年》的刊行为标志兴起了新文化运动，这是一场声势浩大意义深远的文化启蒙运动，同时又是一场思想解放运动。在早期的新文化运动中，民主与科学是两面旗帜。但是在两面旗帜背后的深层次原因是为了实现中华民族的爱国救亡。民主与科学为了实现这一目的而被引入的，尤其是民主，对于法治的发展具有重要的意义。

"新文化运动是一场伦理革命，一场价值重估运动。"① 在新文化运动中，民主的矛头一方面对准了封建专制的理论，强调民众成为主人，高扬自由、平等、独立基调，凸显对独立人格和基本人权的呼唤，强调公众对于国家政治生活的参与。另一方面，更为重要的是民主也强调国家和民族的独立自由，可以说，这种对于民众集体参与的强调，在一定程度上改变了西方将民主仅仅定位于对于"个体人格"独立性的局限，探索和思考了中国的"群体人格"的解放与自主，在强调个人从封建家族的束缚与反抗专制统治的压迫众解放出来的同时，也进一步强调将国家与民族这一集体从帝国主义的压迫中解放出来，实现民族和国家的独立，尊严与解放，实现了从"人格"到"国格"的提升。这种独特的思想特质为法治理论的中国化注入了民族独立和人民解放的思想因子。

（二）中国工人阶级成长为马克思主义法治理论中国化诞生奠定了阶级基础

从阶级基础的角度来看，马克思主义法治理论中国化的发展，必然需要一个主体来提出并践行，而随着无产阶级的成长壮大，其必然肩负了这一伟大的历史使命。

中国工人阶级产生于 19 世纪 40 年代，其产生的直接原因是外国资本开始在中国直接投资经营的企业并需要招募工人。随后，到了 19 世纪六七十年代，中国的产业工人队伍又伴随着中国民族资本主义的产生与发展而得到发

---

① 王思睿. 人权与国权的觉悟——新文化运动与五四运动同异论［J］. 战略与管理，1999（03）：74-84.

展壮大。而当到了 20 世纪 20 年代,当中国无产阶级诞生自己的阶级政党——中国共产党之后,工人阶级的阶级意识日益增强,已经完全从"自在"阶级成长为"自为"阶级①。尤其在五四运动中,无产阶级作为一种独立的政治力量登上了历史舞台,并在随后的革命中开始逐步探索法治建设,成为法治实践的领导力量,而导致这一结果出现有三方面的原因。

首先,从阶级产生来看,中国工人阶级的主要来源是中国农村数量庞大的破产农民,所以,其和中国农民具有天然的紧密联系,而考虑到中国的国情,如果无法实现最为广大的农村群体对于法治的认可,任何法治实践都不可能成功;其次,由于工人阶级受到中外资本家的双重剥削,一无所有,所以,一方面中国工人阶级具有极大强的革命性,另一方面,这一阶级对于公平正义的渴望比任何其他阶级都要强烈;再次,由于工人阶级和直接和最先进的生产力相联系,所以,工人阶级中的先进分子必然会和最先进的思想知识相联系,而在作为独立力量登上历史舞台之后,其必然会和先进的民主法治等政治思想相结合。可以说,从那个时候开始,中国工人阶级中的先进分子开始接触和学习了马克思主义法治理论,借鉴苏联的十月革命后的革命法制经验,以农村革命根据地的区域执政为前提,开展根据地法制实践,为半殖民地半封建社会的中国走向法治现代化开启了实践探索,在这一过程中,也逐步实现了对于马克思主义法治理论的中国化过程。

同时,在马克思主义中国化的过程中,必然需要实践的主体对于理论和国情两者之间的相互理解,而在这一相互理解的过程中,最为关键的是需要理解主体自身调动对自身已有知识的应用,充分发挥理解主体自身的主体能动性进行理论诠释和国情解读②,在马克思主义法治理论中国化的过程中,中国共产党人就充当了这一诠释者和解读者的重要角色。通过不断开展的法治实践,其把中华法治传统的"过去"传递到半殖民地半封建社会中国的"当前",即在中国化的过程中实现了把理论意义置入当前情景的,并进行了一种实践性翻译。这典型体现在早期以毛泽东等人为代表的第一批具有共产主义思想的知识分子作为中国工人阶级的先进代表开始接触和思考中国革命法治的问题,这样,就为马克思主义法治理论中国化任务的提出提供了人才储备。

---

① 秦刚. 马克思主义中国化的理论创造与中国前途命运问题的解答 [J]. 科学社会主义, 2011 (02): 9-14.

② 赵家祥. 理论与实践关系的复杂性思考——兼评惟实践主义倾向 [J]. 北京大学学报 (哲学社会科学版), 2005 (01): 5-11.

三、马克思主义法治理论中国化的提出过程

在已经形成了马克思主义法治理论中国化提出的思想条件和阶级条件的基础上，对这一任务提出本身还要有一个过程，即对"马克思主义法治理论"是否需要"中国化"还要有一个认识的过程。这种认识过程可以分为思想认识和实践认识两个方面，体现为马克思主义法治理论中国化的双重提出维度，即理论提出和实践提出两大维度。

（一）马克思主义法治理论中国化任务的理论提出

理论维度最早提出马克思主义中国化任务的是艾思奇。艾思奇认为，马克思主义中国化就是在中国实践马克思主义，创造马克思主义，对马克思主义有新的贡献。艾思奇在《论中国的特殊性》中说："能在一定的具体环境之下实践马克思主义，在一定国家的特殊条件下来进行创造马克思主义的事业。这里就一定有'化'的意思，也就有'创造'的意思。"①

（二）马克思主义法治理论中国化任务的实践提出

实践维度最早提出马克思主义中国化任务的是毛泽东。在毛泽东看来，马克思主义中国化是一种以中国革命和建设的实践难题为导向的任务性要求。

1930 年，毛泽东发表《反对本本主义》一文，从辩证唯物主义的认识论出发，精辟阐释了中国共产党人对待马克思主义的基本态度，强调必须运用马克思主义的基本原理，坚持从实际出发，深群众，调查研究，制定符合中国实际的战略与策略，为提出马克思主义中国化这一命题奠定了态度基础。

1938 年，毛泽东在陕北召开中共中央六届六中全会上，第一次明确提出了马克思主义中国化的重大理论命题。他指出："共产党员是国际主义的马克思主义者，但是马克思主义必须和我国的具体特点相结合并通过一定的民族形式才能实现。"② "对于中国共产党说来，就是要学会把马克思列宁主义的理论应用于中国的具体的环境。成为伟大中华民族的一部分而和这个民族血肉相连的共产党员，离开中国特点来谈马克思主义，只是抽象的空洞的马克思主义。因此，使马克思主义在中国具体化，使之在其每一表现中带着必须有的中国的特性，即是说，按照中国的特点去应用它，成为全党亟待了解并

---

① 艾思奇.论中国的特殊性［A］//罗荣渠.从"西化"到现代化［M］.北京：北京大学出版社，1990：601.

② 毛泽东.毛泽东选集（第二卷）［M］.北京：人民出版社，1991：64.

亟须解决的问题。"①

1939 年，毛泽东在《〈共产党人〉发刊词》中，更加完整准确地提出
"将马克思列宁主义的理论和中国革命的实践相结合"的著名命题②。随后，
毛泽东在实践的基础上通过一系列著作中对马克思主义中国化作了深刻的论
证与阐释，从逻辑内涵来看，马克思主义的中国化必然也包括了马克思主义
法治理论的中国化。所以，无论是理论还是实践，"马克思主义法治理论中国
化"的任务就确立起来。

第二节　马克思主义法治理论中国化的必要性及目标

从世界各国的治理发展史来看，都走向了一种"法律制度的规则治理模
式"③，并试图通过这种方式实现自身对于国家治理体系和治理能力现代化的
发展期待。当然，在这一期待的实现中，各个国家可能采取不同的路径方式，
但是不管是哪一种变革路径，都聚焦从"人治"型的价值规范体系向"法
治"型的价值规范体系的治理嬗递④。可以说，"法治现代化"确立了马克思
主义法治理论中国化的必要性和目标指向。

一、马克思主义中国化的重要组成部分

十月革命一声炮响，给中国送来了马克思列宁主义。"十月革命帮助了全
世界的也帮助了中国的先进分子，用无产阶级的宇宙观作为观察国家命运的
工具，重新考虑自己的问题。"⑤

在学习了先进的马克思主义理论之后，就必须将这一理论用于中国的实
践场域，而在这一运用的过程中，在如何处理马克思主义理论和中国两大基

---

① 中央档案馆. 中共中央文件选集（第 11 册）[M]. 北京：中共中央党校出版社，1991：
658-659.

② 毛泽东. 毛泽东选集（第二卷）[M]. 北京：人民出版社，1991：47.

③ ［瑞士］胜雅律. 不同法治文明间的对话：在"法治与 21 世纪"国际学术研究会闭幕
式上的发言 [A]. 党生翠，译//夏勇. 法治与 21 世纪 [M]. 北京：社会科学文献出版
社，2004：296.

④ ［澳］切丽尔·桑德斯. 普遍性和法治：全球化的挑战 [A]. 毕小青，译//夏勇. 法治
与 21 世纪 [M]. 北京：社会科学文献出版社，2004：258.

⑤ 毛泽东. 毛泽东选集（第一卷）[M]. 北京：人民出版社，1991：66.

本要素的关系上，并不是一帆风顺。有时候，在两者关系中，过于侧重于马克思主义理论，"马克思列宁主义是从客观实际中产生出来又在客观实际中得到证明的最正确最科学最革命的真理，但是许多学习马克思列宁主义的人却把它看成死的教条，这样就阻碍了理论的发展，害了自己，也害了同志"①。这种错误的认识典型体现为"教条主义"；有时候，在两者关系中，过于强调中国问题的特殊性和现实性，而忽视了对于基本理论的学习，过于强调中国本土的特殊性，这种错误典型地体现为"经验主义"。从历史的发展来看，马克思主义中国化的提出是为了克服上述两个缺点而提出的。

同时，更要明确，要将马克思主义中国化就意味着将马克思主义整体中国化而不是将马克思主义某一部分中国化。马克思主义理论本身就是一个不可分割的整体，法治理论是马克思主义的重要理论构成，其和马克思主义其他部分不可分割。所以，马克思主义的中国化除去马克思革命理论的中国化，必然也包括马克思主义法治理论的中国化。从历史发展来看，对马克思主义的实际运用，"要随时随地都要以当时的历史条件为转移"②。就法治而言，中国共产党从成立起就开始研究法治，局部执政的时期在法治领域就将马克思主义法治理论确立为法制建设的指导思想，并在不断探索中把马克思主义法治理论同中国具体实际的结合与中华优秀传统法制文化相结合，领导全国各族人民在法治的道路上开拓进取，就是在这种不断探索中，形成了具有中国特色的社会主义法治理论成果。

二、建设社会主义法治国家的迫切需要

马克思主义法治理论中国化的提出不仅仅是理论的需要，更加是实践的需要。法治国家是当代中国推进全面依法治国的建设目标。在新中国成立之后，为了建设社会主义法治国家，中国共产党人带领广大人民群众经过了三大阶段的法治实践③，虽然建设过程有波折，但是整体而言，在每个阶段都取得了巨大成就，而每个阶段之所以能够取得成就，根本原因就是"从解决中

---

① 毛泽东. 毛泽东选集（第三卷）［M］. 北京：人民出版社，1991：817.
② 中共中央马克思恩格斯列宁斯大林著作编译局. 马克思恩格斯选集（第1卷）［M］. 北京：人民出版社，1995：248.
③ 公丕祥，蔡道通. 马克思主义法律思想通史（第三卷）［M］. 南京：南京师范大学出版社，2014：30.

国法治建设的实际需要出发"来开展马克思主义法治理论中国化①。

从 1921 年中国共产党诞生到 1949 年新中国成立，中国共产党人充分利用自己的局部执政的优势，在革命根据地探索法制实践，通过新民主主义法制革命推动了中国从半封建半殖民地的法律秩序向新民主主义及社会主义法律秩序的历史更替。在这一过程中，基于民族独立的需要，形成了新民主主义革命法制理论，并开启了马克思主义法治理论"中国化"的大幕，并为下一阶段"中国化"的探索奠定了重要的政权基础。

从 1949 年新中国成立到 1956 年社会主义制度建立，通过"一化三改造"的社会主义革命确立了社会主义基本制度。在革命中，中国共产党人运用马克思主义法治理论开展了 1954 年到 1956 年的大规模社会主义法律创制，逐步构建了以"五四宪法"为核心的社会主义法律制度体系，初步形成了一个稳定而统一的社会法律秩序，进而为下一步"中国化"的建设开展奠定了重要的法律体系基础。

从 1978 年党的十一届三中全会到现在，在吸取 1966—1976 年法制建设教训的基础上，伴随着改革开放的提出，中国共产党以建设中国特色社会主义法治国家作为目标，重新扬帆起航建设法治。这场变革首先由邓小平同志重启，其在谈到政治体制改革目标时指出"进行政治体制改革的目的，总的来讲是要消除官僚主义，发展社会主义民主，调动人民和基层单位的积极性。要通过改革，处理好法治和人治的关系，处理好党和政府的关系"。随后，江泽民同志在党的十五大明确提出了马克思主义法治理论中具有中国特色的法治话语表达——"依法治国"，进一步推进了马克思主义法治理论的中国化。此后，党的十六大、十七大、十八大不断推进"依法治国"方略。党的十八届四中全会则在党的历史上第一次针对法治工作进行了专门部署，将"依法治国"提升到"全面依法治国"，并在"法治国家"的目标的基础上，进一步提出要"建设中国特色社会主义法治体系"这一历史目标，十九大、十九届二中、三中、四中、五中全会则进一步在"全面依法治国"的要求下全方位推进理论创新和实践展开，将马克思主义法治理论和新时代中国特色社会主义实践紧密结合。可以说，"全面依法治国"的中国特色社会主义法治模式已经形成，法治发展进程中的每一步成绩的取得，都是在"马克思主义法治

---

① 张明. 新中国成立 70 年来马克思主义中国化的基本经验 [J]. 福州：东南学术，2019（04）：49.

理论中国化"的理论发展下取得的实践成就①，所以，要想实现社会主义法治国家，实现社会主义法治强国，就必须要继续开展马克思主义法治理论的中国化。

三、中国化马克思主义法治理论的目标指向

理论要以实践为目标导向，中国化马克思主义法治理论的目标指向就是为了建设社会主义现代化强国。现代化的强国是实现了政治治理现代化的国家，即在国家治理领域要实现从"人治"到"法治"再到"现代化法治"的发展跨越；同时，"法治现代化"也为其他领域的现代化建设提供了制度层面的发展保障。这样，"法治现代化"既指向自身，也指向外部，即法治现代化是现代化强国的"发展组成"和"发展保障"。

首先，就"发展组成"而言，必须要实现"法治"本身现代化的任务。法治文明是政治文明的有机构成要素，可以说，"人治"与"法治"这一对变项涵盖了传统治理与现代治理之间的所有可能性区别②，评价一个社会的法治现代化程度，重要的是要考察该社会的法治水准。一个已经实现了法治现代化的国家，必然建立了法治社会和法治政府，这样，才能在此基础上形成"法治国家、法治社会、法治政府"共同完成；同时，具体到中国，考虑到中国共产党作为执政党在整个国家治理体系中的核心地位③，所以，现代化的法治也要求其实现"依法执政"，而政府作为治理的直接主体也必须同样达到"依法行政"，这样，就要求做到"依法治国、依法执政和依法行政"的三者统一。

其次，就"发展保障"而言，法治的现代化发展必须要为其他领域的现代化提供制度保障，党的二十届三中全会明确指出"法治是中国式现代化的重要保障"。法治建设为其他领域的发展提供了基本的制度底色。实际上，即使在美国，也有学者认为在美国的"法治目的主义面纱之下法律也被作为实现某种社会政策、目标甚至是个人与集团利益的工具"④，而无论从马克思主

①　王南湜 . 马克思主义哲学中国化：百年回顾与展望 [J] . 社会科学文摘，2020（10）：74-76.

②　舒国滢，冯洁 . 作为文明过程的法治 [J] . 中共中央党校学报，2015.19（01）：16.

③　郭定平 . 政党中心的国家治理：中国的经验 [J] . 政治学研究，2019（3）：14.

④　［美］塔马纳哈 . 法律工具主义：对法治的危害 [M] . 陈虎，杨洁，译 . 北京：北京大学出版社，2016：74.

义法治本质论还是从中国传统法治本质论角度来思考，也会发现两者在一定程度上都存在着一种"法治工具论"的色彩，只是前者认为法治是统治阶级进行阶级统治的工具，后者认为法治是封建君主进行统治的具体方法权柄。这样，就会发现，对于法治功能思考就必然包括了认为法治应当为更加重要和更为庞大的历史任务和目标而服务的作用定位，这一点在中国的历史发展过程中体现得更为明显。就半殖民地半封建社会的中国而言，法治的服务目标是为了实现民族独立和人民解放；就社会主义新时代的当代中国而言，法治的服务目标是为了实现民族伟大复兴和建设社会主义现代化强国。

这样，无论是从对于法治的这种"外附式"的任务分析，还是仅仅聚焦于法治现代化本身"内载式"的任务分析，都会发现，近代以来的中国，要想实现法治现代化都必须要实现这双重任务。这双重任务，实际上也是世界上各类法治文明自近代以来在其发展过程中都需要面临的普遍性历史任务。就中国而言，这一历史任务就具体化为在中国这样一个经济文化比较落后的东方国家，如何推进法治现代化这一变革转型，而这就是马克思主义法治理论"中国化"的目标指向。

第三节　马克思主义法治理论中国化的主要维度

任何一个理论的发展和落实都具有"场域性"，而马克思主义法治理论中国化的场域就是中国。中国是历史的，也是现实的。就法治领域而言，历史的中国就表现为中华法系下"法制传统文化"，现实的中国就表现为在当代和平和发展的时代背景下所开展法治建设实践。在历史和现实的中国的背后，就内涵了"马克思主义法治理论中国化"的三个维度，即马克思主义法治理论的民族化、时代化和实践化，这三个维度分别从历史要素，时代要素和现实要素规定了马克思主义法治理论中国化的内涵。

一、马克思主义法治理论中国化的文化传统传承

马克思主义法治理论的中国化包括了马克思主义法治理论的民族化。民族化要求要以马克思主义法治理论为基准，分析马克思主义的法治理论和中华法系的传统法制理论两者之间的理论联络，进而对于中华法系的传统法制

文化进行批判式的继承。在这一过程中，一方面发展马克思主义法治理论，一方面要实现了中华传统法制文化的创造性发展和创新性转化。

包括中华民族在内的任何民族都有且只属于自己的民族法律传统、民族法律制度，民族法律思维，这些法制的民族文化与同域外的法治文化相比，在内容、形式、思维乃至表达等诸多方面都有其独有的民族特色①，所以，传统中华法系下的法制文化必然会对马克思法治理论的接受以及民族化产生重要影响，而这种重要的影响体现为一种"前见"影响。正如诠释学视角下的一个观点，"对于一个异质理论的受众而言，接受者的'前见'必然会影响接受者对这一异质理论的理解"②。实际上，中国人在理论上也是马克思主义法治理论的"异质性"读者，因为从地域上看，马克思主义法治理论产生并形成于欧洲，从时间上看，其是近代工业文明的产物。这样，对于处于东方的以农业文明为根基的中国传统法制文化而言，必然存在一定的理解困难。要想克服这种困难，理解的过程就必然要求中国人作为一个诠释主体在对他者理解的过程中进行自我理解，所以，马克思主义法治理论中国化的理解过程必然内涵了内卷式的自我理解。在这一理解中，中国传统法制文化这一"前见"同马克思主义法律文化在理解的视域中的相遇，强调"前见理解"过程中中国传统法制文化的作用，实现两者的相匹配，实现两者之间的相互理解。

法制传统文化的"这种价值与态度决定了法律体系在整个社会文化中的地位"③，从这个意义上说，要实现马克思主义法治理论的民族化，就必须要研究中国传统法制文化中的法治制度、法治思维、法治认知乃至法治逻辑，只有这样，才能在中国化的过程中，将新鲜活泼的马克思主义的各类理论，转化为中国老百姓所喜闻乐见的中国作风、中国气派和中国风格。马克思主义法治理论的中国化的过程，就是马克思主义法学与中国法律生活实际的具体特点相结合并使法治理论获得一定民族形式的具体过程。"要继承中国优秀法律文化传统和中华法系具有生命力和再生力的民族精神，确立中国自己的

---

① 刘立明. 法治中国进程中传统法律文化的理性传承 [J]. 理论月刊, 2015, 000 (009): 67.

② [德] 汉斯-格奥尔格·加达默尔著. 真理与方法：哲学诠释学的基本特征 [M]. 洪汉鼎, 译. 上海：上海译文出版社, 2004: 90-93.

③ [美] 诺内特, [美] 塞尔兹尼克. 转变中的法律与社会：迈向回应型法 [M]. 张志铭, 译. 北京：中国政法大学出版社, 1994: 84.

民族品格和民族性，依据民族特色的形象自立于世界法学之林"①。概言之，马克思主义法治理论的民族化创新就要求必须要处理好马克思主义法治理论与中国传统法制文化的关系。

二、马克思主义法治理论中国化的时代挑战回应

马克思主义法治理论的中国化包括了马克思主义法治理论的时代化。从时代的角度来看，马克思和恩格斯的法治理论创立于革命与战争的时代，其主要是立足于批判的视角对于资本主义法治开展分析和研究，进而试图通过对法治的批判而为推翻资本主义政权这一政治任务而服务②。而就当前中国而言，中国共产党已经取得政权，而且处于一个和平与发展的时代背景下推进社会主义法治建设，所以，对于马克思主义法治理论的中国化发展就必须要凸显其时代化的发展。

从理论发展来看，诞生于"革命与战争"的时代主题下的马克思主义法治理论一直以来都遭遇到西方法治思潮的各种诘难，有些诘难已经由马克思恩格斯本人基于当时的时代背景进行了回应，但是有些诘难是在马克思去世之后出现的，尤其是在时代背景发生变化的情况下，革命与斗争已经转化为和平与发展的历史背景下提出。很多西方很多学者对于马克思主义法治理论在"历史唯物主义分析框架下"下法治在"经济基础—上层建筑"二元结构中的定位归属、作用机制以及"阶级统治工具"的法治逻辑进行质疑和诘难，这样，如何在当代结合中国法治建设实践对于上述针对马克思主义法治理论的基础性问题的诘难进行有力回应，也是中国共产党开展马克思主义法治理论中国化应当肩负的历史重责。

在对于上述诘难的回应中，最为关键的是需要将坚持马克思主义和发展马克思主义法治理论紧密结合。一方面，在新的时代背景下开展中国实践探索和发展中国化法治理论时候必须要坚持马克思主义，马克思主义法治理论的基本原理是马克思主义法学中国化的逻辑前提，抛弃了基本原理的回应是"虚假"的回应，中国化的过程就是马克思主义法治理论对中国法治建设历史关怀与现实关注过程，法治中国建设取得的成就都是在坚持马克思主义法治

---

① 唐丰鹤，王永杰. 论马克思主义法学中国化与社会主义法律体系的建立 [J]. 毛泽东邓小平理论研究，2011（06）：55-85.

② 封丽霞. 马克思主义法律理论中国化的当代意义 [J]. 法学研究，2018，40（1）：3.

理论的指导下获得的；另一方面，要深刻认识到马克思主义本身就所具有的与时俱进的理论品质，所以，必须聚焦当代中国法治建设面临的时代任务对马克思主义法治理论进行再理解和再发展。从时代任务来看，中国的历史任务包括了"独立""富强""现代化"①，即中国人民要"站起来""富起来""强起来"。马克思主义法治理论的中国化就是为了实现上述任务，这些历史任务就构成了马克思主义法学中国化的时代需求，成为马克思主义法治理论中国化的时代发展契机。结合时代实践不断完成理论飞跃才能实现对于诘难的"创新"回应，才能"把坚持马克思主义和发展马克思主义统一起来"②，才能在回应中不断发展马克思主义法治理论。

　　在完成上述时代任务的时候，中国共产党对马克思主义法治理论的发展主要体现为三个方面。一是理论完善。如上文所述，由于外部时代环境的限制，马克思主义法治理论必然存在时代局限性，这就需要中国化的理论来发展完善，这一部分主要体现为中国共产党人需要结合当代中国法治实践经验对于马克思主义法治理论中的被诘难的逻辑进一步融贯；二是理论丰富。马克思恩格斯本人由于所处的时代，无法有效地开展系统化和全面化的法治建设探索，这样，在理论表达上，在整个马克思主义法治理论中，法治建设论的内容相较于法治本质论、法治价值论、法治功能论、法治辩证关系论就较为薄弱，而中国化的法治理论则是立足于中国丰富的社会主义法治建设实践经验必须发展马克思主义法治理论；三是理论细化。马克思主义法治理论更多的定位于一种基本原理，在对于法治基本原理的阐释时候较为宏观，对于具体的内在的逻辑精细化的分析必然需要后来的马克思主义者结合自身的时代实践来完成。实际上，中国法治实践的所形成的中国化马克思主义法治理论，由于其逻辑前提在于马克思主义法治理论，所以，每一次的中国化的法治理论飞跃都必然会实现对于马克思主义法治理论在传承基础上的发展创新，可以说，这一基于"中国法治实践"的经验总结的过程就内含了对于马克思主义法治理论的时代性反哺。

三、马克思主义法治理论中国化的实践创新突破

　　马克思主义法治理论的中国化包括了马克思主义法治理论的实践化。理

---

① 公丕祥．新时代中国法治现代化的战略安排［J］．中国法学，2018（03）：32.
② 陈锡喜．什么不是马克思主义：教条主义话语还是马克思主义核心观点的辨析［J］．探索与争鸣，2014（09）：38.

论来自实践，马克思主义法治理论中国化的实践化过程本身就是一种创新的过程。从实践的展开逻辑而言，实践首先要立足现实，中国化就必须要强调马克思主义法治理论必须着眼于现实中国的经济、政治和文化的现实。任何一个理论的都必要符合接受者的现实，"一切比较重要的社会过程的最初起源，都应该到社会内部环境构成中去找"①，从马克思主义传入的历史现实来看，当时的中国最大的现实国情是一个半封建半殖民地的东方大国，而今天的中国最大的现实国情是其是一个处于社会主义初级阶段新时代的最大发展中国家。而无论在哪个阶段的中国，其经济制度、政治制度以及相关联的法律制度都与西方有天壤之别，也都和马克思主义法治理论所预设的开展法治革命和法治建设的国家有所不同。

现实中才有真需要，实践才能解决真问题。习近平总书记指出："我们中国共产党人干革命、搞建设、抓改革，从来都是为了解决中国的现实问题。"② 使马克思主义法治理论的中国化研究以当代中国现实法治进程中的具体问题作为研究靶向，在法治的理论创新中聚焦在当代中国现实背景下推进法治中国建设的难点和重点问题，例如全面依法治国背景下法治正义的实现、党法关系的定位等重点问题，进而实现法治逻辑的本土化的展开、完善和推进。

"理论在一个国家实现的程度，总是决定于理论满足这个国家的需要的程度"。③ 这样，马克思主义法治理论的中国化并不是纯粹的作为一种思想或理论的发展，而是源于中国的民族独立的革命实践与民族复兴的建设实践。如上文所说，马克思主义法学中国化每一次飞跃和每一次发展，都同中国革命和中国建设的实践任务紧密联系在一起，这种联系具体体现为一种"服务和被服务"的方式，即法治建设实践要服从和服务于中国革命和中国建设的总目标、总任务。从历史来看，在新中国成立之前，马克思主义法学的中国化与新民主主义革命的历史进程紧紧相随；在新中国成立之后，又与从新民主主义社会向社会主义社会的过渡以及社会主义革命和建设密切相关；在1979

---

① ［奥］尤根·埃利希. 法律社会学基本原理［M］. 叶名怡，袁震，译. 南昌：江西教育出版社，2014：98.

② 中共中央文献研究室. 习近平关于全面深化改革论述摘编［M］. 北京：中央文献出版社，2014：8.

③ 中共中央马克思恩格斯列宁斯大林著作编译局. 马克思恩格斯选集（第1卷）［M］. 北京：人民出版社，1995：11.

年改革开放之后，又与中国特色社会主义的发展以及建设社会主义现代化建设强国的密切相关。这样，法治理论服从于法治实践，法治实践服从于革命和建设是实践，实现了理论与实践的密切相连。

在法治实践逻辑的展开过程中，法治逻辑的本土化不仅要求在马克思主义法学理论的指导下能够解决中国法治进程中的实践难题，同时也需要将有效解决难题的实践做法、实践经验和实践答案加以理论化。中国化马克思主义理论很多时候体现为一种实践探索后的经验总结就是基于这一原因，所以"经验总结"也必然是表达中国法治实践展开和理论生成之间相互关系的一个常用的学术范式①。在马克思主义法治理论的中国化过程中经历了三大法治实践，即1921年中国共产党诞生到1949年新中国成立的新民主主义法治实践，1949新中国成立到1956年社会主义法治实践，1978年至今的中国特色社会主义法治实践，都结出了不同的理论成果。在上述的新民主主义法治实践和社会主义法治探索中，以毛泽东同志为主要代表的中国共产党人把马克思主义法治理论的基本原理同中国新民主主义革命和中国社会主义革命的具体实践紧密结合起来，形成了马克思主义法治理论中国化进程的第一次历史性飞跃，创立了毛泽东法制思想。在中国特色社会主义法治探索实践中，以邓小平同志为主要代表的中国共产党人坚持从中国的实际出发，实现了马克思主义法治理论中国化进程的重启，开创了有中国特色的社会主义法治建设，实现了马克思主义法治理论中国化进程中的第二次历史性飞跃，实现了从传统的计划经济体制下的人治型法律秩序向社会主义市场经济体制下的法治型法律秩序的历史性变革与转型②。以江泽民同志为主要代表的中国共产党人，提出了"三个代表"重要思想，实现了马克思主义法治理论中国化进程的第二次历史性飞跃的进一步发展。以胡锦涛同志为主要代表的中国共产党人在新的历史条件下，提出了科学发展观，实现了马克思主义法治理论中国化进程的第二次历史性飞跃的进一步深化，开辟了马克思主义中国化进程的新境界。十八大以来，以习近平同志为核心的中共中央，面对全面深化改革的新的时代要求，深刻论述了全面推进依法治国、建设中国特色社会主义法治的一系列重大理论和实践问题，提出了社会主义新时代的条件下全面推进依法治国

---

① 付子堂. 马克思主义法学理论的中国实践与发展研究 [M]. 北京：中国人民大学出版社，311.

② 付子堂. 马克思主义法学理论的中国实践与发展研究 [M]. 北京：中国人民大学出版社，43.

的新思想、新方略和新思路，实现了马克思主义法治理论中国化时代新的飞跃，提出了习近平法治思想，有力实现了中国特色社会主义法治理论的快速发展。所以，只有在上述寻找中国出路、解答中国问题的过程中形成和发展的理论成果才具有鲜活的生命力，这也是马克思主义永葆生机活力的关键所在①。实践是马克思主义中国化理论的源头，是中国化的理论的发展动力，是检验中国化理论的标准，更加是中国化理论的目的，伟大的实践才能产生出伟大的理论成果，所以，马克思主义法治理论中国化就必须要立足中国法治实践，解决中国法治问题，实现了历史与逻辑的统一。

整体而言，马克思主义法治理论中国化要求必须从历史文化传统、时代理论回应、实践经验展开来开创中国特色社会主义法治理论。在中国化的过程中实现对中国传统法制文化的过滤和包摄，实现对于理论难题的时代回应，实现对于法治实践的经验总结，推进中国化马克思主义法治理论不断前行，让中国社会主义法治实践为马克思主义法治理论的发展创新做出新贡献。

---

① 张明．新中国成立 70 年来马克思主义中国化的基本经验［J］．福州：东南学术，2019
（04）：49．

第二章

马克思主义法治理论的形成发展与核心要旨

一直以来，西方有很多学者在承认存在马克思主义理论的同时却又否认存在马克思主义法治理论，认为作为马克思主义创始人马克思和恩格斯在其理论中并没有法治理论①。或者认为只有法律理论，没有法治理论，所以，要开展马克思主义法治理论的中国化的研究，首先遭遇的第一个难题就是要对马克思主义法治理论的确认。

第一节　马克思主义法治理论的形成发展

马克思的法治理论经历了一个辩证的发展形成过程②。这种辩证发展形成过程可以分为三大阶段。第一阶段新理性批判主义法哲学观阶段，第二阶段为从新理性批判主义法哲学到历史唯物主义法哲学的过渡阶段，第三阶段则是马克思历史唯物主义法哲学的完成阶段。

一、经典马克思主义法治理论的形成

（一）从历史到理性—新理性批判主义法治观阶段

从时间上看，这一阶段的时间跨度是从 1835 年到 1842 年。这一阶段，马克思主要批判历史法学派，并秉持了哲理法学派黑格尔与康德主义的法治观。

虽然历史法学派在后期已经转为了资产阶级的立场，但是在前期该学派

---

① Maurine Cain and Alan Hunter. *Marx and Engles on Law* ［M］. Penguin Press. N. Y, 1979. 144-149.

② 公丕祥. 马克思法哲学思想论述 ［M］. 郑州：河南人民出版社，1992：27-50.

政治立场上较偏向于封建地主阶级，所以年轻的马克思必然会选择以康德和黑格尔为代表的哲理法学理论作为自己法学理论形成的出发点。

康德法学和黑格尔法学虽然同属于哲理法学，但是两者之间有一定的差异性。就两者的联系而言，两者都强调自由对于法的重要性，在阶级立场上都代表着新兴的资产阶级利益；就两者的区别而言，康德法学严格遵循应然和实然的二元区分，其主要特点就是通过对理想境界（应然）的描绘来反映新兴资产阶级的利益，而与此相比，黑格尔法哲学则是主要通过对现有一切的肯定来曲折的表达新兴资产阶级的政治要求。所以，在一开始的时候，年轻的马克思更加容易受到康德法哲学的影响。

1836年10月马克思从波恩大学转学到柏林大学继续学习法律，在康德法哲学"应然"与"实然"分离的思想影响下，马克思试图通过对于理想主义法学世界观的描述进而形成了一种可以反映德国在资产阶级时代所体现的含有进步精神的资本主义法哲学理想。在这种目的之下，马克思试图构筑"必然"的法哲学体系，这一法哲学体系分为两个部分：第一部分名为《法的形而上学》，主要是试图先验地规定法的原则、思维、定义；第二部分则为《法哲学》，主要是论述法的先验原则在罗马法中的贯彻。但是在黑格尔思想的影响之下，马克思很快地认识到这种从"应然"为思考起点的思路存在弊端。

在黑格尔主义"哲学的任务是理解存在的东西，因为存在就是合理的"①的影响下，马克思开始从"应然"层面向"实然"层面的进行转移。在这种转变之下，马克思开始转向从现有存在的内部矛盾出发来理解事物。1842年1月到2月，马克思针对弗·威廉四世的书报检查令写下了第一篇政论性文章《评普鲁士最近的书报检查令》，在文章中，马克思用黑格尔的国家理性观为原则评判国家和法的合理性，但是已经初步认识到法和法律两者之间可能出现的背离，开始认识到法律在现实中会追求特定利益，法律会体现政治性或者党派性，这一过程也让马克思开始意识到采用黑格尔纯粹逻辑的方式在思考社会系统中实际对立存在的各种利益的时候会存在不足。

（二）从理性到社会—历史唯物主义法治观的萌芽

从时间上看，这一阶段为1842年初到1843年，也是马克思在莱茵报工作的后期。

1842年，马克思在《关于林木盗窃化的辩论》中强调了贫民捡枯枝行为

① ［德］黑格尔. 法哲学原理［M］. 范扬，张全泰，译. 北京：商务印书馆，1961.12.

和盗窃行为两者之间罪与非罪的界限，在这里，马克思看到了"罪与非罪"的标准的背后是社会利益。虽然马克思仍然坚持认为黑格尔的所谓国家是调整社会力量的伦理性实体的"理性法"，但是已经看到了隐藏在现实国家背后的真正的力量所在——社会利益，并且看到了"当私人的利益同国家法的伦理原则发生矛盾时，利益总是占法的上风"① 的结果。这样，马克思开始思考法律到底是私人利益的工具还是理性自由的体现。

1843 年，马克思发表了《摩赛尔记者的辩护》，对于《关于林木盗窃法的辩论》所引发观点进行了深入思考。《摩赛尔记者的辩护》和《关于林木盗窃法的辩论》一起，对于马克思主义科学法学理论说的形成具有巨大的意义。正如恩格斯所证实的，马克思后来不止一次地向他说过："正是对林木盗窃法的研究和对摩塞尔河地区农民生活的状况的考察，促使他从纯粹研究政治转而研究经济关系，从而研究社会主义。"② 这两篇文章的出现这说明了马克思开始逐步从黑格尔的法哲学中进行升华。

1843 年 3 月，莱茵报被查封之后，马克思吸收了费尔巴哈唯物观的合理立场，即开始从存在到思维的唯物主义方式去分析法律，并撰写了《黑格尔法哲学批判》，正确地认识到了黑格尔法律理论最大的问题就是颠倒了国家与市民社会的关系。这一阶段的马克思开始强调了市民社会内部的客观关系，但是对于这一客观关系仍然没有准确的深入研究。

1844 年，马克思在《德法年鉴》上撰写了《论犹太人问题》批判布·鲍威尔。鲍威尔认为犹太人要实现政治解放就必须从自己的宗教束缚中解放出来，这样把犹太人争取政治权利的斗争归结为宗教信仰问题。马克思针对上述错误观点，认为必须坚持从市民社会的视角出发的思路，提出了与鲍威尔强调犹太人最终目的"政治解放"相对立的"人类解放"的观点，在这一主张的背后，可以看出来其已经开始转向一种新的法治观。

这一阶段，马克思法律和法治观最大的变化就是开始从思辨视角慢慢转变为实证视角。通过对于社会的观察，马克思深刻地认识到了理性和利益、理论和实践两者之间的差异。这种差异让马克思深刻地认识到了康德和黑格尔的基于唯心主义的法治观的不足，于是马克思更加关注现实中作用于法律

① 公丕祥. 马克思法哲学思想论述［M］. 郑州：河南人民出版社，1992：22.
② 中共中央马克思恩格斯列宁斯大林著作编译局. 马克思恩格斯全集（第 1 卷）［M］. 北京：人民出版社，1956：179.

的真正力量，在这种关注中，马克思的法学观开始逐步过渡到历史唯物主义视角。

（三）从社会到生产—历史唯物主义法治观的完成

这一阶段马克思逐步形成了自己的独特的法哲学——历史唯物主义法哲学。通过历史唯物主义的分析框架，马克思科学的揭示了法治运行背后所隐藏的阶级性和物质性，实现了法治的意识性和利益性的统一。如果对这一阶段进行细分，又可以具体分为形成、成熟、丰富三个子阶段。

1. 从国家到市民社会——历史唯物主义法治理论的形成

在遵循从社会利益看待法律的思路转换之后，马克思开始研究市民社会。这一研究过程从 1844 年《经济学—哲学手稿》开始，一直到《德意志意识形态》完成，这一阶段标志着马克思唯物主义法治观开始逐步形成。

马克思在《1844 年经济学—哲学手稿》中开始研究市民社会。这就意味着马克思开始从康德黑格尔的抽象理性思辨转变为现实的经验观察。

1844 年 8 月到 10 月马克思和恩格斯合作的《神圣家族》则是对于《1844年经济学—哲学手稿》结论的深化和运用。通过批判蒲鲁东的"公平观"，马克思和恩格斯开始迈向强调市民社会决定国家生活和法治的唯物主义路线。

1845 年 9 月到 1846 年马克思和恩格斯合作了第二本著作《德意志意识形态》。在这一著作中，马克思历史唯物主义法哲学的基本概念、范畴和理论都已经成型，开始为马克思主义法治理论的成熟奠定基石。

2. 从市民社会到经济生产——历史唯物主义法治理论的成熟

1848 年 2 月《共产党宣言》发表标志了历史唯物主义法学的完全成熟①。在《共产党宣言》中，马克思深刻地揭示了人类社会历史运动的客观规律和法的运动规律，明确了法律和法治的阶级属性和物质制约性。

1848 到 1871 之间，马克思则在《共产党宣言》的基础上进一步阐述了法、法律与国家和社会之间的功能关系，论证了法对社会经济条件的依赖关系，进一步丰富了法哲学的思想。具体而言：

首先，在 1848 到 1849 年欧洲爆发的资产阶级革命期间，马克思创办了《新莱茵报》。马克思利用《新莱茵报》试图唤起无产阶级通过革命的手段，而打破旧的权力机构，推翻资产阶级国家及其法的统治。

其次，从 1850 年开始，马克思开对这一阶段的革命失败进行反思和沉

---

① 公丕祥.马克思法哲学思想论述［M］.郑州：河南人民出版社，1992：35.

淀，写下了《1848 年到 1850 年的法兰西阶级斗争》，《路易波拿马的雾月十八日》，《中央委员会告共产主义者同盟书》，《揭露科伦共产党人案件》等著作，一方面进一步阐述了经济关系对于政治和法律关系的绝对作用，另一方面揭露了资产阶级国家政治法律制度的虚伪性。

为了论证资本主义必然灭亡的命运，马克思开始撰写《资本论》，深入到资本主义的运行逻辑展开了政治经济学研究。在这一过程中，马克思详细地考察了作为法的基础的社会生产关系，就法与市民社会的关系深入到法与生产关系的层次进行考察。晚年的马克思还从人类学的角度考察的法和法治的历史发展，进一步充实了历史唯物主义法治理论。

3. 恩格斯对于历史唯物主义法学理论的丰富

马克思逝世后，恩格斯进一步阐释和补充了历史唯物主义法治理论，这种阐释主要体现丰富了法治与经济运行的关系，揭示了法的起源和演进规律，论证了法的继承性和相对独立性特征三个方面。首先，恩格斯针对某些人对马克思主义经济基础与上层建筑的关系的错误理解，在一系列关于历史唯物主义的信件中，重点阐述了上层建筑对经济基础的反作用，发展和丰富了法治与经济运行的辩证关系。其次，恩格斯借鉴了摩尔根《古代社会》的研究成果，在法学史上用历史唯物主义深刻地揭示了法的起源，有力地否定了"法律是永恒的"错误观点，并在 1944 年的《家庭、私有制和国家的起源》中对于法律的产生演进的一般规律进行了描述。再次，恩格斯论证了法的继承性和相对独立性。这样，在上述三个方面恩格斯进一步丰富了历史唯物主义法治理论。

二、列宁主义法治理论的发展

在整个马克思主义法治理论的发展历程中，列宁的法治思想占有十分重要的地位。列宁在帝国主义和无产阶级革命时代把马克思主义法治从理论转变为现实，实现了社会主义革命法治和建设法治的统一，实现了第一次对无产阶级取得政权的历史条件下法制建设问题的创造性阐发[1]。成为社会主义法

---

① 张国安. 论列宁法治思想中的法理观 [J]. 云南大学学报（法学版），2009，22（03）：9-16.

制的创设者①。

（一）第一阶段 1892 年至 1914 年：在批判中坚守确立

这一阶段是列宁法治思想的形成阶段。其突出特点是以对错误思潮和反动思想的理论批判为主。从时间上看，这一时期从 1892 年开始，经过 1905 年俄国革命，直至 1914 年第一次世界大战爆发前后才结束。

从革命的起点来看，列宁本身就具有十分娴熟的法律理论知识，1891 年，列宁以校外生资格在圣彼得堡大学法律系通过课程考试并获得甲等毕业证书，可以说，无论是马克思还是列宁，都是从法治理论开始走向了社会主义革命的道路。在毕业之后，列宁积极地投身俄国革命运动，创立俄国的马克思主义政党，推动马克思主义与俄国工人运动的结合。

而在这一阶段的结合中，列宁需要面对的两个问题分别是错误思潮对于马克思主义法治理论的批判和修正，以及如何运用马克思主义法治理论去分析当时沙皇统治之下的法治实质。

就前者而言，19 世纪末 20 世纪初这一时期世界处于转型时期，复杂的社会时代变化必然也反映在马克思主义理论界，以伯恩施坦为主要代表的机会主义派别，对马克思的理论进行全面"修正"。可以说，列宁法治思想的形成是以捍卫马克思恩格斯的法律理论为起点的②。列宁积极开展对于各种错误思潮的斗争，反对第二国际修正主义和机会主义，以及同自由主义民粹派、经济派、"合法的马克思主义"等错误思潮的理论斗争。在这一过程中，列宁撰写了《什么是"人民之友"以及他们如何攻击社会民主党人?》等一系列著述，鲜明地指出了马克思和恩格斯所创立的无产阶级法权革命的基本原理对于俄国开展无产阶级革命的指导意义，重申了新的时代背景下无产阶级革命、夺取资本主义国家政权的重要意义，揭示了俄国社会法权关系变动的规律性及其内在特征。

就后者而言，列宁首先通过对于沙皇统治下的法律体系内容的梳理与分析，批判了沙皇专制制度的反动本质，进而实现了对剥削阶级法律的本质揭露和社会作用的功能阐发，同时在《我们党的宪纲草案》《新工厂法》中提

---

① 王奇才，黄文艺．列宁社会主义法制建设思想与当代中国法治建设 [J]．马克思主义与现实，2015（02）：19-28．

② 王建国．列宁国家法治建设理论及其现实价值 [J]．河北法学，2015，33（02）：29-41．

出了无产阶级和广大工农大众的法权要求及其实现条件，明确了无产阶级革命"使命是从根本上改变全部的上层建筑——政治与法的关系"①，指出"摧毁旧法制是阶级斗争的最高形式"②，尤其是在 1905 年革命以后，列宁针对俄国存在的保留专制君主制的国家制度、建立立宪君主制或者民主共和制的国家制三种宪法或三种国家制度的法权要求，在《社会民主党人怎样总结革命，革命又怎样给社会革命党人做了总结》《三种宪法或三种国家制度》中科学地揭示了宪法的实质与国家制度形态、成文宪法与现实宪法之间的关系以及无产阶级对待资产阶级立宪政治的基本态度，揭露了俄国专制制度和资产阶级法制的阶级本质，为俄国人民推翻沙皇专制制度和资产阶级临时政府的统治，建立社会主义宪制的国家政权奠定了科学的理论基础。

（二）第二阶段 1914 年至 1917 年：在革命中发展推进

这一阶段是列宁革命法治思想的发展阶段。从时间上看，涵盖了从 1914 年第一次世界大战爆发前后至 1917 年十月革命前后。其典型的特点就是在对于垄断资本主义进行分析的基础上，明确了帝国主义时代是战争与革命的时代，并在这一时代判断的基础上，将建立无产阶级专政的斗争的历史任务和创设新型法治的时代任务进行了紧密结合。其主要核心思想体现在《帝国主义是资本主义的最高阶段》《哲学笔记》和《国家与革命》之中。

首先，1914 年第一次世界大战的爆发为马克思法治理论的发展提供了新的契机。第一次世界大战的爆发给国际共产主义运动带来了巨大的冲击，也给马克思主义法学理论提出了前所未有的新挑战与新课题。

一方面，列宁对于时代变化进行分析，撰写了《帝国主义是资本主义的最高阶段》，明确了资本主义已经进入了垄断资本主义阶段的时代现实，以及帝国主义的主要特征。据此，列宁根据垄断资本主义的经济与法律关系的新变化，论证了垄断资本主义阶段国家与法的新特征，提出要"变帝国主义战争为国内战争"③ 的新任务，提出无产阶级要在这场帝国主义战争中，直接夺取国家权力，废除资产阶级旧法制，建立社会主义新法制。这样，列宁为

---

① 中共中央马克思恩格斯列宁斯大林著作编译局. 列宁全集（第 38 卷）［M］. 北京：人民出版社，1984：200.
② 中共中央马克思恩格斯列宁斯大林著作编译局. 列宁全集（第 38 卷）［M］. 北京：人民出版社，1984：202.
③ 中共中央马克思恩格斯列宁斯大林著作编译局. 列宁全集（第 2 卷）［M］. 北京：人民出版社，1984：150.

马克思主义的法治理论转变、为社会主义法律实践奠定了科学的学理基础。

另一方面，列宁回到了马克思主义哲学的基本分析思路上，在 1914 年至 1915 撰写了《哲学笔记》，《哲学笔记》作为对于辩证唯物主义理论的进一步发展，利用历史唯物主义对战争、和平、革命、法的本质、法的运动规律以及法与利益、自由、人权的关系等一系列法治理论进行了科学的探索。可以说，这种探索，认清了新的历史条件下社会主义革命的前途，为无产阶级的革命斗争制定正确的战略和策略做了法哲学层面的理论准备。

其次，1917 年俄国爆发了十月革命，作为人类历史上第一次社会主义革命，其实现了在俄国这样一个经济文化落后的国家创建了社会主义国家和社会制度的伟大壮举。

在这场伟大的革命的前后，列宁撰写了《国家与革命》《苏维埃政权的当前任务》《伟大的创举》《论国家》《无产阶级专政时代的经济和政治》等一系列重要著述，科学地概括了无产阶级革命政权的鲜明的民主特点，分析了从资本主义到共产主义的过渡阶段无产阶级法权要求的基本性质。其中，1917 年列宁撰写的《国家与革命》有力地回击了国内外敌人对马克思主义国家学说的歪曲，解决无产阶级革命中的"最现实、最迫切、政治上最重要的问题，即革命对国家的态度和整个国家问题"①。在这部著作中，列宁系统地总结了 1848 年以来马克思主义关于国家与法的理论的形成和发展过程，揭示了国家与法的本质及其产生、发展与消亡的历史必然性，以及在整个社会主义历史阶段必然会产生与这个阶段的社会历史条件相联系的一系列法权现象的表现形式及其根源。

（三）第三阶段 1917 年至 1924 年：在建设中探索前行

这一阶段，是列宁社会主义法治建设思想的实践探索阶段。在俄国十月革命胜利之后，列宁在把俄国从一个经济、政治、文化落后的国家过渡到社会主义国家的实践过程中，把马克思主义的法治理论全面推向社会主义法治实践，从时间上看，主要从 1917 年俄国十月革命胜利后到 1924 年列宁逝世。

从实践内容上看，这一时期列宁主要关注社会主义法治运行中的法律创制、法律实施、法律制度改革。其法制思想的突出特点是创制与改革，集中体现在对于苏维埃政权组织形式创制改革和战时共产主义政策结束以后对社

---

① 中共中央马克思恩格斯列宁斯大林著作编译局. 列宁全集（第 2 卷）［M］. 北京：人民出版社，1984：335.

会主义法治建设的初步构想方面。

首先，针对苏维埃政权的创制和改革。列宁认为苏维埃是实现无产阶级专政的一种政治治理形式①。它产生于十月革命之前，由工人罢工的组织逐渐演变为工人阶级的政权机关。这一机关是按照巴黎公社的原则组织起来的。巴黎公社是无产阶级专政治理形式的第一个具有世界历史意义的阶段，而苏维埃政权则是无产阶级专政发展过程中具有世界历史意义的第二步或第二阶段，这种形式"是巴黎公社的直接继续"②。它实行以立法和行政相统一的民主集中制的政权组织形式，既是法律制定机关，又是法律执行机关。在法治建设实践中，列宁探索了关于社会主义经济建设、政治建设、文化建设与法制建设的内在关系；同时聚焦于通过法治从制度根源上反对官僚主义，消除官僚主义产生的制度土壤，这些实践为中国的社会主义法治实践提供了丰富的可供借鉴的法治实践经验。

其次，针对社会主义法治建设的探索与设想。随着战时共产主义政策的结束，新经济政策的实行，苏维埃国家政治体制改革也就被提上了议事日程。列宁对与新经济政策配套实行的"新政治制度"进行了总体构想，在这些构想中，其中的一个重要的思考就是对于社会主义法治建设的思考，强调了社会主义国家法治建设必须要坚持法制完备、人权保障、权力制约、法律平等、依法办事、公正司法等基本原则，这些理论与构想为我国建设社会主义法治国家留下了宝贵遗产。

第二节　马克思主义法治理论的内容要旨

从理论基础来看，马克思主义法治理论是以历史唯物主义和辩证唯物主义作为其理论基础的，这一分析框架奠定了马克思主义法治理论自身的科学性。从理论内容上看，马克思主义法治理论主要分为了法治本质论，法治功能论，法治结构论，法治价值论、法治发展论和法治建设论。从逻辑的角度而言，这几个部分具有内在逻辑严密性，体现了对于法治从外部到内部，从

---

① 中共中央马克思恩格斯列宁斯大林著作编译局．列宁全集（第32卷）［M］．北京：人民出版社，1985：320．

② 中共中央马克思恩格斯列宁斯大林著作编译局．列宁全集（第32卷）［M］．北京：人民出版社，1985：325．

客观到主观，从认识到实践的逻辑展开过程。

一、法治本质论：法和法律的治理是作为上层建筑的治理

马克思对于法治的认识是从法治的本质开始的，而对于法治本质的认识则遵循了由外部到内部，由静态到动态，由现在到未来的认识思路。在马克思之前，对于法治本质的探究主要有两种观点，一种认为法治的基础是权利，另外一种认为法治的基础是意志。而马克思提出法治的本质是一种作为经济基础所决定的上层建筑的规则治理，同时创造性地提出了法的治理和法律的治理的双层上层建筑治理。提出作为"法的治理"依据的法是"经济关系的意志化形态"和作为"法律治理"依据的法律是"政治国家的意志化形态"的双重认识，实现了法治的利益性和意志性的统一、内容性和形式性的统一。

（一）"法的治理"是由经济关系所决定

整体来看，对于法治的依据的认识马克思认为经历两大个阶段。早期，青年时代的马克思受到古典自然法学派的影响，认为作为法治的治理依据的法是自由正义和理性的代名词，在《出版自由辩论》中提出"出版法就是出版自由在立法上的认可，它是法的表现，因为它就是自由的肯定存在"①；后期，马克思开始从现实的人以及人的物质生活条件的关系着眼来认识法，认为"法是事物的法的本质的反映"，并进一步认识到"法是经济关系的意志化形态"。

第一，"法是事物的法的本质的反映"的初步认识。

首先，在《关于林木盗窃法的辩论》中，马克思提出了"事物的法的本质"的概念，其认为"事物的法的本质的普遍和真正的表达者。因此，事物的法的本质不应该去迁就法律，恰恰相反，法律倒应该去适应事物的法的本质"②。但是马克思并没有对"事物的法的本质"作出科学的界说。其次，在《论离婚法草案》中，马克思指出了从客观关系上理解法的属性的基本要求，认为观念必须以实际存在的"真实性"为前提，法必须以客观事实为基础。再次，在《莱比锡总汇报的查封》中，马克思要求研究法"不要突然离开现

---

① 中共中央马克思恩格斯列宁斯大林著作编译局．马克思恩格斯全集（第1卷）[M]．北京：人民出版社，1974：71．

② 中共中央马克思恩格斯列宁斯大林著作编译局．马克思恩格斯全集（第1卷）[M]．北京：人民出版社，1974：139．

实的、有机的国家生活的基地，不要沉浸于不现实的、机械的、从属的、非国家的生活领域里"①。又次，在《摩苏尔记者的辩护》中，马克思总结说："在研究国家生活现象时，很容易走入歧途，即忽视各种关系的客观本性，用当事人的意志来解释一切。但是存在着这样一些关系，这些关系决定私人和个别政权代表者的行动，而且就像停止呼吸一样不以他们为转移。"②

第二，"法是经济关系的意志化形态"的深化认识。

"法是经济关系的意志化形态"是在"法是事物的法的本质的反映"基础上的认识深化。这样，马克思逐步将"事物"定位到"社会经济关系"层面。首先，在《黑格尔法哲学批判》中，马克思具体分析了北美资产阶级国家制度是建立在私有财产基础之上的，指出在北美，法和国家的全部内容乃是最高阶段的私有财产。其次，在《德意志意识形态》中，马克思恩格斯把法同社会经济条件的关系上升到唯物史观的高度，认为唯物主义历史观不是在每个时代中寻找某种范畴，而是从物质实践出发来解释观念的东西。最后，在《资本论》中，马克思全面系统地分析了构成法的现实基础的社会经济关系，认为生产关系就是"人们在他们的社会生活过程中、在他们的社会生活的生产中所处的各种关系"③。对此，马克思给法做了一个经典的定义——法权关系"是一种反映着经济关系的意志关系。这种法权关系或意志关系的内容是由这种经济关系本身决定的"④。

这样，在经过探索之后，马克思认识到了法治关系是经济关系的表现，"思想的社会关系不过是物质的社会关系的上层建筑，而物质的社会关系是不以人的意志和意识为转移而形成的，是人维持生存的活动的（结果）形式"⑤。也就是说，作为上层建筑的组成部分的法律，是由物质生活关系决定的。

---

① 中共中央马克思恩格斯列宁斯大林著作编译局. 马克思恩格斯全集（第1卷）[M]. 北京：人民出版社，1974：198.

② 中共中央马克思恩格斯列宁斯大林著作编译局. 马克思恩格斯全集（第1卷）[M]. 北京：人民出版社，1974：216.

③ 中共中央马克思恩格斯列宁斯大林著作编译局. 马克思恩格斯全集（第25卷）[M]. 北京：人民出版社，1974：993.

④ 中共中央马克思恩格斯列宁斯大林著作编译局. 马克思恩格斯全集（第23卷）[M]. 北京：人民出版社，1974：102.

⑤ 中共中央马克思恩格斯列宁斯大林著作编译局. 马克思恩格斯全集（第23卷）[M]. 北京：人民出版社，1974：102.

（二）法律治理是由国家意志所决定

对于法律，马克思特别强调"国家"（尤其是"阶级国家"）和法律治理两者之间的关系，对于这一论断，马克思主要从法律治理作为社会意识的物质外壳性、法律治理产生的政权基础两个角度来进行论证的。前者体现对法律治理的哲学思考，后者则体现了对法律治理的政治思考。

第一，法律作为社会现象是具有物质外壳的社会意识。

如上文所言，作为治理依据的法作为社会内容必然要表现出一定的形式，而这种社会内容的形式在马克思看来就是法律。在整个社会有机体中，马克思认为法作为体现思想的社会关系的现象和其他社会系统要素相比具有一定的特殊性，其不是一种纯粹的社会意识而是具有物质外壳的社会意识。

马克思认为"精神从一开始就很倒霉，注定要受物质的纠缠"[1]，因而属于社会意识范畴的、体现思想的社会关系的法律现象，总得借助于某种物质材料和物质力量才能客观地存在于现实社会之中，才能以特殊形式反作用于社会存在。恩格斯在指出国家组织与氏族组织的差别时指出，国家权力是用来对付被统治阶级的，"构成这种权力的，不仅有武装的人，而且还而物质的附属物，如监狱和各种强制机关，这些东西都是以前的氏族社会所没有的"[2]。

第二，法律治理产生的政治基础是国家政权。

法律和国家之间的密切联系体现为国家政权是创制法律的直接力量渊源，构成法治现象的政治前提。

在马克思看来，国家不是从来就有的。在国家产生以前，存在的是氏族制度，恩格斯在《家庭、私有制和国家的起源》指出"这种十分单纯质朴的氏族制度是一种多么美妙的制度呵！没有军队、宪兵和警察，没有贵族、国王、总督、地方官和法官，没有监狱，没有诉讼，而一切都是有条有理的。一切争端和纠纷，都由当事人的全体即氏族或部落来解决"[3]。随着社会生产力发展，出现了剩余产品，进而出现了阶级差别，进而阶级矛盾不可调和；

① 中共中央马克思恩格斯列宁斯大林著作编译局.马克思恩格斯全集（第3卷）[M].北京：人民出版社，1974：34.

② 中共中央马克思恩格斯列宁斯大林著作编译局.马克思恩格斯全集（第21卷）[M].北京：人民出版社，1974：195.

③ 中共中央马克思恩格斯列宁斯大林著作编译局.马克思恩格斯全集（第21卷）[M].北京：人民出版社，1974：111.

随着社会分工的进一步发展，原先赋予少数人执行维护氏族组织利益的社会职能，就逐渐独立化并上升为对社会的统治。所以，国家产生之后，成为统治阶级借以实现其阶级利益的形式，其把阶级利益打扮成社会共同利益的代表。所以，每一个力图取得统治的阶级"都必须首先夺取政权，以便把自己的利益说成是普遍的利益"①。因此，"正是由于私人利益和公共利益之间的这种矛盾，公共利益才以国家的姿态而采取一种和实际利益（不论是单个的还是共同的）脱离的独立形式，也就是说采取一种虚幻的共同体的形式"②。所以，马克思认为国家的是以虚幻的代表普遍利益的政治共同体形式出现的，尽管这种共同体是虚幻的，但是必然要以和各种特殊政治利益形式上相脱离的"共同体"方式出现，所以，其就有必要对特殊利益进行实际的干涉和约束。而国家干涉和约束特殊利益的重要途径和手段，就是制定和执行法律。"所以，一切共同的规章都是以国家为中介的，都带有政治形式"③，法律所体现的就是国家的意志。

遵循马克思对于法律的思考，列宁在社会主义法治建设探索时期，也认为苏维埃国家治理是一种法治的国家治理，进一步在建设实践中突出了法律治理和国家治理的关系。和马克思一样，列宁同样认为国家和法律都是上层建筑的重要组成部分，在两者关系中，法律是国家意志的重要体现，它是由国家机关制定和颁布，并依靠国家的强制力量保证其实施。所以，在列宁看来，苏维埃国家的意志也要通过法律形式表现出来，有法才能实现有效的国家治理。苏维埃国家必须通过法律来掌握、巩固和治理。"工人阶级夺取政权之后，像任何阶级一样，要通过改变同所有制的关系和实行新宪法来掌握和保持政权，巩固政权。"④ 随着苏维埃政权巩固，国家治理的权限扩大，各种事务纷繁复杂，"就愈需要提出加强革命法制这个坚定不移的口号"⑤。

---

① 中共中央马克思恩格斯列宁斯大林著作编译局．马克思恩格斯全集（第3卷）[M]．北京：人民出版社，1974：38．
② 中共中央马克思恩格斯列宁斯大林著作编译局．马克思恩格斯全集（第3卷）[M]．北京：人民出版社，1974：39．
③ 中共中央马克思恩格斯列宁斯大林著作编译局．马克思恩格斯全集（第3卷）[M]．北京：人民出版社，1974：70．
④ 中共中央马克思恩格斯列宁斯大林著作编译局．列宁全集（第32卷）[M]．北京：人民出版社，1985：175．
⑤ 中共中央马克思恩格斯列宁斯大林著作编译局．列宁全集（第34卷）[M]．北京：人民出版社，1985：177．

（三）法的治理和法律治理并不仅由经济关系和国家意志所决定

马克思也强调上层建筑其他要素对法的治理或者法律治理的影响。

在《资本论第三卷》中，马克思承认并努力揭示各种非经济因素对于法的深刻影响，"不过，这并不妨碍相同的经济基础——按主要条件来说明相同一可以由于无数不同的经验的事实、自然条件、种族关系、各种从外部发生作用的历史影响等等等等，而在现象上显示出无穷无尽的变异和程度差别，这些变异杜程度差别只有通过对这些经验所提供的事实进行分析才可以理解"①。

在《雾月十八日》中马克思进一步看到了一些意识形态的因素对政治行为和法的关系的制约作用。"在不同的所有制形式上。在生存的社会条件上，耸立着由各种不同情感、幻想、思想方式和世界观构成的整个上层建筑。"②由此，马克思研究了这些意识形态因索对政治和法律上层建筑的影响。

恩格斯在此基础上进行了进一步的发展，在《晚年关于历史唯物主义的通信》中反复强调，一定社会上层建筑中的其他现象都以自己特定的方式在不同程度上影响法律的现象，充分认识到法与政治、道德、宗教、哲学、文化艺术等上层建筑诸现象之间的相互作用、相互影响、相互渗透的关系，明确指出"并不是只有经济状况才原因，才是积极的，而其余一切都不过是消极的结果"③。

（四）法的治理和法律治理两者之间具有对立统一的辩证关系

在历史唯物主义的分析框架之下，马克思主义将法治的规则依据区分为法和法律反映了一种结构层次性的认识思维。当谈到法时，马克思更加明确地把法看作是经济关系的直接权利要求，把法等同于法权关系，提出了经济关系产生法权关系。当谈到法律的时候，把法律从国家意志联系起来，把法律看作国家意志的一般表现形式，主要指向为国家所颁布的，具有约束力的，普遍的行为规范称。

这种结构性的区分具有一个"统一"的基础，即"经济关系"。所以，

---

① 中共中央马克思恩格斯列宁斯大林著作编译局 . 马克思恩格斯全集（第25卷）［M］.北京：人民出版社，1974：892.

② 中共中央马克思恩格斯列宁斯大林著作编译局 . 马克思恩格斯全集（第8卷）［M］.北京：人民出版社，1974：149.

③ 中共中央马克思恩格斯列宁斯大林著作编译局 . 马克思恩格斯全集（第39卷）［M］.北京：人民出版社，1974：199.

在这种"统一"下，这种层次性的认识沿着法的现象的形式的螺旋上升，体现为一种层次不断前进的认识过程。在这一过程中，法和法律既有联系又有区别。从两者的联系来看，法和法律都是一定社会物质生活条件的意志化形式，它们的内容都来源于一定的社会经济关系。但是从两者的区别来看，主要体现为四个方面。

第一，两者在法治现象中具有不同的地位。法的治理是法治现象的深层本质，而法律治理是法治现象的外层形式，法律治理以法的治理为根据并受到法的制约和决定，从治理的依据来看，法律是法的物质载体，法需要依赖法律成为法的现象之客观现实。

第二，两者与社会经济关系的联系性质和联系程度有差异。法的治理是对一定社会经济生活条件的反映，它与社会经济条件的联系具有客观必然性；法律治理是具有占统治地位的那个阶级意志在国家治理中的集中体现，因而这种反应是间接反映。可以说，"法是社会经济生活关系的法权意义的内在结构形式，而法律则是社会经济关系的外部表现形式"①。

第三，两者与国家权力的联系程度也不同。法的治理与国家权力并没有必然的联系，不能把权力看作法的实在基础，但是法律治理与国家权力具有必然的联系，法律所具有的普遍性规范性和国家强制性、国家意志性等特征正是以国家权力为后盾的。

第四，马克思提出了一定条件下法的治理和法律治理可能出现"不平衡"。在《黑格尔法哲学批判导言》中，马克思分析了当时德国会生活时发现，德国的市民社会与政治结构之间的分裂和不协调状况非常明显，认为德国资本主义经济关系仍然被封建的政治锁链束缚着。在《在道德化的批评和批评化的道德》一文中，马克思具体分析了资本主义形成过程中君主专制政体的历史特点，指出："如果说君主专制从前保护过工商业，以此鼓励过资产阶级上升，并且还曾经把工商业看作使国家富强、使自己显赫的必要条件，那么现在君主专制到处都成了工商业（它们正在成为已经很强大的资产阶级手中的日益可怕的武器）发展道路上的障碍。"②

这样，马克思也提出了社会系统中法律与其他社会子系统之间的关系的

---

① 公丕祥. 马克思法哲学思想论述 [M]. 郑州：河南人民出版社，1992：95.

② 中共中央马克思恩格斯列宁斯大林著作编译局. 马克思恩格斯全集（第4卷）[M]. 北京：人民出版社，1974：341.

非平衡性，而对于这种非平衡性，恰恰不能持一种负面的评价，而应当看到这种不平衡或者说这种社会系统化的结构性矛盾是法律不断发展的动力所在。

二、法治功能论：法治具有发展经济和管理社会的双重功能

和以往法治理论最大的不同在于马克思将法放在一个更大的社会系统中进行思考，防止出现就法治而论法治，将法治割裂在一个真空的环境中进行思考的倾向，其更加关注的是法与其他社会系统要素之间的联系。在对于法治与其他社会系统要素之间的关系分析中，马克思主要关注法治对于经济关系和社会关系的治理作用，体现出来一种"关系型"辩证法的思维。

（一）法律治理能够有效地反作用与经济基础

按照历史唯物主义的分析框架，马克思首先探寻法治现象和经济运行关系，其次探索了法治现象和其他上层建筑要素运行之间的关系。

首先，法律治理对经济基础所具有的反作用。恩格斯在《论权威》批判巴枯宁无政府主义的"法律虚无论"。强调，随着人类行为的复杂性，更加需要权威（法治）。"生产和流通的物质条件，不可避免地随着大工业和大农业的发展而复杂化，并且趋向于日益扩大这种权威的范围。所以，把权威原则说成是绝对坏的东西，而把自治原则说成是绝对好的东西，这是荒谬的。"①

就阶级社会而言，马克思重点考察了资本主义社会中法治对于资本主义经济发展的作用。在《资本论》中，马克思强调了资本主义工厂立法的对于经济发展的重要作用。认为近代资本主义生产经历了一个由工场手工业和家庭劳动向大工业的过渡，而工厂法的出台则极大地加速了这一进程。"工厂法从一个只在机器生产的最初产物即纺纱业和织布业中实行的法律，发展成为一切社会生产中普遍实行的法律，这种必然性，正如我们已经看到的，是从大工业的历史发展进程中产生的。"②

就东方古代社会，马克思同样强调了法治的重要作用。在《晚期的人类学笔记》中，马克思的描述古代东方社会文明时，强调了农业收成的好快由政府治理的好坏决定。马克思认为，东方社会的文明是农业形态的文明，这

① 中共中央马克思恩格斯列宁斯大林著作编译局．马克思恩格斯全集（第25卷）［M］．北京：人民出版社，1974：432．

② 中共中央马克思恩格斯列宁斯大林著作编译局．马克思恩格斯全集（第23卷）［M］．北京：人民出版社，1974：537．

种农业文明与水利有着不可分割的联系，而由于东方社会文明程度太低，幅员太大，不能产生自愿的联合，所以就迫切需要中央集权的政府来干预。所以，"我们在亚洲各国经常可以看到，农业在某一个政府统治下衰落下去，而在另一个政府统治下又复兴起来。收成的好坏在那里决定于政府的好坏"①。

其次，在一定条件下法律治理具有"决定性"反作用。在《1857—1858年的经济学手稿》，马克思甚至在一定条件下认为法治对于社会经济发展具有决定性的反作用，在某种限度内可以改变社会经济基础。其指出："法律可以使一种生产资料，例如土地，永远属于一个家庭。这些法律，只有当大土地所有权适合社会生产的时候，如像在英国那样，才有经济意义。在法国，尽管有大土地所有权，但经营的是小规模农业，因而大土地所有权被革命摧毁了。但是，土地分成小块的状态是否例如通过法律永远固定下来了呢？尽管有这种法律，土地所有权却又集中起来。法律在巩固分配关系方面的影响和它们由此对生产发生的作用、要专门加以确定。"②

（二）法律治理能够有效地进行社会管理

除去强调法律治理对于经济运行的作用之外，马克思认为法律治理可以有效地对于社会进行管理，这种管理主要体现为法律治理是社会生活关系的调整器和社会文明进程的指示器两个方面的功能。

首先，法治是调整社会生活关系的调整器。

马克思认为除去具有阶级统治功能之外，另外一种功能是进行社会管理。在马克思看来，这两种功能并不是独立存在的，而是相互融合的，即阶级统治的功能必须要以社会管理功能作为基础，可以说社会管理功能在阶级社会中的深层目的就是为了实现阶级统治。这样，马克思就实现了法治两个功能之间的关系统一。

如果阶级统治需要以社会管理功能为依托，那么作为阶级统治工具的法治必然也要成为一种社会关系的调整器。在马克思看来，社会是由多层次内在矛盾构成的，能够在功能技术上自我调节的有机系统。社会的存在发展离不开一定的组织性和持续性，表现为一定的行为规则体系，这种规则虽然表现在阶级社会中必然具有阶级性，但是必然也要体现为社会性，可以说社会

---

① 中共中央马克思恩格斯列宁斯大林著作编译局. 马克思恩格斯全集（第9卷）[M]. 北京：人民出版社，1974：145.

② 中共中央马克思恩格斯列宁斯大林著作编译局. 马克思恩格斯全集（第46卷）[M]. 北京：人民出版社，1974：35.

与社会行为规则体系之间的关系便构成社会调整。

马克思对于法律对于社会生活关系调整的作用主要体现在《资本论》中，如果没有一定的社会管理，没有对人类社会不同阶段上社会活动的有组织的管理，那么，物质生产和精神生产乃至一切社会活动都是不可能进行的。其指出："一切规模较大的直接社会劳动或共同劳动，都或多或少地需要指挥，以协调个人的活动，并执行生产总体的运动——不同于这一总体的独立器官的运动——所产生的各种一般的职能。"①

其次，法治进步是社会文明进程的重要指示器。

在马克思的理论中，毫无疑问，生产力的发展是社会进步的最高标准，"各种经济时代的区别，不在于生产什么，而在于怎样生产，用什么劳动资料生产。劳动资料不仅是人类劳动力发展的测量器，而且是劳动借以进行的社会关系的指示器"②。然而，这并不表示生产力是社会进步的唯一衡量标准。

在马克思看来，衡量社会进步的标准应当是一个以生产力为基础的综合性社会指标体系，法律进步是其中的一项重要的指示器。因为"每种生产形式都产生出它所特有的法的关系、统治形式等等"③，所以必然法律成为不同生产方式的外部指示器。可以说，法治以其特有的形式，标志着社会文明的发展进程及其阶段。

马克思认为法治的演化史，就是从个别调整发展到规范调整，进而实现二者有机结合的过程。在原始公社制度下，社会调整方式只能是具体情况具体分析的个别性调整，"习惯"行使着个别调整的职能。这种个别性调整在很大程度上受到主观任意性的支配，难以形成必然的普遍的社会秩序。随着某种社会关系获得必然普遍的存在形态，以及人的认识能力提高，确定在一切条件下一切人都要遵行的行为准则规范性调整便应运而生。正如马克思在《资本论》第三卷中所明确分析过的，"在文明社会发展的每一个历史阶段上社会上占统治地位的那部分人的利益，总是要把现状作为法律加以神圣化，并且要把习惯和传统对现状造成的各种限制，用法律固定下来，只要现状的

---

① 中共中央马克思恩格斯列宁斯大林著作编译局. 马克思恩格斯全集（第 23 卷）[M]. 北京：人民出版社，1974：367.

② 中共中央马克思恩格斯列宁斯大林著作编译局. 马克思恩格斯全集（第 23 卷）[M]. 北京：人民出版社，1974：204.

③ 中共中央马克思恩格斯列宁斯大林著作编译局. 马克思恩格斯全集（第 46 卷）[M]. 北京：人民出版社，1974：25.

基础即作为现状的基础的关系的不断再生产，随着时间的推移，取得了有规则的和有秩序的形式，这种情况就会自然产生；并且，这种规则和秩序本身，对任何要摆脱单纯的偶然性或任意性而取得社会的固定性和独立性的生产方式来说，是一个必不可少的要素"①。

（三）社会主义国家仍然需要法律治理

基于上述对于法律治理功能作用的分析，马克思和列宁都充分地认识到了法律治理在新的国家制度下所具有的重要地位。

首先，社会主义政权塑造需要开展法治建设。

马克思认为即使夺取了政权，进入了新的政权后，也需要法治。在《路易·波拿巴的雾月十八日》中他指出："无产阶级革命不仅要摧毁旧的经济关系，改造旧的社会基础，而且要从根本上改变全部上层建筑——政治、法的关系。在这种改变的过程中，所摧毁的乃是旧国家机器的基本环节即压迫和镇压机关，只保留对工人阶级有用的某些机关即执行社会职能的机构。旧政府权力的纯粹压迫机关应该铲除，而旧政府权力的合理职能应该从妄图驾于社会之上的权力那里夺取过来，交给社会的负责的公仆。"②

在巴黎公社运动时期，马克思把巴黎公社看作是无产阶级专政的特殊国家形式，指出："公社的真正秘密就在于：它实质上是工人阶级的政府，是生产者阶级同占有者阶级斗争的结果，是终于发现的，可以使劳动在经济上获得解放的政治形式。"③

这种无产阶级国家的基本特色在于"它应该成为真正的同时兼管行政和立法的工作机关，实行'议行合一'原则；公社实行普选制和撤换制，它的所有的代表和官吏可以毫无例外地随时撤换，来保证自己有可能防范他们，公职人员是人民的公仆；建立人民陪审员制，保障辩护自由"④。在苏维埃政权建设初期，列宁也深刻地指出无产阶级专政的国家政权是新型民主的和新型专政的国家，即对最广大的人民实行民主，对资产阶级实行专政的国家。

---

① 中共中央马克思恩格斯列宁斯大林著作编译局．马克思恩格斯全集（第25卷）[M]．北京：人民出版社，1974：894．
② 中共中央马克思恩格斯列宁斯大林著作编译局．马克思恩格斯全集（第17卷）[M]．北京：人民出版社，1974：359．
③ 中共中央马克思恩格斯列宁斯大林著作编译局．马克思恩格斯全集（第17卷）[M]．北京：人民出版社，1974：361．
④ 中共中央马克思恩格斯列宁斯大林著作编译局．马克思恩格斯全集（第17卷）[M]．北京：人民出版社，1974：363．

其次，社会主义政权统治需要开展法治建设。

马克思在《哥达纲领批判》中针对拉萨尔主义，深刻地分析了从资本主义向共产主义过渡时期法权现象的辩证关系。他指出："在资本主义社会和共产主义社会之间，有一个从前者变为后者的革命转变时期。同这个时期相适应的也有一个政治上的过渡时期。这个时期的国家只能是无产阶级的革命专政。"①

列宁也认为统治阶级必须借助法律的形式，使国家法律才能成为国家意志。"意志如果是国家的，就应该表现为政权机关所制定的法律，否则'意志'这两个字只是毫无意义的空气震动而已。"②

列宁在十月革命取得政权之后，进一步明确："如果不愿陷入空想主义，那就不能认为，在推翻资本主义之后，人们立即就能学会不需要任何法权规范而为社会劳动，况且资本主义的废除不能立即为这种变更创造经济前提。"③

从具体实践来看，列宁时期，苏维埃国家初步建立了党领导人民依法管理国家各种事务的初步框架。这一框架以俄共（布）为领导核心，以人民当家做主为制度安排依据，以苏维埃国家权力机关为载体，以民主集中制为政权组织原则，以宪法为俄国法律体系为基础。列宁时期的苏维埃国家治理有效地推动了经济发展，使俄国较快地摆脱了严重困境，为巩固和发展新生的苏维埃社会主义政权提供了制度基础。

再次，社会主义经济建设需要开展法治建设。

开展社会主义经济建设同样需要进行法治建设。恩格斯主要通过对于法治作为权威的必要性角度对此进行了充分论证，在《论权威》恩格斯批判了巴枯宁无政府主义的法律虚无主义观点，其认为"一方面是一定的权威，不管它是怎样造成的，另一方面是一定的服从，这两者，不管社会组织怎样，在产品的生产和流通赖以进行的物质条件下，都是我们所必需的"④。

---

① 中共中央马克思恩格斯列宁斯大林著作编译局. 马克思恩格斯全集（第19卷）[M]. 北京：人民出版社，1974：31.

② 中共中央马克思恩格斯列宁斯大林著作编译局. 列宁全集（第25卷）[M]. 北京：人民出版社，1985：75.

③ 中共中央马克思恩格斯列宁斯大林著作编译局. 列宁全集（第32卷）[M]. 北京：人民出版社，1985：421.

④ 中共中央马克思恩格斯列宁斯大林著作编译局. 马克思恩格斯全集（第18卷）[M]. 北京：人民出版社，1974：343.

列宁在苏俄从战时共产主义转变到新经济政策时期，也充分地认识到了法治对于经济发展的重要性。列宁指出，实施新经济政策必须有法制的保证。他指示司法人民委员部，在制定苏俄民法典的过程中要研究"如何能够对一切私营企业无例外的进行监督，并废除一切与法律条文和工农劳动群众利益相抵触的合同和私人契约，从而保障无产阶级国家利益。所以不能盲目迎合欧洲，盲目抄袭资产阶级民法，而要按照我们的法律精神对它做一系列的限制，但不妨碍经济和商业工作。我们一方面对私人企业主说：做生意吧，发财吧！另方面又要求他们做老实人，呈报准确的报表，不仅要认真对待我们共产主义的法律条文，而且要认真对待它的精神，不得有一丝一毫违背法律。司法人民委员部和法院能够使资本主义成为'训练有素的''循规蹈矩的'资本主义，惩罚任何超越国家资本主义范围的资本主义。这就是新经济政策的基本法律原则"①。

三、法治结构论：法治呈现为多层次系统化的运行结构

（一）法治需要国家强制力作为运行条件

马克思认为法治的开展必须要以国家强制力作为基本条件。在《论犹太人问题》中马克思就指出："这些法律之所以对人有效，并不是因为它们是人本身的意志和本质的法律，而是因为它们居于统治地位，违反它们就会受到惩罚。"②

更为重要的是，马克思区分了"法治开展需要国家强制力"和"法治本质在于国家强制力"这两个命题，针对后面的错误命题，在《亨利·萨梅纳·梅恩〈古代法制史讲演录〉一书摘要》中，马克思批判了奥斯丁的"绝对权力"论，他指出："所有这些都是幼稚可笑的扯淡：拥有强制力量的人就是最高权力；实质法就是统治者对其臣民下的命令；他这样把责任加到臣民身上，于是就成了义务，并以不服从命令将加以惩罚相威吓；权利是统治者授予某些社会成员惩罚违反社会义务的社会成员的权力，所有这些都是幼稚可笑的话，就连霍布斯本人也未必能从他那赤裸裸的权力暴力论中发掘更多

---

① 中共中央马克思恩格斯列宁斯大林著作编译局．列宁全集（第42卷）［M］．北京：人民出版社，1984：377．

② 中共中央马克思恩格斯列宁斯大林著作编译局．马克思恩格斯全集（第1卷）［M］．北京：人民出版社，1974：449．

的东西来。"①

（二）法治将主体的行为界定为运行范围

在法治的运行范围上，马克思认为法治的运行范围只能指向主体的行为，而不能是主体的思想。

1841 年 12 月，针对弗·威廉四世颁布了名为自由、实为专制的新的书报检查令，马克思在《评普鲁士最近的书报检查令》中指出："对于法律来说，除了我的行为以外，我是根本不存在的，我根本不是法律的对象。我的行为就是我同法律打交道的唯一领域，因为行为就是我为之要求生存权利，要求现实权利的唯一东西，而且因此我才受到现行法的支配。""对象不同，作用于这些对象的行为也就不同，因而意图也就一定有所不同，除了行为的内容和形式以外，试问还有什么客观标准来衡量意图呢？"②

马克思强调"凡是不以行为本身而以当事人的思想方式作为主要标准的法律，无非是对非法行为的公开认可"③，这种"追究倾向的法律不仅要惩罚我所做的，而且要惩罚我所想的，不管我的行为如何。所以，这种法律是对公民名誉的一种侮辱，是威胁着我的生存的一种阴险的陷阱"④。马克思认为那种作用于人的思想的法"不是国家为它的公民颁布的法律，而是一个党派用来对付另外一个党派的法律"⑤。

（三）法治包括立法、司法、执法和守法运行环节

由于时代的局限性，马克思和列宁对于法治的运行环节所做的实践受到了一定限制。马克思和列宁更多是从不多的实践经验中对于未来的新型法治进行了构想。其法治理论中最为丰富的是立法理论和司法理论。

第一，立法环节主要强调了立法的必要性、立法的内容、立法的形式、立法的原则和立法的结果。

---

① 中共中央马克思恩格斯列宁斯大林著作编译局. 马克思恩格斯全集（第 45 卷）［M］. 北京：人民出版社，1974：649.
② 中共中央马克思恩格斯列宁斯大林著作编译局. 马克思恩格斯全集（第 1 卷）［M］. 北京：人民出版社，1974：114.
③ 中共中央马克思恩格斯列宁斯大林著作编译局. 马克思恩格斯全集（第 1 卷）［M］. 北京：人民出版社，1974：116.
④ 中共中央马克思恩格斯列宁斯大林著作编译局. 马克思恩格斯全集（第 1 卷）［M］. 北京：人民出版社，1974：116.
⑤ 中共中央马克思恩格斯列宁斯大林著作编译局. 马克思恩格斯全集（第 1 卷）［M］. 北京：人民出版社，1974：117.

针对立法必要性，马克思和列宁强调有效的立法必须要实现国家意志。列宁明确指出国家政权在取得之后，必须要将国家的意志上升为法律，即"除了必须以国家的形式组织自己的力量外，他们还必须给予他们自己的由这些特定关系所决定的意志以国家意志即法律的一般表现形式"①。"意志如果是国家的，就应该表现为政权机关所制定的法律。"②

针对立法的内容而言，强调法律既不能创造也不能废除客观的经济规律。马克思在《哲学的贫困》一书中写道："其实，只有毫无历史知识的人才不知道：君主们在任何时候都不得不服从经济条件，并且从来不能向经济条件发号施令。无论是政治的立法或市民的立法，都只是表明和记载经济关系的要求而已。"③ 所以，法律不能创造或废除经济规律，而只能适应和反映经济规律。此外，"法律应该是社会共同的，由一定物质生产方式所产生的利益和需要的表现，而不是单个的个人恣意横行"④。同时，恩格斯认为在立法过程中，法律所确认的经济关系，其采取的形式可以是很不相同的。

针对立法的形式，马克思在《关于出版自由和公布等级会议记录的辩论》指出："法律是肯定的、明确的、普遍的规范，在这些规范中自由的存在具有普遍的、理论的、不取决于个别人的任性的性质。"⑤ 恩格斯在《路德维希·费尔巴哈与德国古典哲学的终结》中指出："如果说民法准则只是以法律形式表现了社会的经济生活条件。那么这种准则就可以依情况的不同而把这些条件有时表现得好，有时表现得坏。"⑥

针对立法的原则，马克思认为要做到两个方面。

首先，立法必须遵循客观主义。在《论离婚法草案》中，马克思就提出了一个很重要的思想，即立法必须以客观事实为基础。他强调："立法者应该

---

① 中共中央马克思恩格斯列宁斯大林著作编译局. 列宁全集（第2卷）[M]. 北京：人民出版社，1984：573.
② 中共中央马克思恩格斯列宁斯大林著作编译局. 列宁全集（第2卷）[M]. 北京：人民出版社，1984：575.
③ 中共中央马克思恩格斯列宁斯大林著作编译局. 马克思恩格斯全集（第4卷）[M]. 北京：人民出版社，1960：143.
④ 中共中央马克思恩格斯列宁斯大林著作编译局. 马克思恩格斯全集（第4卷）[M]. 北京：人民出版社，1960：145.
⑤ 中共中央马克思恩格斯列宁斯大林著作编译局. 马克思恩格斯全集（第1卷）[M]. 北京：人民出版社，1974：65.
⑥ 中共中央马克思恩格斯列宁斯大林著作编译局. 马克思恩格斯全集（第21卷）[M]. 北京：人民出版社，1974：374.

把自己看作一个自然科学家。他不是在制造法律，不是在发明法律，而仅仅是在表述法律，他把精神关系的内在规律表现在有意识的现行法律之中。如果一个立法者用自己的臆想来代替事物的本质，那么我们就应该责备他极端人性。同样，私人想违反事物的本质任意妄为时，立法者也有权把这种情况看做是极端任性。"①

其次，要及时进行法律修订。马克思认为由于立法主体的认识的局限性，所以，立法者在既定的时空条件下，尽可能认识和利用社会发展规律，尽可能使每一个规律的各种表现完整地汇集在法律之中，特别是随着社会生活的发展变化，这种"忠实反映便日益受到破坏。法典愈是很少把一个阶级的统治鲜明地、不加缓和地、不加歪曲地表现出来、这种现象就愈是常见"②。因此，担负着创制法律工作的统治阶级一定要能够将变化的情况在立法中尽量地体现出来。

针对立法的结果，马克思强调了法律规范体系的内在和谐。由于法律规范的总体结构反映了构成它们基础的社会关系的结构性，所以，这也表明构成法律规范体系的各个因素之间的相互联系及其内部的和谐一致性。"在现代国家中，法不仅必须适应于总的经济状况，不仅必须是它的表现，而且还必须是不因内在矛盾而自己推翻自己的内部和谐一致的表现。"③

第二，司法环节方面，马克思主张法治主义司法，反对专制主义司法，并从司法的重要性、司法权性质、司法本质、司法解释的制定、司法行为的程序性等角度进行了阐释。

针对司法的本质，马克思在《关于出版自由和公布等级会议记录的辩论》中，马克思指出，法律制定出来以后，总要由一定的机关和个人来运用。"法律是普遍的。应当根据法律来确定的案件是单一的。要把单一的现象归结为普遍的现象就需要判断。判断还不是最后肯定。要运用法律就需要法官。如果法律可以自行运用，那么法官也就是多余的了。"④ 同时，马克思认为法律

① 中共中央马克思恩格斯列宁斯大林著作编译局．马克思恩格斯全集（第1卷）[M]．北京：人民出版社，1974：183.

② 中共中央马克思恩格斯列宁斯大林著作编译局．马克思恩格斯全集（第37卷）[M]．北京：人民出版社，1974：488.

③ 中共中央马克思恩格斯列宁斯大林著作编译局．马克思恩格斯全集（第37卷）[M]．北京：人民出版社，1974：488.

④ 中共中央马克思恩格斯列宁斯大林著作编译局．马克思恩格斯全集（第1卷）[M]．北京：人民出版社，1956：76.

适用的过程实际上是国家意志的现实化的过程，因而适用法律的权力应当统一而不应当分散，法官的行为不过是国家意志行为的缩影。

针对司法权的形式，马克思主张司法权具有国家统一性的特点，在《关于林木盗窃法的辩论》中，省议会的贵族老爷却提议林木占有者兼施私人惩罚和国家惩罚的双重职能。这样，林木所有者除了拥有私人权利外，还获得处理违法者的国家权利。马克思认为司法法治主义的要义之一，在于防止刑罚权力无必要的发动，抑制刑罚的应用，以便保障公民个人的基本权利。认为如果贵族可以享有除去国家之外的私人惩罚，那么国家成了他的私人财产。"国家对犯人的任何权利，同时也就是犯人对国家的权利，任何中间环节的插入都不能将犯人对国家的关系变成私人的关系。即便假定国家会放弃自己的权利，即自杀而亡，那么，国家放弃自己的义务将不仅仅是一种放任行为，而是一种罪行。"① "任何个人不得染指国家司法领域，国家对于被告有特定的权利，因为国家对于这个人是以国家的身份出现的。因此，国家就有责任以国家的身份和根据国家的精神对待罪犯。国家除了一切私人的诉讼所赋予的申辩权而外，不能承认其他任何权利。"②

针对司法解释，马克思认为不应当允许法官对于法律做扩张解释。在法律适用的领域之中，法官的责任就是"当法律运用到个别场合时，根据他对法律的诚挚的理解来解释法律"③。恩格斯和马克思一样，反对任意的司法扩张解释。在《普鲁士出版法批判》一文中，他指出："如果任何立法的精神都是由法官体现的这一假定是正确的，那么，法官对某些规定所做的解释就应当成为这个立法的重要补充因素，事实上也是这样、在疑难情况下，过去的实践对于判决有着很大的影响。"④ "而普鲁士邦法中的法律规定写得极其含糊，特别是在出版方面，很容易受到如此广义的、随心所欲的解释。以至于

---

① 中共中央马克思恩格斯列宁斯大林著作编译局．马克思恩格斯全集（第1卷）［M］.北京：人民出版社，1956：167.
② 中共中央马克思恩格斯列宁斯大林著作编译局．马克思恩格斯全集（第1卷）［M］.北京：人民出版社，1956：168.
③ 中共中央马克思恩格斯列宁斯大林著作编译局．马克思恩格斯全集（第1卷）［M］.北京：人民出版社，1956：76.
④ 中共中央马克思恩格斯列宁斯大林著作编译局．马克思恩格斯全集（第41卷）［M］.北京：人民出版社，1960：323.

要对它们下判断只有司法实践才具有实质意义。"①

　　针对司法的程序性，尽管马克思很重视实体法律在司法实践中的意义，但这并不意味着他忽视程序问题。相反，马克思清醒地看到，司法程序是关乎司法法治命运的问题之一。马克思着重分析了实体法与程序法之间的关系。在他看来，程序法与实体法之间的联系十分密切，就像植物外形与植物的关系、动物的外形和血肉的联系一样。同时"审判程序和法律应该具有同样的精神，因为审判程序只是法律的生命形式，因而也是法律的内部生命的表现"②。马克思非常重视程序形式的作用，认为"实体法却具有本身特有的必要的诉讼形式"。实体法与诉讼形式是相辅相成的，"审判程序只不过是一支负责把敌人押解到牢狱里去的可靠的护送队"③。"在这种情形下，公正是判决的形式，但不是它的内容，内容早被法律所规定。"④

　　马克思强调司法公开，并把自由和法治同司法程序联系起来。他认为"自由的法庭和不自由的国家是不相容的"⑤，他强调"自由的公开审判程序，是那种本质上公开的、受自由支配而不受私人利益支配的内容所具有的必然属性"⑥。

　　第三，守法环节马克思主义没有简单的强调是否一味地守法，而是要法律的正义性进行分析，然后再决定是否守法。

　　1849年2月普鲁士专制政府针对马克思本人发动"报纸诉讼案"，马克思在法庭上明确出版自由辩护，揭露专制政府的虚弱本质，痛斥政府滥用军事独裁任意实施戒严法取消人们珍视的自由的恶劣行径。马克思指出人民有权利参加创造历史的过程，有权利以革命的暴力回答反革命的暴力，"当国王

---

①　中共中央马克思恩格斯列宁斯大林著作编译局. 马克思恩格斯全集（第41卷）[M]. 北京：人民出版社，1960：323.

②　中共中央马克思恩格斯列宁斯大林著作编译局. 马克思恩格斯全集（第1卷）[M]. 北京：人民出版社，1956：178.

③　中共中央马克思恩格斯列宁斯大林著作编译局. 马克思恩格斯全集（第1卷）[M]. 北京：人民出版社，1956：177.

④　中共中央马克思恩格斯列宁斯大林著作编译局. 马克思恩格斯全集（第1卷）[M]. 北京：人民出版社，1956：177.

⑤　中共中央马克思恩格斯列宁斯大林著作编译局. 马克思恩格斯全集（第27卷）[M]. 北京：人民出版社，1974：423.

⑥　中共中央马克思恩格斯列宁斯大林著作编译局. 马克思恩格斯全集（第1卷）[M]. 北京：人民出版社，1956：179.

实行反革命的时候，人民完全有权利用革命来回答它"①。

列宁则在苏俄建立了政权之后，强调社会主义法制的权威性，列宁认为社会主义法制本身具有民主性，所以，具有法制的权威性。在这一前提之下，列宁要求任何组织和个人必须严格遵守宪法和法律，党组织和党员更要带头严格遵守宪法和法律，在宪法和法律的范围内活动。列宁时期全俄肃反委员会的撤销，是苏维埃国家治理迈向法治化的重要标志。

四、法治价值论：法治内涵客观价值指向和主观价值评价

西方理论界对价值具有三种不同的界定。第一种思路是从非理性的角度来解读价值，其中以新康德主义价值学派的代表文德尔班为代表。认为"价值在彼岸"，虽然具有意义性，不可或缺，但是不具有实在性。第二种思路是从社会理性角度来解读价值，以帕森斯为代表，认为"价值实际上是关于所希望的社会系统形式的通用观念"②。第三种思路是马克思的思路，区分了价值和价值评价。其认为价值是人们在认识和改造世界中形成的反映客体满足主体需要的一种特殊的意义关系，是主体对象化活动的产物。价值并不是主观的东西而具社会性，客观性和主体性的特征。和价值相比，价值评价则具有主观性，在此基础上，马克思区分了法治现象的客观价值指向和法治的价值主观评价。

（一）法治客观价值指向秩序、自由和平等

首先，法治指向了秩序价值。

随着生产力水平的不断提升，各种社会关系越来越复杂，也产生出新的治理方式的需要，而法或者法律的运行所具有的统一性、规范性恰恰能够满足统治阶级统治以及社会管理的需要，这种法自身属性的客观性以及主体需求的客观性必然导致了两者之间关系的客观性。马克思认为对于对法的现象进行价值评价就需要考察法律在调整社会关系时所表现出来的效果，其中的关键是法治对社会秩序的塑造性效果。

分析一个国家的法治状况，不仅要看立法活动，分析其法律体系的具体

---

① 中共中央马克思恩格斯列宁斯大林著作编译局. 马克思恩格斯全集（第6卷）[M]. 北京：人民出版社，1960：305.

② 中共中央马克思恩格斯列宁斯大林著作编译局. 马克思恩格斯全集（第23卷）[M]. 北京：人民出版社，1974：993.

规定，更加需要关注法律规范体系在社会生活中的实现程度。如果法律规范不能在社会关系中得以实现，不能够形成一个反映一定的权利义务关系实际情况的法律秩序，那么，法律规范的价值功能就不是正向的，而是负向的。可以说不考察法律秩序，就无从对法的现象进行价值评价。在《恩斯特·莫里茨阿伦特》一文中，恩格斯指出："必须以法律为基本手段，来确定社会的基本关系，形成定的社会秩序即法律秩序；一个社会只有首先建立了正常的法律秩序，人民的自由、社会的公道与正义，才有可能实现。"①

其次，法治是实现是人民自由的运行载体。

在思想发展过程的初始，青年马克思认为人类自由理性决定着国家政治和法的发展。后来，马克思通过深刻的自我批判，抛弃了抽象的"理性自由"观，确立了历史唯物主义法哲学的自由观，实现了从"哲学自由"向"政治自由"的延伸，并实现了从政治"应有自由"向法治下的"实有自由"演进。

第一，马克思区分了哲学自由和政治自由。

哲学意义上的自由首先是对事物客观必然性的认识。"只有本身包含着必然性的那种自由才是真正的自由；而且，这种自由是真理，是必然性的合乎理性。"② 其次，哲学上的自由不仅是对客观必然性的认识，而更重要的是对客观世界的改造，进而实现客观必然性。

社会政治意义上的自由则需要把个人融于"真实的集体"之中。对此，卢梭、黑格尔都强调国家和社会，但马克思认为在私有制条件下，国家和法律作为统治阶级意志和利益的集中反映，是以一种虚幻的共同体的形式出现在人们面前的。"由于这种集体是一个阶级反对兄一个阶级的联合，因此对被支配的阶级说来，它不仅是完全虚幻的集体，而且是新的桎梏。"③ 马克思恩格斯提出要用"真实的集体"来代替那种"虚幻的集体"。这个"真实的集体"就是共产主义社会。

第二，人的意志自由为法律调整提供了可能性。

---

① 中共中央马克思恩格斯列宁斯大林著作编译局．马克思恩格斯全集（第41卷）［M］．北京：人民出版社，1960：153.

② 中共中央马克思恩格斯列宁斯大林著作编译局．马克思恩格斯全集（第41卷）［M］．北京：人民出版社，1960：264.

③ 中共中央马克思恩格斯列宁斯大林著作编译局．马克思恩格斯全集（第3卷）［M］．北京：人民出版社，1974：37.

要实现政治意义上的自由概念，还要正确认识个人自由与社会自由的关系。现实的、具体的个人自由是社会自由所不能取代的，它具有自身独特的价值意义。"人类的特性恰恰就是自由的自觉的活动。"① 因此。人的本质虽不是自由的意识，却是意识的自由。由此出发，在马克思看来，在同一个具体情况下人具有选择自己行为的能力才会有个体自由，这样，马克思明确了人的意志自由为法律调整提供了可能性。

第三，自由的表现为权利，法律是自由的"圣经"。

马克思认为"自由确实是人所固有的东西"②，"自由不仅包括我靠什么生存，而且也包括我怎样生存，不仅包括我实现着自由而且也包括我在自由地实现自由"③。"没有一个人反对自由，如果有的话，最多也只是反对别人的自由。"④ 不过自由的现实存在有时表现为特权，有时表现为普遍权利。马克思强调普遍权利的法律所带来的自由，"恰恰相反，法律是确定的、明确的，普遍的规范，在这些规范中自由的存在具右普遍的、理论的、不取决于个别人的任性的性质。法典就是人民自由的圣经"⑤。可见，法律是对自由的确认。

第四，法治必须确保自由从应然到实然的转换。

从"应然"层面说，法律是人民自由的"圣经"，那么，从"实然"层面来说，就需要建立起一整套的法治系统，使这一理想的政治及法的价值目标转化为实际的规范，以便把社会主体的自由具体地落实到规范、制度和体系之中。实际上，法治与其说是一种价值精神，毋宁说更是一套严密的社会政治组织形式。在不同性质及形式的法律制度下，社会主体的自由的命运是不一样的。因此研究法的现象与自由的关系，就要深入到社会的法律制度、体系层次，要从组织形式的角度，深入探讨自由和法的关系问题。在马克思

① 中共中央马克思恩格斯列宁斯大林著作编译局．马克思恩格斯全集（第42卷）[M]．北京：人民出版社，1960：163.
② 中共中央马克思恩格斯列宁斯大林著作编译局．马克思恩格斯全集（第1卷）[M]．北京：人民出版社，1995：63.
③ 中共中央马克思恩格斯列宁斯大林著作编译局．马克思恩格斯全集（第1卷）[M]．北京：人民出版社，1995：77.
④ 中共中央马克思恩格斯列宁斯大林著作编译局．马克思恩格斯全集（第1卷）[M]．北京：人民出版社，1995：63.
⑤ 中共中央马克思恩格斯列宁斯大林著作编译局．马克思恩格斯全集（第1卷）[M]．北京：人民出版社，1995：411.

看来，法能否成为确认和实现社会主体自由的基本手段，重要的问题就是要使主体的自由成为不可动摇的法律原则，并能通过一定的形式制度化、规范化。"法律上所承认的自由在一个国家中是以法律形式存在的。"①

再次，法治平等需要指向生产平等。

马克思认为法治必然内涵平等价值。一方面，马克思认可了资本主义法治在平等价值上所取得的进步意义，但是另一方面也认为这种平等实际上将其"窄化"到了法治层面，无产阶级的"平等"除去"法治平等"外，还要深入到生产领域构建，实现"生产平等"和"法治平等"的辩证统一。

第一，"人类的法"体现了平等的法治价值。

马克思认为反映等级制度的法律是"动物的法"，反映平等的法律是"人类的法"，等级制度是"精神的动物世界，即被分裂的人类世界"；反映等级制度的法律，是"动物的法"。与这"精神的动物世界"相对立的社会，是"人类世界"，这个社会中的"不平等现象不过是平等的各色折光而已"②。

第二，法治平等是作为特权的对立价值而存在。

马克思从社会文明的历史进步角度阐述了平等是一个历史的范畴，体现了历史的必然性。在人类社会历史的发展中，平等作为特权观念的对立价值而出现。

从历史来看，资本主义的平等实现了从"等级"到"阶级"的转变，从"身份"到"财产"的转变，这种经济上的这种平等必然要求反映为法治上的平等。但是在资本主义时代，"平等"在资产阶级变成了"法律面前"人人平等，这个口号里面有一个定语，就是"法律面前"，也就是，只有在法律面前是平等，在其他方面都是不平等，而且在法律面前平等也被窄化到司法面前的平等。针对资产阶级法治平等的狭隘性，恩格斯也指出："平等原则又由于被限制为仅仅在'法律上的平等'而一笔勾销了、法律上的平等就是在富人和穷人不平等的前提下的平等限制在目前的不平等的范围内的平等，简括地说，简直把不平等叫作平等。"③

---

① 中共中央马克思恩格斯列宁斯大林著作编译局．马克思恩格斯全集（第1卷）［M］．北京：人民出版社，1995：71.

② 中共中央马克思恩格斯列宁斯大林著作编译局．马克思恩格斯全集（第1卷）［M］．北京：人民出版社，1995：142.

③ 中共中央马克思恩格斯列宁斯大林著作编译局．马克思恩格斯全集（第2卷）［M］．北京：人民出版社，1974：648.

第三，法治平等是一定社会经济关系的反映和权利要求。

《哲学的贫困中》马克思批判了唯心主义的平等观，批判了蒲鲁东的"永恒的平等"的概念，认为蒲鲁东颠倒了平等观念和社会经济关系之间的真实关系，强调"平等"是商品经济关系的反映以及法权表现。诚如马克思所指出的："流通中发展起来的交换价值过程，不但尊重自由和平等，而且自由和平等是它的产物。交换过程是自由和平等的现实基础。作为纯粹观念，自由和平等是交换价值过程的各种要素的一种理想化的表现；作为在法律的、政治的和社会的关系上发展了的东西，自由和平等不过是另一次方上的再生产物而已。这种情况也已为历史所证实。"①

第四，在阶级社会中，法治的平等价值具有鲜明的阶级性。

针对资产阶级的平等，马克思明确指出了这种平等是资产阶级经济政治利益的集中体现。资产阶级革命之前，资产阶级的平等首先是作为工业和商业的利益提出来的；资产阶级革命以后，这种平等成为剥削劳动力的"平等"，正如马克思所强调的"平等地剥削劳动力，是资本的首要的人权"②。在资本占统治地位的条件实际上，"资本是天生的平等派，就是说，它要求在一切生产领域内剥削劳动的条件都是平等的，把这当作自己的天赋人权"③。

针对无产阶级的平等，马克思同样分为了两个阶段进行探索。首先，在不成熟的时候，将资产阶级的平等观念作为自己的依据；其次，在成熟以后，提出了自己平等价值的独特要求，这种无产阶级的平等不仅是表面的，不仅是国家政治领域中的平等，而包括社会和经济领域中的平等。"平等应当不仅是表面的，不仅在国家的领域中实行。它还应当是实际的，还应当在社会的、经济的领域中实行。"④所以，马克思强调平等必须从法治领域的平等走向经济领域的平等。

（二）法治主观价值评价要实现个体性和社会性的统一

首先，从客观性和主观性视角区分法治的价值与价值评价。

---

① 中共中央马克思恩格斯列宁斯大林著作编译局．马克思恩格斯全集（第4卷）[M]．北京：人民出版社，1960：150.

② 中共中央马克思恩格斯列宁斯大林著作编译局．马克思恩格斯全集（第46卷·下）[M]．北京：人民出版社，1974：477.

③ 中共中央马克思恩格斯列宁斯大林著作编译局．马克思恩格斯全集（第23卷）[M]．北京：人民出版社，1974：436.

④ 中共中央马克思恩格斯列宁斯大林著作编译局．马克思恩格斯全集（第20卷）[M]．北京：人民出版社，1974：116.

一方面，法治现象的价值反映了一种意义关系，作为一种社会实践的产物其具有社会客观性，是统治阶级的意志对一定社会关系及其秩序的一种需要的意义关系。这种客观关系之所以是客观的，是不以统治阶级意志为转移的。

另一方面，法治现象的价值评价则是一种主观形态范畴，是社会主体在法律实践过程中形成的对于法律能够满足主体需要的功用关系在意识层面地反映和评价，这是一种主观的价值判断。主体对于一个工具的功用大小与满足与否的评价必然是建立在主体的自身意识形态价值框架之内的，这种评价的本质是实际上是对于法与国家，法与社会，法与政党，法与其他社会关系之间所存在的那种具有客观属性的价值关系的一种主观性评价，这样就必须进入对于主体的分析层次。

其次，从主体性与社会性的双重视角切入法治的价值评价。

就法的价值评价而言，马克思认为虽然价值评价必然是主体作出的，有一定的主观性，但是法的价值评价的这种主观性不等于评价的随意性。法的价值除去具有客观性，还具有社会性和主体性，这两个特征恰恰表明了马克思是从个体与社会的关系来认识法的价值评价这一问题的。

理论上说，所有的评价都作为主体的"人"所作出的评价，但是"人"的形态具有多样性。所以，如果考虑到作为评价主体"人"的形态差异，即，从作为"个体"形态的人还是从作为"群体"形态的人的组合"社会"视角出发，在法的价值评价上就会出现价值评价的个体性和社会性两种差异。

而恰恰在这个问题上，就出现了西方很多法治价值评价论出现了两个比较极端观点：一方仅仅从个体的角度来评价法的价值，得出了法的价值必然是以"个体主义"为价值指向的评价结论；而另外一方面则仅仅从集体的角度来评价法的价值，得出了法的价值必然是以"集体主义"为价值导向的评价结论。所以，从这个角度进行分析，马克思就必须要回答"到底是社会大于个体，还是个体大于社会？"这一问题。而要回答这一问题，就必须要进入到第三层次思路层次，法的价值评价的依据。

再次，从个体性和社会性关系视角完成了法治的价值分析。

在确定个体与社会之间的关系上，对于两者不同侧重的强调逐步形成了两派不同的价值导向，一派强调了法的价值在于个人主义，一派强调在于集体主义。

古希腊时代，代表个人主义的主要是智者学派的普罗塔哥拉，主张约定论，强调用人自己作为标准来解释法律；代表集体主义的主要是柏拉图，强调城邦权威的绝对性和至高无上性。

在希腊化时期和古罗马时期，伊壁鸠鲁继承智者学派强调个人主义的观点，把约定论改进为社会契约论，而斯多葛学派则强调集体主义，提出了世界主义，提出了自然法理论，主张自然法高于人定法。

在封建中世纪时期，基督教神学通过神学把自由主义和国家主义进行了调和。十三世纪到十四世纪，伴随着文艺复兴，古典自然法学派内部又出现了这种对立。洛克、斯宾诺莎、孟德斯鸠强调个体权利高于一切，提出了古典自由主义法学理论；格劳秀斯、普芬道夫、霍布斯则立足国家主义，提出了国家权力至上。在这一过程中，卢梭试图将两者进行综合，其一方面强调天赋人权，另外一方面又强调公意，人民主权。

在近代哲学中，这种个人主义和集体主义的分裂体现在德国康德和黑格尔的思想中。一方面，康德吸收了卢梭思想中的自由主义成分，强调的绝对命令和天赋人权，高扬强调个人意志；另一方面，黑格尔吸收卢梭思想中的国家主义力量，倡导强调国家意志。

针对上述情况，马克思实现了对于价值分析的基础从唯心主义到历史唯物主义的视角扭转，进而在此基础上实现了对于个人与社会、个人与国家之间的二律背反的消除，实现了两者的有机统一。

在《黑格尔法哲学批判》马克思提出了"人的本质"的二重理论，认为一方面人处于国家的官僚组织中，丧失了自己"固有的现实性"；另外一方面，人处于市民社会中，拥有真正的"经验的现实性"；在《在经济学—哲学手稿》中，马克思开始转向社会经济生活，从社会经济生活物质生活条件的考察人的本质，其认为人最本质的特征不在于他有思想，而是在于"他们生产他们所必需的生活资料"[①]，即在于能够对客观世界进行改造。

可以说，马克思一方面重视黑格尔学说，提出了"人是一切社会关系的总和"的观点[②]，认为个人和社会是不可分割的，要认识人的本质就必须要结合社会进行联系，尤其是要结合社会中现实的经济关系以及历史的运动来研究人的本质。但是另一方面，马克思也吸收了自由主义法学圈内自由的价

---

① 中共中央马克思恩格斯列宁斯大林著作编译局. 马克思恩格斯选集（第3卷）[M]. 北京：人民出版社，1972：24.

② 中共中央马克思恩格斯列宁斯大林著作编译局. 马克思恩格斯全集（第1卷）[M]. 北京：人民出版社，2009：501.

值和尊严，强调人的权利的内容，提出"国家只有通过个人才能发生作用"①。马克思认为，国家和法律等上层建筑，乃是作为社会主体的人的社会活动的产物。然而，在私有制的条件下，这一产物却像一种异己的力量，不仅不以人们的行为和意志为转移，反而支配着人们的意志和行为；国家和法律以一种虚幻的共同体形式，同社会成员相脱离、相异化。因此，无产阶级应当把表现为与个人隔离的虚幻的共同体（国家和法律）的传统权力打倒，代之而起的新社会，即社会主义社会，将"创造着具有人的本质的这种全部丰富性的人，创造着具有丰富的、全面而深刻的感觉的人作为这个社会的恒久的现实"②。它是"是人和然界之间、人和人之间的矛盾的解决，是存在和本质、对象化和自我确证、自由和必然、个类之间的斗争的真正解决"③，是"历史之谜的解答"④。

五、法治建设论：法治建设需要遵循规律和发挥主体能动性

在历史唯物主义的框架下，马克思充分阐释了法治建设的要求，即一方面要从客观规律层面探寻了法治进步与社会发展的相互关系，另外一方面，法治现象作为一种上层建筑是人的有目的的活动产物，强调主体在认识规律的基础上通过能动性的不断发挥推动法治建设。

（一）法治发展具有客观规律性

马克思在历史唯物主义分析框架下认为法治建设必须遵循法治发展规律，而对这一规律的探索则是通过强调"法治发展历史的非独立性"—"法治进步的根本动力机制"—"法治发展的直接动力机制"三个层面展开，实现了从表层到深层，从宏观到微观，从共性到个性的动力探寻。

第一，法治没有自己独立的历史。

---

① 中共中央马克思恩格斯列宁斯大林著作编译局. 马克思恩格斯全集（第 1 卷）［M］. 北京：人民出版社，1956：250.

② 中共中央马克思恩格斯列宁斯大林著作编译局. 1844 年经济学哲学手稿［M］. 北京：人民出版社，1985：83.

③ 中共中央马克思恩格斯列宁斯大林著作编译局. 1844 年经济学哲学手稿［M］. 北京：人民出版社，1985：120.

④ 中共中央马克思恩格斯列宁斯大林著作编译局. 1844 年经济学哲学手稿［M］. 北京：人民出版社，1985：120.

马克思强调："不应忘记法也和宗教一样是没有自己的历史的。"① 法律、法治和国家都是人类历史一定发展阶段的产物。显然，马克思和恩格斯并不认为法是人类社会从来就有的，而认为法律的发展变化不能脱离社会物质生活关系的发展变化，市民社会构成国家的基础。因此，要探究法律进步的根源，就必须从社会基本矛盾运动中去寻找。

可以说，马克思虽然认为"法律和宗教一样没有自己的历史"，但是法律进步本身却是社会发展的一个组成部分，如上文所言，在一定意义上法治就是社会文明进程的指示器。而这样，就对法的进步与社会发展的相互之间的辩证关系进行了详细阐释。这情况就是，法治进步与社会发展的轨迹是同步的。在这种同步发展轨迹的背后，支撑法治发展具有根本和直接双重动力机制。

第二，法治进步的根本动力是社会基本矛盾。

在历史唯物主义的分析框架下，马克思恩格斯指出"一切历史冲突都根源于生产力和交往形式之间的矛盾"②，这里的交往形式就是"生产关系"。这样，法治进步的根本性动力在于生产力和生产关系之间的矛盾，在于作为上层级建筑制度治理的法治和作为社会基础的经济关系运行两者之间出现了矛盾，所以判断法律进步及其根源，必须从社会生产力与生产关系之间的现存冲突中去寻找与解释。

作为上层建筑法律制度的变革，是由于社会基本矛盾的辩证运动引起的。生产力是社会领域中最活跃、最革命的因素，它的发展具有客观性、连续性的特点。当生产力发展到一定阶段，必然要同它们一直活动在其中的现存生产关系或作为生产关系的法律用语的财产关系性矛盾；当这些矛盾充分发展到一定阶段，社会革命的时代就会到来了。随着生产关系的变革，必然会改变旧的法律制度，从而实现法律制度的历史性变革。这样，就明确了法的治理变更是由社会物质生活条件的变化引起的。

实际上，生产力和生产关系的矛盾、经济基础和上层建筑之间的矛盾是社会发展的基本矛盾。在这一历史唯物主义的分析框架之下，社会生活中的一切现象，人类的政治、法律、意向、价值观念等等，都可以由这个社会基

---

① 中共中央马克思恩格斯列宁斯大林著作编译局. 马克思恩格斯全集（第3卷）[M]. 北京：人民出版社，1974：71.

② 中共中央马克思恩格斯列宁斯大林著作编译局. 马克思恩格斯全集（第3卷）[M]. 北京：人民出版社，1974：83.

本矛盾的运动来解释的。但是，这仅仅是从根本上来解释了法律进步的动力，而且这一动力也是其他上层及建筑所共有的动力，这就还需要从更加直接的层面来分析法律进步的原因，这样，就进入了对于法治进步的直接动力的探索。

第三，法治文明进步的直接动力是社会分工。

马克思认为"一个民族的生产力发展水平，最终体现为该民族分工的发展程度上"①。而这恰恰是人类法律文明进步的直接动力。这种社会分工对于法律的进步和发展作用则主要体现在"经济上所有权——政治上所有权的占有者之间的对立——政治上公共权力国家出现——法律上职业法律团体"的逻辑衍展上。

第一步，社会分工首先促进了所有制关系的形成和发展。马克思认为，任何新的生产力的发展，都会引起分工的进一步发展；分工的发展，则推动了生产力与生产关系的矛盾运动，导致了私有制的出现。"其实，分工和私有制是两个同义语，讲的是同一件事情，一个是就活动而言，另一个是就活动的产品而言。"②

第二步，社会分工进一步促进了阶级的分化，导致了社会公共权力国家的建立。随着分工的进一步突进，除去阶级对立的出现，城乡对立也开始出现，而随着城市的出现，也就需要有行政机关、警察、赋税等公共政治机构，也就是说需要有"一般政治"。于是，以虚幻共同体形式出现的社会公共权力即国家便应运而生了。

第三步，社会分工的进步和发展进一步推动了法律机构的完善和发展。社会分工的每一历史阶段的发展，使整个社会上层建筑体系都发生革命性的改造，也必然促进了法律机构的完善。"在封建中世纪社会后期，欧洲各国之间的贸易关系开始重要起来，从而国际关系本身也带上了资产阶级色彩，正是在这样一个时期，法院的权力开始获得重要的意义；而在资产阶级统治下，当这种广泛发展的分工成为绝对必要的时候，法院的权力达到了自己的最高峰，近代资本主义法律体系以及法律机构的广泛发展，同这个时代日益精细

---

① 中共中央马克思恩格斯列宁斯大林著作编译局．马克思恩格斯全集（第 3 卷）［M］．北京：人民出版社，1974：24.

② 中共中央马克思恩格斯列宁斯大林著作编译局．马克思恩格斯全集（第 3 卷）［M］．北京：人民出版社，1974：37.

的社会分工体系的出现，是息息相关的。"①

第四步，社会分工的发展最后促进了法律职业团体的形成。伴随着脑力和体力的分工，社会意识的生产过程转移到专门人员身上。"分工只是从物质劳动和精神劳动分离的时候起才开始成为真正的分工，与此相适应的是思想家、僧侣的最初形式。"② 同样地，法的精神生产过程也由于社会分工的发展而落到了职业法学家的身上。"随着立法发展为复杂和广泛的整体，出现了新的社会分工的必要性：一个职业法学者阶层形成起来了，同时也就产生了法学。"③

（二）法治建设需要发挥主体能动性

在分析了法治发展规律的基础上，马克思认为法治建设需要主体发挥能动作用去开展法治建设。在马克思看来，社会是由一个个具体的人来组成的，而人与自然界中的其他动物的一个最大的区别就在于其具有主观能动性，能够制作和使用工具，而法治必然也会被人作为一种可以促进人类社会更好的发展和进步的"规则治理工具"而对待。要想实现这一规则治理，就需要经过人的主观努力，但是处于不同社会类型中不同社会关系和社会阶层的人的主观能动性的程度不同，持有的意识形态价值类型内容也不同，所以，人的主观能动性的努力性活动必然体现出不同主体的目的性活动，这样，导致法治建设就会作为一种体现了主体目的的活动而呈现。

第一，法治建设的步骤包括夺取、摧毁和建设。

法治体现了国家意志。而国家意志则是由掌握国家政权的统治阶级的意志所控制的，而任何一个阶级，如果要想实现自己阶级意志的法治则必须要掌握国家政权。所以马克思认为一个阶级要掌握国家政权就必须在经济上占统治地位并且在阶级斗争上能够取得胜利。

马克思反复强调政权问题的重要性。他认为，首先必须夺取政权使自己上升为统治阶级。"一切阶级斗争都是政治的斗争"④，阶级斗争直接目的是

---

① 中共中央马克思恩格斯列宁斯大林著作编译局. 马克思恩格斯全集（第3卷）[M]. 北京：人民出版社，1974：396.
② 中共中央马克思恩格斯列宁斯大林著作编译局. 马克思恩格斯全集（第3卷）[M]. 北京：人民出版社，1974：35.
③ 中共中央马克思恩格斯列宁斯大林著作编译局. 马克思恩格斯全集（第18卷）[M]. 北京：人民出版社，1974：309.
④ 中共中央马克思恩格斯列宁斯大林著作编译局. 马克思恩格斯全集（第4卷）[M]. 北京：人民出版社，1961：457.

获得最高政治权力国家政权。马克思认为"凡是完成了这种过程的地方，资产阶级便夺取了政治权力，并挤掉了以前的统治阶级——贵族、行东和代表他们的君主专制"①，"并通过实行代议制政权组织形式，宣布自己在政治上也是第一个阶级"②。所以资产阶级"在现代的代议制国家里夺得了独揽的政治统治权"③，基于同样的逻辑，无产阶级在反对资产阶级的斗争中"工人革命的第一步就是无产阶级变成为统治阶级，争得民主"④。

在夺取政权之后，当权阶级还必须摧毁原有政权的上层建筑。在《路易·波拿巴的雾月十八日》中马克思强调无产阶级革命不仅要摧毁旧的经济关系，改造旧的社会基础，而且要从根本上改变全部上层建筑—政治、法的关系。当然，在这个过程中，所摧毁的乃是旧国家机器的基本环节即压迫和镇压机关，只保留对工人阶级有用的某些机关即执行社会职能的机构。"旧政府权力的纯粹压迫机关应该铲除，而旧政府权力的合理职能应该从妄图驾于社会之上的权力那里夺取过来，交给社会的负责的公仆。"⑤

在摧毁原有政权的法治之后，掌握政权的阶级能够通过立法将本阶级的意志上升为国家意志。此时，统治阶级就需要借助法律，借助国家的形式组织自己的力量，进而实现了利用法律的形式将自己的意志上升为国家意志的效果，从而实现阶级压迫和阶级统治合法化，形成一种"共同体"。关于这一点，列宁也指出："意志如果是国家的，就应该表现为政权机关所制定的法律，否则意志这两个字只是毫无意义的空气震动而已。"⑥

第二，法治建设的方法包括"继承"和"移植"。

一方面，马克思认为法治可以被继承。法的继承性并不是一般如财产意义上的继承，不是照搬照抄，而是一种特殊意义的继承。"法和法律有时也可

---

① 中共中央马克思恩格斯列宁斯大林著作编译局. 马克思恩格斯全集（第 4 卷）[M]. 北京：人民出版社，1961：362.
② 中共中央马克思恩格斯列宁斯大林著作编译局. 马克思恩格斯全集（第 4 卷）[M]. 北京：人民出版社，1961：362.
③ 中共中央马克思恩格斯列宁斯大林著作编译局. 马克思恩格斯全集（第 4 卷）[M]. 北京：人民出版社，1961：468.
④ 中共中央马克思恩格斯列宁斯大林著作编译局. 马克思恩格斯全集（第 4 卷）[M]. 北京：人民出版社，1961：489.
⑤ 中共中央马克思恩格斯列宁斯大林著作编译局. 马克思恩格斯全集（第 17 卷）[M]. 北京：人民出版社，1974：359.
⑥ 中共中央马克思恩格斯列宁斯大林著作编译局. 列宁全集（第 25 卷）[M]. 北京：人民出版社，1985：75.

能'继承',但是在这种情况下,它们也不再是统治的了,而是只剩下一个名义,关于这种情况的明显例子,我们在古罗马和英国的法制史中可以看到许多。"① 因此,一方面,新法律对旧法律的继承,不是接受旧法的统治意志和统治内容,因为旧法所体现的生产方式和旧的统治事实已经不存在了,仅仅是一个"名义"或"外壳",只是在形式问题如法律术语、法律技术等方面进行继承。

一方面,法治可以被移植。列宁在进行社会主义法治建设探索中号召学习一切有利于社会主义发展的西方先进国家的法律制度。列宁在新经济政策后的法治建设中指出:"我们有信心在这场斗争中取得胜利。在同外国资本家打交道的过程中,我们需要有一套完整的法律,使外国资本家消除顾虑,而愿意同我们进行谈判,如果我们能把一切俄国法律和外国法律中好的东西都吸收过来,那么在这个基础上我们就有可能保证达到现在先进资本主义国家所达到的水平。"②

第三节 马克思主义法治理论的根本立场——为了谁

马克思主义的目的包括了对于资本主义的批判以及对于共产主义社会的追求两个方面,具体到马克思本人所生活的时代背景和人生经历,其更加强调前者,即对于资本主义的批判。马克思主要通过揭露资本主义统治的整体结构并颠覆该结构所赖以维系的信念价值,进而寻求一条通往革命性社会转型的道路,实现批判和建设的统一。这种对其法治领域的信念颠覆主要体现为对于资本主义"法治拜物教"的批判。

一、资本主义法治立场下法治立场的异化

从一般日常含义来看,拜物教是指将物神(fetish)信奉为一种拥有超自

---

① 中共中央马克思恩格斯列宁斯大林著作编译局. 马克思恩格斯全集(第3卷)[M]. 北京:人民出版社,1961:376.
② 中共中央马克思恩格斯列宁斯大林著作编译局. 列宁选集(第4卷)[M]. 北京:人民出版社,2012:332.

然权力的东西①。在马克思主义传统中，拜物教这个词被假定了一种批判性的特殊含义。马克思对于法治拜物教的批判体现了从"拜物教"到"商品拜物教"再到"法治拜物教"的批判逻辑。

（一）从拜物教到商品拜物教

在马克思的理论中，拜物教首先出现在经济层面，马克思在研究资本主义生产方式基本要素的过程中发明了"商品拜物教"这个术语。在《资本论》的第一章最后一节中，马克思探讨了商品的价值来源。在资本主义的经济世界观中，人们通常认为，商品的价值体现在销售的过程中，具体而言，商品的价值体现为其所标识的货币价格这一事实之中。既然在商品的交换过程中可见的是有形的商品和价格，那么"商品的价值来源于商品的价格便是一个自然而然的假定"②。但是，马克思认为，要区分价值的明定和价值的来源两个方面，商品的价值是在交易的阶段明确规定的（即价值的明定），但是价值的起源于生产环节中的社会必要劳动（即价值的起源）。

商品价值取决于花费在商品制造中所耗费的社会必要劳动时间，所以，从根本上说，现实中商品交易的价格取决于商品生产过程中花费的劳动力。但是，由于由社会必要劳动时间所衡量的社会劳动在销售的时候"不在场"，结果导致了从表面上看社会劳动仿佛不是价值的来源。在经济领域中，在资本主义生产方式之下，人们生产商品不是因为他们或他们的雇主希望用商品满足自身的需求，而是因为生产工具的所有者想要出售商品。"好像每件东西的存在仅仅是为了买和卖，正如在房地产买卖戏中，房子盖起来仅仅是为了销售和开发而不是为了居住，于是商品的使用价值和价值让位与商品的交换价值。"③

马克思认为，这种对于"商品"的"拜物"的本质思维形态一种扭曲的意识形态，即把人类活动的许多方面化约为简单的生产形式和商品销售。而这种视角的发展会导致一种荒谬的结果，甚至会导致劳动力本身也会被当作商品所对待，所以在资本主义生产方式下，人被简化为一种劳动力商品而存

---

① 刘召峰. 马克思的拜物教概念考辨［J］. 南京大学学报（哲学. 人文科学. 社会科学版），2012，49（01）：17-23.

② ［美］大卫·哈维. 跟大卫·哈维读《资本论》（第一卷）［M］. 刘英，译. 上海：上海译文出版社，2014：56.

③ ［美］大卫·哈维. 跟大卫·哈维读《资本论》（第一卷）［M］. 刘英，译. 上海：上海译文出版社，2014：12.

在。马克思认为当一个人的劳动被视为物品时，这就是商品拜物教意识最压抑的时刻。

所以，在马克思看来，商品拜物教是对于现实世界认识的一种歪曲的特殊的意志形态。这种错误的趋势实际上导致了对于事物与社会关系的一般性意识形态洞察的严重误导。即，在拜物教的情形下，人类关系的各个方面都用相同的术语处理了，那么这样的简缩和统一提供了一个整齐划一的表象，这种方式歪曲了现实。马克思本人用拜物教表达一种社会理念：将复杂、深刻化和多样化的社会进行简单化、表面化和同一化的扭曲。

（二）从商品拜物教走向法治拜物教

按照资本主义的拜物教思路，其在法治层面必然产生"法治拜物教"。从经济层面的"商品拜物教"发展到政治层面的"法治拜物教"的过程，也是遵循了马克思的历史唯物主义分析思路。这种分析思路具体体现在产生机制、历史发展和影响结果三个层面。

首先，法治拜物教的产生机制有"决定"与"扩散"两种机制。按照马克思的历史唯物主义理论，第一种作用机制是"决定"机制。在马克思看来，一个社会的经济基础决定这一社会的上层建筑，那么"拜物商品"的这种经济层面也必然导致了在上层建筑层面出现"拜物法律"。第二种作用机制是"扩散"机制。由经济领域商品交换所导致的这种"拜物教"的单一化和简单化的扭曲意识形态一旦形成，那么"这种扭曲的方法观必然会扩散和传导对其他领域的思考"①，会极大地导致一种简单的观察世界的方法出现，进而，在政治领域，扩散的结果就是产生了"法治拜物教"这一扭曲的意识形态。

其次，法治拜物教的发展历史发展贯穿于整个资本主义发展史中。从历史发展来看，资本主义从19世纪经历了从合同规则到合同法律的"拜物"发展过程。首先，最开始时，典型的合同模式是商品买卖模式，并且基于这种典型的商品买卖模式产生了典型的商品买卖合同规则。可以说这一规则的产生过程体现的是第一种作用机制——决定机制。其次，"一旦典型的合同交易规则产生，则诸如其他的雇佣合同、借贷合同、管理者与劳工之间的集体劳

①　[英]休·柯林斯.马克思主义与法律[M].邱昭继，译.北京：法律出版社，2012：41.

动合同等多样性的合同类型便会被简化吸收到这种典型商品买卖法律规则中"①。可以说，在这一过程体现的是第二种作用机制—扩散机制。在商品买卖合同交易规则不断的传导扩散的过程中，人们开始忽视其他合同关系和商品买卖合同关系的区别，忽视其他社会规则治理所具有的多样性。

再次，法治拜物教在影响结果上导致了对于法治单向度的理解。这种单向度的理解就是将丰富性扭曲为简单化和统一化的一种异化的意识形态。这种扭曲的意识形态导致了两方面的影响。

第一种单向度理解体现为对于规则治理的简单化理解。将现实中各类社会关系的多样化规则治理模式简化为法律这种单一型规则治理模式。法律成为所有治理规则中最为重要的规则。在今天来看，对于法律的理解更加严重，已经去除了法律本身所具有的丰富形式性，仅仅将法律理解为"制定法"，"忽视了案例法，习惯法，具体的判决等'活法'的形式"②。

第二种单向度理解体现为对于法治类型的单一化理解。将资产阶级这一特定阶级法律体系被描述为超越了时空限制的具有普适性和永恒性的一般性抽象规则。通过上述两种递进关系的简化，资产阶级法治理论就成为"自然的，永恒的"治理规则。

二、资本主义"法治拜物教"的内容构成

法治拜物教的基本观点构成了今天各种流派的自由主义法律理论的基础性共识假设，已经成为西方非马克思主义的社会和政治理论的一个普遍特点。从内涵上看，这种构成了西方法律理论基础的"法治拜物教"主要包括了功能论、认识论和价值论三个方面的拜物。

（一）功能论拜物崇拜法治必要性

法治拜物教体现为对于法治必要性的拜物崇拜。马克思主义法律理论认为法律的存在的确有其必要性，但是在西方"法治拜物教"的思维下，法律存在的必要性就被笼罩上了"物神"的色彩，认为法治存在的这种必要性是抽象和永恒的。首先，从纵向上看，法治是一个社会秩序和文明的决定性基

---

① [英]休·柯林斯. 马克思主义与法律 [M]. 邱昭继，译. 北京：法律出版社，2012：32.
② [奥]尤根·埃利希. 法律社会学基本原理 [M]. 叶名怡，袁震，译. 南昌：江西教育出版社，2014：98.

础，正如洛克所言："法律一停止，暴政就开始了。"① 即，认为法治是社会形成和发展的基石。其次，从横向上看，法律深入到社会生活的每个方面。其认为法律定义、分析并调整了所有的关系。人们更多是通过法律范畴去解释和改变社会。所以，在这种拜物的思维模式下，就必然得出"法律，不管是习惯性规则还是严厉的法典，对任何类型的文明而言都是必需的"②，即只有法律才使得社会秩序的建立成为可能。人类文明的存在和发展建立在法律的不可消解性假设的"拜物教"思维基础上。

（二）认识论拜物崇拜法治独特性

法治拜物教还体现为对法治独特性的拜物崇拜。在明确了法律必要性的基础上，强调法律自身的独一无二特性。从西方现有的法哲学流派来看，无论是实证主义法学流派，还是自然法法学流派，其都认为法律的本身的独一无二性。但是，有意思的是，在论证法律本身特殊性的思路方面，却有着两种完全缩小凸显和扩大泛化的两种相反的策略。

第一种策略是实证主义法律理论的"缩小凸显"策略。该策略主要是强调法律作为一种权力系统的特殊性，进而凸显和其他权力系统的区别。在这种策略看来，法律是一种具有自主性的制度安排和话语表达方式的制度体系。其制度自主性主要体现为法律体系具有自身的独特的制度特性；其话语表达的自主性主要体现为法律具有概念范畴的独特性以及逻辑推理的自主性。这样，法律制度本身和法律话语表达也都具有独特性和自主性。

第二种策略是自然主义法律理论的"扩大泛化"策略。自然主义法律理论的扩大的策略则是具有将所有形式的社会规则描述为法律的倾向，这种扩大的策略倾向于将法律的外延外扩到包括了建立社会秩序的道德规范、习俗性规则③，甚至扩展到技术性标准甚至客观性规律，上述三种规则都被视为法律的某一种类型，进而实现了所有规则的"泛法律化"。最后，在这种泛化法律的基础上，自然主义法律理论开始强调泛化的法律规则对于社会发展的重要性和基础性的作用。

（三）价值论上拜物崇拜法治形式价值

价值论上，法治拜物教体现为过于强调法治的形式价值。在凸显了法律

---

① ［英］洛克. 政府论［M］. 叶启芳，瞿菊农，译. 北京：商务印书馆，2009. 128.

② ［英］哈特. 法律的概念［M］. 张文显，译. 北京：中国大百科全书出版社，1996：81.

③ Cf. Ronald Dworkin. *Taking Rights Seriously*［M］. Harvard University Press，1978：105-117.

功能性和独特性的基础上，西方的各种法律理论开始强调通过法治所体现的价值性。

在西方的各类法治理论看来，法治可以实现超越阶级利益和阶级立场的自由、平等、正义，进而通过这种公平正义的价值维护当前资本主义制度的合法性。这样，法治理论就成为整个法治拜物教理论的最终落脚点，最终通过对于法治理论中形式价值凸显来实现对于资本主义统治合法性的强调，将资本主义的统治牢固地树立在法治的权威性基础上，而忽视资产阶级为取得政权所开展的各项革命暴力活动，同时也选择性地忽视了资本主义繁荣发展的重要原因——海外殖民掠夺及国内阶级压迫。而把所有的原因都归因于法治上。这一点，实际上即使是西方反对马克思主义理论的学者，例如克里基尔也承认没有必要将法治视为良善社会的充分条件，"对于一个良好的社会法治是不充分的，即使在庞大而复杂的社会中它是必需的"①。

可以说，法治拜物教第一个内涵让我们相信法律包含文明起源问题的答案，强化法治的必要性，从而使得人们对一般性法治理论感兴趣；法治拜物教第二个特征让我们相信法治的独特性，认为将法律现象独立出来进而对其进行研究是可能的；法治拜物教的最后一个方面通过凸显法治的价值性，使得法治与政治进行紧密的家结合，甚至颠倒了法治和政治的关系，将法治作为政治的基础，而忽视了政治对于法治的作用，更加忽视了经济基础对于法治的作用。

三、马克思主义法治立场的"人民性"

从理论方位而言，马克思主义必然拒绝法治拜物教这三个方面的内容，并对每一个方面进行了批判，并在此基础上提出了"人民"立场的法治观。

（一）马克思对于"法治拜物教"的批判

第一，批判法治"必要性"的拜物性崇拜。

从法治的来源来看，法治拜物教认为，如果没有法律的运行每个人都将损害彼此的利益；而马克思主义认为，法治实际上在作为人类历史发展的一个特殊阶段——阶级社会中作为阶级矛盾不可调和的产物而出现的，而且虽然阶级社会的权力组织的组织、作用都极度依赖法律，但是这并不能说明未来的高级形态人类文明（例如已经不存在阶级对立的共产主义社会）一定也

---

① 　Martin Krygier. *Marxism and the Rule of Law* ［M］. Law Social Inquiry, 1990：644.

需要法律。所以，在马克思主义看来，法律是一种特殊的历史环境下的架构，并不具有永恒性。

从法治和社会的关系来看，法治拜物教认为，法治建构、规制和决定各类社会关系；而马克思主义则利用了经济基础与上层建筑的隐喻分析了法律的地位和作用，认为"社会不是以法律为基础，那是法学家的幻想，相反，法律应该以社会为基础"①，作为上层建筑之一的法治的形式和内容都是由经济基础所决定的，所以，从两者之间的关系来看，社会关系，尤其是社会中的经济关系决定法律治理，而不是法律治理决定经济基础。

从法治的作用来看，法治拜物教认为，只有通过法律才能促进社会的发展和进步；而马克思主义认为虽然法律对于社会进步具有作用，但是这种作用无法达到一种根本性作用的程度，马克思主义者更加强调生产关系在社会形态发展的根本性地位和决定性作用。正如帕舒卡尼斯所言："因为人们通常在法律框架之内理解债务人和债权人之间的关系，这暗示法律是社会生活与商业交往的基础。但是实际情况是社会生活与商业交往是法律的基础。"② 实际上许多西方人承认："如今已经不必为法治献计献策了，因为对于自由社会和正义的社会秩序而言，法治至多只是必要，而不是充分。"③

第二，批判法治"独特性"的拜物性崇拜。

从理论视角来看，西方法学理论更多是一种（of the law）的理论，而马克思更多是一种（about the law）的理论，即从法律之外的视角来对于法治进行定位和分析。

这种外在性的方位，让马克思更加关注的法律或类似法律的制度如何在一个社会形态中服务于特定目的，即，更加关注法律治理的功能性。所以，马克思主义更加关注法治作用是什么，而不是法治本身是什么，而西方法学理论更加试图关注法律制度本身的属性而非功能，更加在自己的理论中凸显法治这个术语概念作为特定类型的规则体系的独特性。所以，马克思法治理论相比西方资本主义法治理论实现了关注焦点从"属性聚焦"向"功能聚

---

① 中共中央马克思恩格斯列宁斯大林著作编译局. 马克思恩格斯全集（第6卷）[M]. 北京：人民出版社，1961：291-292.
② [苏] 帕舒卡尼斯. 法的一般理论和马克思主义 [M]. 杨昂，张玲玉，译. 北京：中国法制出版社，2008：39-61.
③ Jeremy, Waldron. *The Rule of Law in Contemporary Liberal Theory* [M]. Ratio Juris, 1989：93.

焦”的转移。

马克思这种以强调法治作用功能为导向的法律认识论，能够让研究者以一个更加远距离和超越性的姿态来认识和评价法律，能够在一个更加宏观和宽大的场景中对法治进行定位，所以，在这种思路的引导之下，马克思更加关注法律治理和其他非法律等上层建筑的运行所具有的共同的社会功能。从这一点而言，马克思的法治理论实现了从“孤立”向“联系”思考路径的转移。

第三，批判对资本主义法治“形式价值”拜物性崇拜。

法治拜物教价值拜物主要强调法律以及法治实现政治统治和社会价值的功能，在这种思维的影响下，西方法律理论诞生出了自由主义的资产阶级法治理论。

该理论认为法律治理的一个极大的作用就是抑制权力的恣意行使，规范权力的运行，“法治实现了让权力受到法律正当程序要求的约束的重要作用”[1]。这样，法治理论就给西方自由主义政治哲学家贡献了一个重要的功能维度，通过法治实现了对于现有政治权力动态化运行和政治权力结构化配置合理性的解释或者论证。

这一理论导致的后果就是通过法治的形式价值的凸显实现了对法律体系本身的合理性论证，进而又通过对于法律体系的合理性论证，实现了对于运用法律这一权力的资产阶级统治的合法性论证。也就是说，通过法治最终实现了对西方社会资产阶级统治权力在意识形态价值观形式层面正当化和统治层面合法化的逻辑连贯性论证。这样，由于法治价值观的重要性，大量的西方法学用“法治教义当作判断一种一般性法律理论成功或可取性的优先性甚至唯一性标准”[2]。

然而，马克思认为这种意义上的法治的本质实际上是通过对于形式“合法性”的强调掩盖了法治背后的权力运行和分配的“阶级性”。马克思则试图强化这种资本主义“法治”价值观背后的阶级统治性。在马克思主义看来，即使“法治”作为一种规则治理能够实现对于统治阶级的权力约束，但是也要明确，这种约束的本质实际上受制于法治所在社会制度基础，并且服务于

---

① FULLER L L. The Morality of Law: Revised Edition [M]. New Haven: Yale University Press, 1969: 33.

② [美] 安德鲁·奥尔特曼. 批判法学 [M]. 信春鹰, 等译. 北京: 中国政法大学出版社, 2009: 13-14.

这种统治制度基础，并且这种阶级性法治最终实现了对于资产阶级阶级统治的巩固。

（二）马克思法治理论从"人"到"人民"的立场

第一，马克思法治理论聚焦"人"反对"资本"。

马克思主义法治是一种关于"人"的立场的法治。在马克思看来，资本主义的法治是一种"物"的法治，通过对于人类历史上法治发展的梳理，马克思认为资本主义的法治相对于封建专制的法治取得了极大的进展，但是在资本主义制度下，"法治"在资本的作用下被异化为"物"的法治，即仅仅实现了有限的，仅仅是资产阶级这一统治群体的"人"的法治。同时，这种资本法治下的个人自由同时也是最彻底地取消任何个人自由，而使个性完全屈从于"物"的社会条件，这些社会条件采取物的权力的形式，而且是极其强大的物，"离开彼此发生关系的个人本身而独立的物"①。

马克思从揭示人的本质问题入手，提出人的社会性与社会的人性之内在统一的重要思想，既反对脱离社会关系和社会实践生活的抽象的"人本主义"学说，又强调不能把社会和国家作为抽象的大写符号与个人对立起来，阐明法和法律是个人的社会化和社会的个性化的工具。这里要明确的是，虽然马克思实现了对于近代古典自然法学派和德国古典哲理法学派的理性自由观的超越，但是要明确这种超越更多是对于康德"应然—实然"二元法治理论的超越，而不是对于其法治价值追求——人的自由的超越，实际上，马克思在整个法治思想中，都是追求通过法治保障和实现人的人的价值与尊严，实现人的自由，可以说对于人的价值的重视贯穿于其理论的基本立场。

马克思在《论犹太人问题》中就提出了与鲍威尔"政治解放"立场相对应的"人类解放"的立场。反对布·鲍威尔把犹太人争取政治权利的斗争归结为一个纯粹的宗教信仰问题，马克思从市民社会的路径出发，考察法的权利问题，认为"政治权利问题绝不是单纯的神学抽象，分析这个问题必然紧密联系政治权利的世俗基础"②。马克思考察了"政治解放"即资产阶级革命的局限性，认为政治解放在法律上的表现就是取消选举权与被选举权的财产资格限制，但实际上它是以私有财产为前提。因此，马克思用"人类解放"

---

① 中共中央马克思恩格斯列宁斯大林著作编译局．马克思恩格斯全集（第46卷·下）[M]．北京：人民出版社，1961：161.

② 中共中央马克思恩格斯列宁斯大林著作编译局．马克思恩格斯全集（第1卷）[M]．北京：人民出版社，1961：438.

的口号来同"政治解放"相对立，提出了无产阶级革命的任务。此外马克思在强调了"人类解放"的基础上，严厉抨击蔑视人的价值与权利的专制主义，指出"专制制度的唯一原则就是轻视人类，使人不成其为人"①，而且指出应兴避免重新把"社会"作为抽象物同个人对立起来，认为"国家只有通过个人才能发生作用"②。

第二，"人"的法治立场在马克思法治理论体现为"人民"。

马克思认为"人是一个特殊的个体，并且正是他的特殊性使他成为一个个体，成为一个现实的、单个的社会存在物，同样地他也是总体、观念的体、被思考和被感知的社会的主体的自为存在，正如他在现实中既作为社会存在的直观和现实享受而存在。又作为人的生命表现的总体而存在一样"③。

在这一原则下，马克思考察了资本主义法律的平等观，提出了尽管资产阶级极力宣扬"正义""平等"，但是"大多数国家的信条都一开始就规定富贵贫贱在法律面前的不平等"④。所以，马克思强调，在法律的制定和适用过程中，应该体现人道主义精神。他指出"英明的立法者预防罪行是为了避免被迫惩罚罪行。但是他预防的办法不是限制权利的范围，而是给权利以肯定的活动范围，这样来消除每一个权利要求中的否定方面"，"要是国家在这方面不够仁慈、富裕和慷慨，那么，无论如何，立法者都要肩负起责无旁贷的义务——不把那种由环境造成的过错变成犯罪。他应当以最伟大的人道精神把这一切当作社会混乱来纠正，如果把这些过错当作危害社会的犯罪行为来惩罚，那就是最大的不公平"⑤。然而，在私有制条件下，"如果自私自利的立法者的最高本质是某种非人的、外在的物质。那么这种立法者怎么可能是

---

① 中共中央马克思恩格斯列宁斯大林著作编译局．马克思恩格斯全集（第1卷）[M]．北京：人民出版社，1961：410.
② 中共中央马克思恩格斯列宁斯大林著作编译局．马克思恩格斯全集（第1卷）[M]．北京：人民出版社，1961：270.
③ 中共中央马克思恩格斯列宁斯大林著作编译局．马克思恩格斯全集（第42卷）[M]．北京：人民出版社，1961：123.
④ 中共中央马克思恩格斯列宁斯大林著作编译局．马克思恩格斯全集（第2卷）[M]．北京：人民出版社，1956：70.
⑤ 中共中央马克思恩格斯列宁斯大林著作编译局．马克思恩格斯全集（第1卷）[M]．北京：人民出版社，1961：148.

人道的呢"①，此时，"法律的运用比法律本身还要不人道得多"②，因此，马克思提出必须建立一种新的社会制度和社会关系，"这种新的社会制度和社会关系消灭了阶级剥削和阶级压迫，消灭了资本主义世界物的关系对个人的统治，偶然性对个性的压抑，确立了个人对偶然性的统治，使人作为个性的个人确立下来"③。

这种崭新的社会制度和社会关系，从根本上消除了在社会生活中存在的不人道的法律或法律异化的现象，因而"在合乎本性的关系中，刑罚将真正只是犯了过失的人自己给自己宣布的判决"④，成为"真正"法治。马克思也对这一制度进行了分析和设想，其在《法兰西内战》中总结了巴黎公社的经验教训，在立法环节对于人民性的设想主要体现为认为公社应当实行普选制和撤换制，所有的代表和官吏都可以毫无例外的随时撤换，这样，就可以有效实现对于立法机关的监督，包括立法机关在内的公职人员是人民的公仆。同时为了有效地将立法的决议能够快速地执行，应当在立法机关实行"议行合一"基本原则。在这种社会制度下"人"实现了个体与集体的统一，"人"就转化为了"人民"，"人的法治"就转化为了"人民的法治"立场。这样，通过人民性的凸显，强调了"法治"是"人民"的法治，而不是"物"即"资本"的法治。

---

① 中共中央马克思恩格斯列宁斯大林著作编译局 . 马克思恩格斯全集（第1卷）[M]. 北京：人民出版社，1961：150.

② 中共中央马克思恩格斯列宁斯大林著作编译局 . 马克思恩格斯全集（第1卷）[M]. 北京：人民出版社，1961：703.

③ 中共中央马克思恩格斯列宁斯大林著作编译局 . 马克思恩格斯全集（第3卷）[M]. 北京：人民出版社，1961：87.

④ 中共中央马克思恩格斯列宁斯大林著作编译局 . 马克思恩格斯全集（第2卷）[M]. 北京：人民出版社，1961：229.

第三章

马克思主义法治理论中国化的探索历程

马克思主义法治理论中国化的实践过程经过了新民主主义法治实践，社会主义法治实践，中国特色社会主义法治实践三大阶段。在这三大实践中马克思主义法治理论一共经历了两次飞跃，第一次飞跃的结果是毛泽东法制思想，第二次飞跃的成果是中国特色社会主义法治理论。其中习近平法治思想开辟了马克思主义法治理论中国化时代化的新境界。

第一节　新民主主义和社会主义革命建设时期的探索

毛泽东法制思想是毛泽东思想的重要组成部分。从实践基础来说，毛泽东法制思想的实践基础涵盖了新民主主义革命实践、社会主义革命实践和社会主义建设探索实践三大阶段；从理论内容上看，毛泽东法制思想的创新主要涵盖了法治本质论中阶级性与人民性、法治辩证关系论中民主、革命与法制关系、法治价值论中秩序与正义等方面的思考。

一、法制的阶级性与人民性

整体而言，以毛泽东为代表的早期共产党人和第一代中央领导集体都继承了马克思"法是经济的意识形态"以及"法律是阶级压迫的工具"的本质论思想。在本质论思想下，一方面强调法治的阶级本性。另一方面，建立革命政权后，实现了法制属性从"阶级性"向"人民性"的转化。

（一）法制的必要性要以阶级性为基础

首先，早期中国共产党人就已经认识到了法律具有阶级性和必要性两大特征。

就法律的阶级性而言，中国共产党的创始人陈独秀曾认为："特权政治下的法律是假面的法律，假面后的所谓民意也不过是特权者玩弄于股掌的玩物，法律可以由他们随意制定。"① 蔡和森也认为指出法律是统治阶级意志的体现，阶级基础决定了法律的阶级性质。甚至，早期的共产党人开始通过试图通过法律的阶级性进行阶级斗争，提出自己所代表的劳工阶级的法权要求。1922 年的 8 月，中国劳动组合书记部发布了由邓中夏起草的《劳动法大纲》就是我国第一部革命的劳动法律，试图通过劳动立法运动来实现权益的保护。

就法律的必要性而言，共产党人也承认法律在社会中存在必要性，且主要从理论和实践两个方面来进行，在理论上主要从法律和权威的关系的角度来进行论述，其主要体现在陈独秀在五四时期关于社会主义的三次辩论中，在论战中，陈独秀始终以马克思主义者的立场，无情地驳斥无政府主义思想，强调了法律权威的必要性②。在实践上，则主要是从巩固政权的现实需要出发制定和完善各种法律制度，无论是夺取政权之前的地方执政还是夺取之后的全国执政，中国共产党人都十分重视法律的作用，开展了丰富的法制实践。

（二）法制的继承性要以阶级性为标准

在对于法制的阶级性和继承性的认识方面，一方面，中国共产党人清醒地认识到，中国社会主义法制不能在旧法制的基础上建立。另一方面，中国共产党人也充分地认识到了法律必要存在着一定的继承性，不同阶级的法律都从属于"法律"这一共同的母概念，所以必然存在一定的家族相似性。

这样，在法律的阶级性和继承性之间就出现了一定张力，在如何处理这两者之间的关系方面，以毛泽东为代表的第一代领导人，创造性的跳出了对法律的阶级性和继承性进行抽象讨论的思想藩篱，而是提出要结合不同历史时期革命任务战略与策略处理两者关系的创新思路。

在土地革命战争时期，阶级矛盾为国内主要矛盾，所以 1929 年湘粤赣边区革命委员会政纲之一，便是"摧毁国民党各级党部及其御用压迫民众、欺骗民众之政府机关、反动团体"③。在抗日战争时期，民族矛盾上升为国内主

---

① 公丕祥，龚廷泰. 马克思主义法律思想通史（第三卷）[M]. 南京：南京师范大学出版社，2014：60.

② 公丕祥，龚廷泰. 马克思主义法律思想通史（第三卷）[M]. 南京：南京师范大学出版社，2014：58.

③ 韩延龙，常兆儒. 中国新民主主义革命时期根据地法制文献选编（第一卷）[M]. 北京：中国社会科学出版社，1981：22.

要矛盾，毛泽东则强调，要建立真正的坚实的抗日民族统一战线，这样，在抗日民族统一战线的历史条件下，"六法全书"体系在一定程度上还成为边区政府法制的渊源之一，这在中国共产党领导的人民民主政权的宪法性文件、刑事法律文件、法院组织法及诉讼法律文件、土地法与婚姻法文件等法律文件中都有不同程度的表现①。

（三）法制的阶级性要体现为人民性

中国共产党人认为法制具有阶级性，但是随着新中国政权的建立，阶级性就会转为为人民性，对这一点的探索集中体现在毛泽东对于人民民主专政的阐述上。毛泽东认为人民民主专政就是对人民民主和对敌人专政的统一。这样，法制在建立人民政权之后，"阶级性"一方面体现为"对敌人专政"，一方面体现为"对人民民主"。

在《论人民民主专政》中，毛泽东指出："我们实行人民民主专政，或曰人民民主独裁，总之是一样，就是剥夺反动派的发言权，只让人民有发言权……向着帝国主义的走狗即地主阶级和官僚资产阶级以及代表这些阶级的国民党反动派及其帮凶们实行专政，实行独裁，压迫这些人，只许他们规规矩矩，不许他们乱说乱动。如要乱说乱动，立即取缔，予以制裁。所以，从本质上说军队、警察、法庭等项国家机器，是阶级压迫阶级的工具。对于敌对的阶级，它是压迫的工具，它是暴力，并不是什么'仁慈'的东西……我们对于反动派和反动阶级的反动行为，决不施仁政。我们仅仅施仁政于人民内部，而不施于人民外部的反动派和反动阶级的反动行为。"②

（四）法制阶级性和人民性是过程意志能动性和结果事实性统一

马克思主义理论更多强调法律是统治阶级进行阶级统治的工具。这一论断更多的是从一种动态的方式进行定义。而第一代中共领导人结合自身通过革命法治实践经历，从动态的过程性和静态的结果性两个角度对于法制的阶级性和人民性进行创新性的界定。

在过程意志性而言，各个阶级肯定在法律的立法和执行中试图贯彻本阶级的意志，当这种不同阶级意志发生碰撞时候，甚至可能出现以革命的方式来进行解决；就结果事实型而言，法律自然也就体现为一种客观事实性，但

---

① 公丕祥，龚廷泰. 马克思主义法律思想通史（第三卷）[M]. 南京：南京师范大学出版社，2014：165.

② 毛泽东. 毛泽东选集（第四卷）[M]. 北京：人民出版社，1991：1476.

是这事实并非自然事实，也是历史事实，这样，第一代领导人不仅将法律作为阶级统治的工具，而且更加明确了其是阶级斗争的结果。刘少奇代表我国第一部宪法起草委员会作了《中华人民共和国宪法草案的报告》，从结果性和过程性两个角度提出宪法的本质特征。他指出宪法制定所依据的事实："这就是我国人民已经在反对帝国主义、反对封建主义和反对官僚资本主义的长期革命斗争取得了彻底胜利的事实，就是工人阶级领导的、以工农联盟为基础的人民民主国家已经巩固地建立起来了的事实，就是我国已经建立起社会主义经济的强有力的领导地位、开始有系统地进行社会主义改造、正在一步一步地过渡到社会主义社会的事实。"①

二、法制辩证关系论——政治是法治的前提

毛泽东法制思想的关系论主要探讨了法制与政治的关系。具体包括革命与法制、政权与法制、政党与法制、民主与法制四个方面，这四个方面分别从任务、前提、主体、制度拓展了法制辩证关系论。

（一）革命与法制的任务协同关系

毛泽东法制思想中，最具有特色的就是在暴力革命夺取政权的过程中大胆探索了法制实践，实现了革命实践和法制实践的同步推进，同向共行，探索了新民主主义革命法制实践的独特发展路径。

毛泽东新民主主义革命法制实践的可能性是由于中国新民主主义革命道路的特殊性所导致的。十月革命送来了一种革命的路径模式，但是由于中国和俄罗斯的基本国情的差异，导致了这条革命的路径中俄两国之间有很大的区别。十月革命走的是一条城市发动武装起义进而夺取全国政权的革命道路，而中国走的是一种农村包围城市的革命道路。在不同革命路径之下，法制的介入时间就出现了前后的差异。中国共产党在取得全国政权之前，就已经领导广大人民群众实现了以革命根据地政权形式为代表的局部执政②，这种地方性、区域性的红色革命政权体系为开展革命法制实践提供了可能性。在这一过程中，中国共产党逐步创设了独特的新民主主义革命法制系统。

这种革命法制整体呈现出两大特征。首先，明确了新民主主义法制的工

---

① 刘少奇. 刘少奇选集（下）[M]. 北京：人民出版社，1985：139.
② 公丕祥，龚廷泰. 马克思主义法律思想通史（第三卷）[M]. 南京：南京师范大学出版社，2014：170.

具性作用定位。新民主主义法制系统的发展过程，是同中国共产党领导下的土地革命，武装斗争及人民政权的壮大和建设的历史任务息息相关的，革命法制随着革命实践的发展而发展，所以，法制开展必然要服从于革命实践的历史任务，法制是实现新民主主义革命胜利的重要工具和手段。其次，确立了一系列重要的法律原则与法律制度。在革命根据地或者解放区，形成了工农兵代表大会制度、在法律面前人人平等、保障人权、镇压与宽大相结合、管制、死刑复核、婚姻自由、男女平等、审判公开、辩护、人民调解等法律制度，可以说，这些重要的法律原则和法律制度，为新中国社会主义法制的建构奠定了重要基础。

（二）政权与法制的逻辑主从关系

在革命时期，以毛泽东为代表的第一代中央领导集体就明确了中国革命的中心问题是"政权问题"，因为"政权是掌握政权的阶级压迫敌对阶级的机器。谁掌握了政权，政权对自己就是自由的、民主的，而对自己的敌人，则是专政的"①。所以，在革命时期，最重要的任务就是夺取政权，而在这一过程中，法律必须服务于夺取政权这一任务。

就革命而言，则必须要充分发挥了法制的革命动员作用。

由于新民主主义革命的领导者是无产阶级，革命的对象是帝国主义，封建主义和官僚资本主义，要想实现这一目标，就必须要发动起占人民大多数的农民，实现工农联盟。对此，中国共产党主要是通过《土地法大纲》开展土地革命通过法律来赋权给农民，保障其土地法权的方式来调动了广大人民群众参与革命的热情。

就建设而言，需要充分发挥了法律的生产和民主保障作用。

从经济发展而言，新中国成立之初，鉴于国家已由革命战争时期进入了社会主义建设的历史新时期，刘少奇在中共八大的政治报告中指出："在革命战争时期和全国解放初期，为了肃清残余的敌人，镇压一切反革命分子的反抗，破坏反动的秩序，建立革命的秩序，只能根据党和人民政府的政策，规定一些临时的纲领性的法律。因此，那些纲领性的法律是适合于当时的需要的。现在，革命的暴风雨时期已经过去了，新的生产关系已经建立起来，斗争的任务已经变为保护社会生产力的顺利发展，因此，斗争的方法也就必须

---

① 王萍，王定国，吉世霖．谢觉哉论民主与法制［M］．北京：法律出版社，1996：197.

跟着改变，完备的法制就是完全必要的了。"① 强调开展各项法律的制定工作，形成完备的社会主义法制体系，保证国家工作走上法制化的有序进程。

从民主建设而言，则必须要充分发挥法制的民主保障作用。新中国成立之后，谢觉哉提出"如果只夺取了政权，而不加以改造建设，那只能算是改朝换代"②，谢觉哉强调，要加强党对政权建设的领导。而"所谓党的领导，是把党的主张经过党员在群众中的活动变成群众的主张，去变成群众的实际，也就变成政权上的主张"③。那么，党如何领导我们的政权建设呢？党"要用民主的方式把各党各派的人民都团结在我们的周围，共同办事，这就是真正的领导，而这都是我们所缺乏的"④。

（三）执政党与法制建设的领导展开关系

从中国共产党产生和性质来看，中国共产党是马克思列宁主义与中国工人阶级运动相结合的产物，是工人阶级实现历史任务的核心领导力量。从新民主主义革命的历史进程来看，革命实践已经证明，如果没有中国共产党的领导，反帝反封建的历史任务无法实现，建设和创造自由平等的新社会理想也无法实现。所以，由于中国共产党在新民主主义革命中起到的领导作用，那么这种领导性必然也要贯穿和体现于新民主主义的革命法制中。这样，从逻辑上，就很自然地得出了党与法之间的关系类型——领导关系；同时从实践上，这种领导的实践也从新民主主义革命法制一直延伸到夺权政权建国之后。

在明确两者关系的基础上，如何将这种"领导关系"进行落实，尤其是在新中国已经成立了较为完善的立法，司法，行政机关之后，如何处理党和上述机关的关系，进一步说，如何实现党对于上述机关的领导，就成了当时需要进行解决问题。其中，针对如何加强党对于司法机关在内的国家政权机关的领导，董必武曾经做过精辟的分析，指出："党对国家政权机关的正确关系应当是：一、对政权机关工作的性质和方向应给予确定的指示；二、通过政权机关及其工作部门实施党的政策，并对它们的活动实施监督；三、挑选和提拔忠诚而有能力的干部（党与非党的）到政权机关中去工作。"⑤

① 刘少奇. 刘少奇选集（下）[M]. 北京：人民出版社，1985：253.
② 王萍，王定国，吉世霖. 谢觉哉论民主与法制 [M]. 北京：法律出版社，1996：108.
③ 王萍，王定国，吉世霖. 谢觉哉论民主与法制 [M]. 北京：法律出版社，1996：109.
④ 王萍，王定国，吉世霖. 谢觉哉论民主与法制 [M]. 北京：法律出版社，1996：197.
⑤ 董必武. 董必武法学文集 [M]. 北京：法律出版社，2001：110.

（四）民主与法制的基础保障关系

首先，在制度上奠定了法制建设的民主基础。新中国成立之后，我国的政治体制采取了人民代表大会制度，这样，就为社会主义法制的开展奠定了坚实的政体基础。这种体制和西方的三权分立的体制模式具有极大的不同，正如谢觉哉所言："我们明白地不采用三权分立制，因为本来无所谓分权，也不可能有。要不要立法、司法、行政的分立呢？要的。人民代表大会是最高的立法机关，某种立法必须是人民代表大会的权，但他同时也具有司法、行政最高权力。为了便于执行，他要选出政府委员会，执行人民代表大会的决议，他要选出司法机关，执行人民代表大会决定的法律。人民代表大会的代表是人民选的，选出他们为人民自己办事，去办立法、司法、行政各种的事，决不是专门选他们去只办立法的事，而不准他们办'司法'和'行政'的事。"① 在人民代表大会制度下，国家政权是高度的民主，高度的集中，是组织上的民主集中制与行动上的民主集中制的有机结合，"这种民主集中制只能行之于真正人民的政权的国家"②。

其次，明确了法制建设的民主基本原则。在法制和民主两者关系的侧重上，以毛泽东为代表的党的第一代领导人更加重视民主的作用。毛泽东提出"民主是中国共产党人找到的一条跳出历代封建王朝由盛转衰周期律的新路"，所以，在两者关系上，就必须要将民主贯彻到法制建设中，尤其是"立法民主"中，毛泽东在起草1954年宪法时指出，制宪工作要本着实事求是的科学态度，注意总结历史经验。他认为，我们的宪法应该坚持两个基本原则，即"民主原则和社会主义原则"③。宪法要深得民心，关键是起草时采取领导机关的意见和广大群众的意见相结合，草案颁布后还要由全国人民讨论，并强调"过去我们采用了这个方法，今后也要如此。一切重要的立法都要采用这个方法"④。

三、法制的正义与秩序价值

在毛泽东法制思想的价值论视野中，其对价值的判断不是一种抽象的排

---

① 王萍，王定国，吉世霖. 谢觉哉论民主与法制［M］. 北京：法律出版社，1996：176.
② 王萍，王定国，吉世霖. 谢觉哉论民主与法制［M］. 北京：法律出版社，1996：177.
③ 毛泽东. 毛泽东选集（第五卷）［M］. 北京：人民出版社，1977：127.
④ 毛泽东. 毛泽东选集（第五卷）［M］. 北京：人民出版社，1977：126.

序，而是一种具体的排序，这种排序首先体现为对于价值排序的主体——即价值评价主体的确认上，即人民群众才是价值的评价主体。在明确了价值评价主体的基础上，开始探索价值的主要内容。毛泽东法制思想的价值论关注的是秩序和正义两大价值之间的关系，主要体现为如何认识法制与正义，法制与秩序，以及秩序与正义的矛盾关系。

（一）法制的正义价值追求

毛泽东法制思想在对于正义的价值导向方面更加侧重于实质正义和具体正义。

首先，追求实质正义。可以说，对实质正义的追求是毛泽东政治哲学的重要命题，其也必然成为以毛泽东为代表的共产党人法制思想的基本价值定位。在他们看来，一切剥削制度之所以是虚伪的，最根本的原因就在于其只有思维的形式正义而无内容的实质正义。所以，在革命时期，就两者的关系而言，实质正义优先于形式正义。实际上，正是这种对实质正义的追求形成了中国共产党人独特的革命法制观，赋予了革命的正义价值维度，进而实现革命与法制的统一。"这个统一是指，通过革命要创立新法制"①。概言之，它可以包括两个方面的内容：其一，革命是创立新法制的前提；其二，新法制是保障革命果实的主要武器。正如有学者所谈，这种正义的基础"不是过去的法统，而是革命本身"②。

其次，强调正义的具体性。按照马克思的观点，正义是具体的，而非抽象的，在此基础上，毛泽东法制思想将正义的这种具体性直接定位在最为广大的人民立场。"我们是无产阶级的革命的功利主义者，我们是以占全人口百分之九十以上的最广大群众的目前利益和将来利益的统一为出发点的，所以我们是以最广和最远为目标的革命的功利主义者，而不是只看到局部和目前的狭隘的功利主义者。"③ 可以说，这种对于具体正义的诉求经由阶级具体性上升到人民具体性正义。

（二）法制的秩序价值追求

在毛泽东看来，一个社会要想实现有序，就必须要处理好社会矛盾。新中国成立之后，社会矛盾主要有敌我矛盾和人民内部矛盾，国家处理两类矛

---

① 陈景良. 当代中国法律思想史 [M]. 郑州：河南大学出版社，1999：19.
② 夏勇. 中国宪法改革的几个基本理论问题 [J]. 中国社会科学，2003 (2)：5.
③ 毛泽东. 毛泽东选集（第三卷）[M]. 北京：人民出版社，1991：864.

盾有专政和民主两种基本的方法。而在这两种方法与法制的关系方面，毛泽东更加强调的法制对于专政的作用。更为准确来说，其更加强调法制对于犯罪的专政作用。这种法制对于犯罪的专政作用体现为两个方面，一方面，法制是打击犯罪的工具，另一方面，则需要对于打击犯罪采取法制化的思路。具体而言，这种专政的法制化处置要求集中体现在犯罪这一行为的规治对象，认定标准，处置方式三个方面。

首先，就犯罪的界定对象而言，毛泽东认为犯罪所规制的主要是行为，而不应当是思想，纯粹的思想不能是犯罪；其次，就犯罪的行为认定而言，事实层面则要求必须重调查研究，取得确证，而且证据的取得方式方面要严禁逼供；法律层面则要求对犯罪人的治罪应该按"规格"进行。再次，对于犯罪的刑罚处置上，一方面，毛泽东接受了马克思法律理论中"法律是以暴力作为后盾"的观点，但是另一方面，毛泽东也受到了我国古代"慎刑"思想的影响。毛泽东为了防止在镇压反革命运动的高潮中发生"左"的偏向，"决定从六月一日起，全国一切地方，包括那些至今仍然杀人甚少的地方在内，将捕人批准权一律收回到地委专署一级，将杀人批准权一律收回到省一级，离省远者由省级派代表前往处理"①。

（三）正义与秩序价值冲突的选择标准

正义与秩序有无冲突与矛盾，如果有，哪一种价值是一种优先的选择？对此，毛泽东跳出了两者之间的抽象比较，而是从实践的角度，结合不同历史时期的任务进行了深刻思考。

在新民主主义革命阶段，毛泽东立足于法律正义的阶级本质与阶级基础，强调只有实质正义的法律才是应当遵守的，不正义的法律及其存在的社会制度基础都是应当被革命的对象，都是应当被推翻的。"革命是一种序变，它不仅要破坏旧的法规以破坏旧秩序，而且也要不断发布各种新法规以建立新的秩序。任何一种革命，如果不能破坏旧的秩序，革命便不能成功。同样，任何一种革命，若不能建立一种新的秩序，革命也不能成功。任何革命总是努力使对方越混乱越好，而自己却必须保持高度有序。"② 所以，在整个新民主主义阶段，秩序服从于正义价值。

---

① 毛泽东．毛泽东选集（第六卷）［M］．北京：人民出版社，1999：159.

② 王兆强．两大科学疑案：序和熵——系统主从律［M］．广州：广东教育出版社，1995：96.

在新中国人民民主专政阶段，由于新中国政权和国民党政权存在本质的差别，所以，毛泽东认为，政权基础的正当性导致了法律的正当性，这就意味着法律的正义价值业已存在，换言之，两种价值之间不存在根本的冲突与矛盾，那么，在这种情况下，法律的秩序价值的存在与体现就会使法律的正义价值实现，所以，他强调"一定要守法，不要破坏革命的法制。法律是上层建筑。我们的法律，是劳动人民自己制定的。它是维护革命秩序，保护劳动人民利益，保护社会主义经济基础，保护生产力的。我们要求所有的人都遵守革命法制"①。但是，这种本质上的一致，并不意味着，正义价值与秩序价值就没有任何矛盾与冲突。否认两者之间可能存在矛盾的观点，在毛泽东看来，一方面不符合事物辩证法，另一方面也不符合社会主义的实际。而当现实中，两者发生矛盾与冲突的时候，如何协调两者的关系，也是毛泽东反复思考的问题。

他认为，即便在人民政权制度体制下，完全的正义也是不可能的，但这种不正义可以在秩序的范围内求得解决，而不必通过破坏秩序来达到公道与正义。因此，在这种情况下，应当在服从秩序而不是破坏秩序的前提下加以解决。这样，毛泽东提出"有错必纠"的原则，并认为这是人民政权的必然要求。

三、法制建设的整体统一性和环节特殊性

新中国建立前后，中国共产党人都在探索法制运行实践。这种对于实践探索主要集中在对于法制运行整体环节的统一性强调和对于法制运行不同环节的特殊性凸显两个方面。

（一）法制整体运行的统一性

为了有效实现法制的作用，党的第一代领导人特别强调法制运行前提——法制的统一性。这种创新主要体现为对宪法和普通法律关系界定方面提出了"负面统一性"和"正面统一性"两个方面。谢觉哉指出："在宪法与法律的关系问题上，资产阶级国家的宪法规定，法律与宪法抵触者无效，但这只是从消极的方面来证明宪法是根本法，而新民主主义国家的宪法还要从积极的方面即法律要通过对宪法精神的发扬并具体化，来充分反映宪法的

---

① 毛泽东.毛泽东选集（第七卷）[M]. 北京：人民出版社，1999：197-198.

根本要义。"① 很显然，这就需要创制新民主主义国家的法制体系中，确保宪法和各部门法律能够衔接连贯，形成体系，防止脱节。

（二）法制环节运行的特殊性

立法环节强调民主性。新中国成立之后，我国许多重要法律、法令，都是经历了协商民主和人民民主两种形式，具体而言，首先是根据实际工作的需要，经过调查研究，提出法律初稿。其次，通过和民主党派进行协商，发挥协商民主，逐渐形成草案。再次，经过国家机关讨论修改以后，或者发动人民群众讨论征求意见。

执法环节强调落实性。对于执法环节严格性的强调贯穿于新民主主义革命时期和新中国成立后的建设时期。早在土地革命时期，刘少奇就指出："仅仅有法律可以了解和依照是不够的，各级政府必须要重视司法机关的工作建设，以保证法律的有效执行，为土地改革的顺利开展铺平道路。"②

司法环节强调人民性。董必武提出："人民司法基本精神，是要把马、恩、列、斯的观点和毛泽东思想贯彻到司法工作中去……人民司法基本观点之一是群众观点，与群众联系，为人民服务，保障社会秩序，维护人民的正当权益。"③

守法环节强调普遍性。新中国成立之后，董必武就提出了"有法必依"的守法思想，强调一切国家机关、社会组织和个人，都必须严格遵守和执行法律。具体到守法的推进路径，董必武特别强调领导干部要带头守法，提出："要使群众守法，首先就要求国家机关工作人员，特别是领导者以身作则。"④董必武甚至提出，对于党员犯罪，还应当加重治罪的观点。而这一思想成为今天"依规治党"的理论来源之一。

第二节　中国特色社会主义法治理论的创立

邓小平法治理论第一次全面而系统回答了"中国这样一个法制传统薄弱、

---

① 谢觉哉．谢觉哉日记（下）［M］．北京：人民出版社，1984：1085—1086.
② 刘少奇．刘少奇选集（下）［M］．北京：人民出版社，1985：31.
③ 董必武．董必武法学文集［M］．北京：法律出版社，2001：45.
④ 董必武．董必武法学文集［M］．北京：法律出版社，2001：222.

经济文化比较落后的社会主义国家，如何全面建设社会主义法制"这一问题①。虽然，邓小平经常使用"法制"一词，但是其实际绝不是指向静态的法律制度，而是和"人治"对应的"法治"。本文从实质的角度出发，采取了邓小平法治理论的表述而非邓小平法制理论的表述。邓小平法治理论为构建有中国特色社会主义法治理论奠定了系统框架，实现了中国特色社会主义法治在本位论拓展，关系论完善，价值论丰富，运行论创新四个方面的推进。

一、法治从工具到目标的地位提升

邓小平法治理论最大的特点，就是强调了法治和社会主义的本质的密切相关性，从而通过还原法治在社会主义发展中的"本位"来提升法治在社会主义建设中的"地位"，可以说，这种还原实现了从法的"本质论"下法的"本位论"的拓展。这种向"本位"拓展的结果就是将法治从一种"选择性"的"工具"向"必要性"的"目标"进行了地位跃升。

（一）从"人治"到"法治"的治理"必要性"转换

就对法治的必要性强调而言，邓小平主要强调从"人治论"转向为"法治论"的方略转向。邓小平法治思想的产生的直接诱因是对我国法制建设曲折历程的深刻反思，正如邓小平本人所言："解放以后，我们也没有自觉地、系统地建立保障人民民主权利的各项制度，法制很不完备，也很不受重视。"②

邓小平明确指出人们"往往把领导人说的话当作'法'，不赞成领导人说的话就叫作'违法'，领导人的话改变了，'法'也就跟着改变"③，这种情况不仅使得我国的法制建设遭受挫折，而且也导致十年"文革"的灾难。可见，在针对新中国成立后在法制建设过程中出现的失误，尤其是对十年"文化大革命"进行反思的时候，邓小平并不仅仅是将其中的错误归结到"人"的问题上，而是在制度规则层面上寻找问题根源，而这个根源就是"我们这个国家有几千年封建社会的历史，缺乏社会主义的民主和社会主义的法制"④。

在这种制度规则层面和文化历史层面反思的基础上，邓小平明确提出要

---

① 公丕祥，龚廷泰．马克思主义法律思想通史（第三卷）［M］．南京：南京师范大学出版社，2014：170．
② 邓小平．邓小平文选（第二卷）［M］．北京：人民出版社，1994：332．
③ 邓小平．邓小平文选（第二卷）［M］．北京：人民出版社，1994：146．
④ 邓小平．邓小平文选（第二卷）［M］．北京：人民出版社，1994：348．

开展法治，反对人治。"人治"往往推崇统治者个人的能力，与"人治"不同，"法治"则强调运用法律的手段治理国家，崇尚法律的权威性，反对个人权力的扩张，使法律成为处理国家事务，规范国家机关、社会组织和社会成员行为的最终标准。邓小平在不同的场合多次强调，"我历来不主张夸大一个人的作用，这样是危险的，难以为继的。把一个国家、一个党的稳定建立在一两个人的威望上，是靠不住的，很容易出问题"①，"还是要搞法制，搞法制靠得住些"②。

（二）从"工具论"到"目标论"的"地位性"提升

明确了法治的必要性的基础上，邓小平就开始提升了法治的地位性，使法治从"工具论"上升到"目标论"。而实现这一提升，主要是在十一届三中全会之后为实现现代化而进行的改革开放实践中完成的。

要实现社会主义现代化，就必须通过改革和开放来实现，这一思路也必然要在国家政治领域中得到贯彻。在对于上述对于"人治"错误反思的基础上，邓小平进一步明确了强调国家生活的制度化、法律化，强调制度与法律要不因领导人的改变而改变，不因领导人的注意力的改变而改变。可以说，邓小平法治思想的形成是近代中国社会从传统向现代化治理模式转型在法律领域的必然结果。

一方面，邓小平强调要通过"改革"处理好人治与法治的关系，启动从人治到法治的根本性转变；另一方面，要通过"开放"，进一步解放思想，吸收和借鉴其他国家优秀的法治经验。这样，在"改革开放"的动力推动下逐步开始启动国家治理模式从"人治"到"法治"的历史性和根本性转变进程，通过改革，将"法治"作为手段与目标的二重意蕴与国家的现代化建设紧密地联系在一起，这一认识过程，也是逐步形成的。

早在1979年6月，邓小平就指出，为了实现四个现代化．必须发扬社会主义民主和加强社会主义法制。1986年1月，邓小平明确提出了"两手抓"的著名治理原则，指出"搞四个现代化一定要有两手，只有一手是不行的。所谓两手，即一手抓建设，一手抓法制"③。此外，邓小平强调"为了实现四个现代化，必须发扬社会主义民主和加强社会主义法制"④。进而使得民主与

---

① 邓小平．邓小平文选（第三卷）[M]．北京：人民出版社，1993：325.
② 邓小平．邓小平文选（第三卷）[M]．北京：人民出版社，1993：379.
③ 邓小平．邓小平文选（第三卷）[M]．北京：人民出版社，1993：154.
④ 邓小平．邓小平文选（第二卷）[M]．北京：人民出版社，1994：187.

法制在现代化的建设中具有同等重要的战略地位，实现了从毛泽东法制思想中较为侧重民主到民主与法治并重的思想跨越，可以说，这在我们党和国家的历史上还是第一次，极大地提升了法治和社会主义现代化建设之间的本质性联系，这样，邓小平就从建设有中国特色社会主义现代化的战略高度对于法制进行了定位，提高了社会主义法制的地位，将法制从一种"工具论"或"手段论"，转化为建设有中国特色社会主义现代化基本的"目标论"或"内容论"，为下一步继续形成中国特色社会主义"依法治国"法治模式奠定了基础。

二、政治经济生活要法制化运行

邓小平法治理论中的辩证关系论主要包括了法治与政治，法治与经济两个维度。其中，在法治与政治中，主要关注法治、党治、人治三种治理之间的关系，实现民主政治法治化运行；在法治与经济中，则在马克思经济基础与上层建筑的一般理论基础上，强调社会主义市场经济和社会主义法治建设两者之间的内在本质关系，充分探索了经济法治理论，实现了市场经济的法治化运行。

（一）法治与政治——民主政治法治化

在法治与政治的关系方面，邓小平将法治放在政治体制改革整体设计的视阈下进行整体定位，"进行政治体制改革的目的，总的来讲是要消除官僚主义，发展社会主义民主，调动人民和基层单位的积极性。要通过改革，处理好法治和人治的关系，处理好党和政府的关系"①。这样，在法治与政治的关系中，邓小平着重关注两个关系的处理，即人治与法治的关系、党治与法治关系的处理。

第一，人治与法治——强调民主制度法制化，明晰了民主与法治辩证关系。如上文所述，人民民主专政在毛泽东法制思想中处于非常重要的地位，在法治和民主、专政三者之间的关系中，其在一定程度上更加凸显法治的专政作用，而忽视了法制的民主保障作用；在法治与民主两者之间的关系中，其在一定程度上更加注重民主对于法治的作用，而忽视法治对于民主的作用。邓小平则在吸收了"文化大革命"教训的基础上，重新厘定了民主与法制的关系，这种厘定主要体现为以下两个方面：

---

① 邓小平. 邓小平文选（第三卷）[M]. 北京：人民出版社，1993：177.

首先，明确了社会主义民主是社会主义法制的前提和基础。在此方面，邓小平法治理论充分继承了毛泽东法制思想，认为只有广大人民群众获得充分的民主，才能将自己的意志上升为法律，才能有社会主义性质的法律。其次，明确了法制对于民主的保障作用。针对"文革"的教训，邓小平提出要实现民主同时也必须要制定完备的法律，通过正常的立法程序，真正使民主化和法律化紧密结合，这样，把民主原则上升为法律规范，将民主原则转变为现实的国家制度，通过法律的制度刚性进而确立民主在国家和社会生活中的权威性地位。这样，邓小平第一次明确指出必须使社会主义民主制度化、法律化，实现了"法治"与"民主"两者在地位均衡基础上的辩证统一，明确指出了"中国的民主是社会主义民主，是同社会主义法制相辅相成的"①。

第二，法治与党治——开启执政方式法制化探索，确立了执政方式法治化命题。从逻辑上看，由于中国共产党执政传统中对于"党的领导"高度强调，那么在提升了法治的地位之后，邓小平法治理论就必须要面临对于党法关系的处理问题。可以说，处理好党的领导与法治两者之间关系，是一个关系全局的根本性问题，在这方面，邓小平进行了一系列卓有成效的探索。

首先，反对"以党治国"。邓小平认为，在中国共产党既有的传统的政治思维、政治文化和政治制度下，一定程度上存在着"以党治国"的错误思想，进而在这种思想导致了党的执政方式存在着一定的弊端，"以党治国导致了'权力过分集中'的现象，就是在加强党的一元化领导的口号下，不适当地、不加分析地把一切权力集中于党委，党委的权力又往往集中于几个书记，特别是集中于第一书记，什么事都要第一书记挂帅、拍板。党的一元化领导，往往因此而变成了个人领导……必然造成官僚主义"②，"我们的各级领导机关，都管了很多不该管、管不好、管不了的事"③。

其次，通过"依法治国"代替"以党治国"。对于替代"以党治国"的方案的思考，一直都存在于邓小平的革命实践中。早在新民主主义革命时期，邓小平就明确反对以党治国，指出"某些同志'以党治国'的观念，就是国民党恶劣传统反映到我们党内的具体表现"④，是忽视民主的表现之一，是

---

① 邓小平．邓小平文选（第三卷）［M］．北京：人民出版社，1993：249.
② 邓小平．邓小平文选（第二卷）［M］．北京：人民出版社，1994：328-329.
③ 邓小平．邓小平文选（第二卷）［M］．北京：人民出版社，1994：328-329.
④ 邓小平．邓小平文选（第一卷）［M］．北京：人民出版社，1994：10.

"国民党遗毒，是麻痹党、腐化党、破坏党、使党脱离群众的最有效的办法"①。尤其是经历了"文化大革命"的教训之后，邓小平开始逐步明晰了"以党治国"的替代性解决方案"依法治国"，而要实现"以党治国"向"依法治国"的转变，就必然要对党法关系进行更深一步的思考，在这一方面，邓小平提出了在社会主义民主和法制不断加强的情况下改善党的对于法治"领导"的新思路。

再次，改善党的对于法治的"领导"。这一创新性思路主要体现于丰富党的领导内容和创新党的领导方式两方面。实际上，这种思路是通过对于党的"领导"的理论的创新来实现"党法关系"的统一协调。具体而言，这一"领导"创新过程中法治的提出逻辑主要体现在三个方面。首先，邓小平提出了在执政条件下党的领导的实质论。其认为在执政条件下，党的领导的实质就是支持和保证人民当家做主，管理国家。这样，就必然涉及"支持和保证"的方式，而这就涉及"法治"方式的提出；其次，在提出了"法治"的方略之后，就必然要涉及党与法之间"领导内容"的明晰，邓小平认为党的领导主要是政治、思想和组织领导。其中党的政治领导的主要方式就是把党的方针政策经过法定程序变成国家意志，党的思想领导则主要通过强化法治队伍的思想水平，党的组织领导则主要体现在对于各级法治干部和人才的选拔方面；再次，在明晰了"领导内容"的基础上，还需要确认各级党组织、党员与法律的关系，邓小平提出从中央到基层，一切党组织和党员都要坚决根据宪法和法律办事。同时在此基础上，还进一步强调了党组织和党员带头守法论。

（二）法治与经济——市场经济法治化发展

以邓小平为代表的党的第二代领导集体在"文革"之后重新开启了社会主义现代化建设的历史任务。在经济领域提出要建立社会主义市场经济体制的任务。邓小平在了继承了"上层建筑对于经济基础的反作用"的理论基础上，探索法治对于市场经济发展的积极作用。明确了法治对于经济的"稳定和恢复"以及"保障和发展"的双重作用。

首先，重视法治对于经济秩序的稳定和恢复作用。

早在1976年，在面对国内经济领域比较混乱的情况时候，邓小平在充分调查的基础上就先后领导起草了《国营工业企业工作条例（草案）》和《中

---

① 邓小平.邓小平文选（第一卷）［M］.北京：人民出版社，1994：10.

共中央关于当前工业问题的指示》等文件，提出必须加强对经济生产的管理和整顿，明确了要通过加强责任制度与各项纪律的思想和措施发展经济生产的要求。

尽管当时他还没有明确提出经济法制的思想，但从实际情况来看，这就在一定程度上提出了将经济的发展和宏观管理纳入制度化轨道的思路，提出了运用法制进行经济管理的思想萌芽①。这种经济法治的思想萌芽是对经典马克思主义理论上层建筑对于经济基础发展反作用理论的进一步发展，如果说经典马克思主义理论仅仅是从宏观上论述了两者之间的关系，并将此种关系概括为"反作用"，那么邓小平法治理论则更加重视"反作用"理论中"积极促进作用"，并且在实践中结合中国特有的公有制经济模式将这种作用原理现实机制化，实现了对于马克思主义法治理论的进一步丰富和发展。

其次，探索法律对于社会主义市场经济的保障和发展作用。

1992 年初邓小平在南方谈话中提出了关于发展社会主义市场经济的一系列重要思想。同年，中共十四大报告明确提出，要加大经济立法，建立社会主义市场经济法律体系。从 1993 年初起，为了规范市场经济秩序，一大批规范市场主体、权利、行为和秩序的法律陆续颁行，使得符合中国特色的社会主义市场经济法律体系逐步健全完善。通过探索，明确了社会主义市场经济和社会主义法治两者之间内在联系，在社会主义的制度背景下有效地将法治与市场经济联系在一起。一方面，法治的不断发展充分的促进了社会主义市场经济体制的建立，激发了市场主体活力；另一方面，将法治作为经济调控的重要手段进行确认，规范了市场运行秩序，在制度层面极大地解决了"市场失灵"，有力地论证了经典马克思主义的法治作用理论。

三、法治价值要指向公平与效率

和毛泽东关注法治的秩序与正义价值不同，邓小平所处的改革开放时期面临着以经济建设为中心的发展任务，其更加关注的是效率与正义的价值导向，并且提出了公平与效率发生价值冲突时候所应当遵循的原则。

（一）明确了社会公正在法律价值层面的意义

邓小平明确指出"社会主义的本质，是解放生产力，发展生产力，消灭

---

① 杨三正. 邓小平经济法制思想及其当代价值——写在改革开放 30 周年时 [J]. 湛江师范学院学报，2008，29（04）：79-84.

剥削，消除两极分化，最终达到共同富裕"①。在此论述中，就体现了两种价值：一种是由社会主义初级阶段的实际状况所决定的，必须要解放生产力和发展生产力，体现了对于效率的价值取向，一种是社会主义的最终的价值导向，要消灭剥削，消除两极分化，最终达到共同富裕，体现了对于公正的价值取向。邓小平认为"社会主义的目的就是要全国人民共同富裕，不是两极分化。如果我们的政策导致两极分化，我们就失败了"②。后来，邓小平又反复告诫说："共同致富，我们从改革一开始就讲，将来总有一天要成为中心课题。"③ 所以，由社会主义的本质和目标所决定，中国特色社会主义法治的基本价值理想也必然在于保障社会公正。这样，这种社会公正的政治层面的价值追寻必然也会转化为一种法律层面的价值追求。

（二）明确了经济效率在法律价值层面的意义

党的十四大明确了我国经济体制的改革目标是建立社会主义市场经济，这样就实现了从计划经济向市场经济的巨大的变革。

改革开放之前，以纵向管理关系为特征的计划经济体系中，生产主体附庸于行政组织，其自身的自主性受到了极大的限制。因而，这种经济体系不可能创造出巨大的社会财富和高效的经济效益。改革开放后，而在以横向契约关系为特征的市场经济体系中，市场主体的自由本性得到了充分的释放，商品交换作为意志关系的一种特定表现形式，乃是一种蕴含着市场主体的自由和权利要求的意志关系。

在市场经济交换过程中，市场主体必须要互相承认对方是产权的所有者，是能够把自己的意志渗透到商品中去的独立的"人"，在这一层要使市场交换活动得以进行，就必须在法律层面就要确认市场主体所拥有的所有权④；与此同时，在此基础上，还需要够通过市场的竞争机制，使资源在广泛的范围内得以优化配置，在这一层面，要防止市场竞争从有序变成无序，就必须在法律层面确认市场竞争的基本规则。所以，上述两个层面的要求就使得市场经济对于效率的价值追求就必然转变为法律层面的价值追求。

（三）提出了公正与效率的价值冲突处理原则

效率和公平两者都成为中国特色社会主义法治理论的价值取向，那么如

---

① 邓小平．邓小平文选（第三卷）[M]．北京：人民出版社，1993：373.
② 邓小平．邓小平文选（第三卷）[M]．北京：人民出版社，1993：110.
③ 邓小平．邓小平文选（第三卷）[M]．北京：人民出版社，1993：364.
④ 江平．完善市场经济法律制度的思考 [J]．中国法学，1993（1）：7-12.

何合理地协调这一对价值之间的对立统一关系，便成为邓小平法治价值理论所要面临的重要历史课题。

在对这一问题进行分析的时候，邓小平的创新思路是区分了不同类型的平等和自由，并提出了中国特色社会主义制度的市场效率和社会公平在的整合路径，细化了价值冲突时候的具体处理标准，明晰了了不同领域下的价值选择导向。

首先，细化提出了"三个有利于"的价值判断标准。90年代初，邓小平在视察南方时，进一步明确地提出了判断社会主义的标准问题。他把是否有利于发展社会主义社会的生产力，是否有利于增强社会主义国家的综合国力，是否有利于提高人民的生活水平，看作是判断姓"资"还是姓"社"的基本标准。

其次，明确不同领域下的分类价值选择原则。市场经济方面，明确了"效率优先兼顾公平"的价值选择结果。社会发展方面，则更加强调公平，体现出让人所有人民群众的生活水平不断提升的价值取向。这样，在两者关系上，突出了手段和目的的关系，效率是公正的手段，公正是效率的目的，这种公正一定是高效率基础上的公正，而不是简单的平均主义。

再次，探索了效率与公平的整合路径。为了实现效率，防止出现一种不公平的效率，就必须要通过法治来实现效率和公平的整合。通过法律的赋权让主体在市场经济中获得实现权利平等，在分配权利义务时对于所有主体都能够给予平等的对待；在规则运行方面，要平等对于所有的主体，实现规则公平；在机会提供方面，要为每一个主体提供平等的机会；在结果方面，要关注市场竞争中的弱者，防止事实上的不平等现象的蔓延和加剧，降低社会因此可能产生的两极分化程度。

四、法治建设有法可依、有法必依、执法必严、违法必究

邓小平法治理论的一个重大贡献就是构筑了中国特色社会主义法治的运行格局。在邓小平整个法治理论当中，法治建设无疑是处于核心和灵魂的地位，邓小平创造性地提出了社会主义法制建设"有法可依、有法必依、执法必严、违法必究"的"十六字方针"。

从渊源上看，实际上，十六字方针中的"有法可依，有法必依"的八字方针，最早是由董必武在党的八大会议上首次提出。遗憾的是，上述八字方

针由于种种原因并未很好地得以贯彻落实。邓小平针对当时的法治实践以及现实需要，在重提了董必武八字方针的基础上，又加上了"执法必严，违法必究"。这样，实现了立法、执法、司法，守法的四位一体的系统化法治建设方针。

1. 立法方面——有法可依

法治建设的首要环节是立法方面，立法是法治建设的起点，在此方面，要做到"有法可依"。

从内涵上看，"有法可依"就是要制定出比较完备的法律制度规则，进而实现政治、经济、文化、社会生活的各个方面有章可循，有法可依；从地位上看，这是对立法工作的最为基本性的要求，也是实现法治化运行的基本和首要的前提条件。

从实践上看，邓小平十分重视立法工作。"文化大革命"结束后，邓小平认识到发展社会主义必须加强法制，而要加强法制，首先就是要立法。在邓小平指出"现在的问题是法律很不完备，很多法律还没有制定出来"①，总之，"国要有国法，党要有党规党法"②。

在明确了"有法可依"的立法任务的基础上，邓小平主要三个方面强调立法工作开展。首先，明确立法思想。邓小平提出立法必须坚持四项基本原则的指导思想，这是保证立法正确政治方向的前提。其次，提升立法效率。面对改革开放初期法制不健全的情状，邓小平提出了立法"宜快不宜慢"和"宜粗不宜细"的基本方针③。其指出"现在立法的工作量很大，人力很不够，因此法律条文开始可以粗一点，逐步完善。有的法规地方可以先试搞，然后经过总结提高，制定全国通行的法律。修改补充法律，成熟一条就修改补充一条，不要等待成套设备"④。再次，强化立法民主。尽管邓小平一直强调立法工作的效率，但这并不意味着他主张草率立法，忽视立法的质量。恰恰相反，为防止因草率立法而对法制的破坏，强调立法要"经过一定的民主程序讨论通过"⑤。

---

① 邓小平. 邓小平文选（第二卷）［M］. 北京：人民出版社，1994：147.
② 邓小平. 邓小平文选（第二卷）［M］. 北京：人民出版社，1994：147.
③ 邓小平. 邓小平文选（第二卷）［M］. 北京：人民出版社，1994：147.
④ 邓小平. 邓小平文选（第二卷）［M］. 北京：人民出版社，1994：147.
⑤ 邓小平. 邓小平文选（第二卷）［M］. 北京：人民出版社，1994：146.

2. 执法方面——有法必依，执法必严

"有法必依"和"执法必严"两者都是针对法律适用提出的建设方针。

从两者的内涵上看，"有法必依"强调在法律被指定出来之后，在所有的政策、文件、道德、习俗甚至是领导人批示、指示等各种各类规则之中，法律地位最高，在法律和其他规则发生冲突时候，必须要依据法律，做到"有法必依"；"执法必严"是指国家执法机关及其公职人员依据法定职权和法定程序，以国家的名义把法律规范严格地应用于具体的人或组织，这是一种使法律规范得以实现的国家职能活动。

从两者关系上看，两者是一体两面。"有法必依"是社会主义法制建设的宗旨和目的，从逻辑上看，立法的目的就是为了能够使得人们普遍遵守法律，所以，有法必依是有法可依的延续，同时，这一要求也是从守法者的角度来提出的要求。任何一个执法者首先是一个守法者，作为一个执法者在面对者各种不同来源的指令时候，要明确自己唯一能够遵循的是"法律"，不能将其他任何类型的规则置于法律之上，尤其是在法律和道德，法律和政策发生冲突的时候，更加要体现出法律在所有规则体系中的权威性。"执法必严"是从执法者的角度提出的要求，尤其针对长期以来在执法过程中出现的以言代法、以权压法、有法不依、执法不严、执法不公、执法犯法等不良现象，邓小平强调执法必严就一定要排除上述各种干扰。1986 年，邓小平在谈到在全体人民中树立法制观念时就明确指出执法活动只能依据法律来进行，要坚决杜绝领导干部对执法的不当干预。

3. 守法方面——违法必究

"违法必究"是指对一切违法犯罪行为都要依法追究法律责任，实际上，这是对违反法律的行为进行约束性的基本要求，也是加强社会主义法治建设的最后制度化保障。从逻辑上看，"违法必依"是"有法必依"和"执法必严"的必然逻辑结果，强调无论违法的主体是谁，无论其是哪一级或者哪一类型的国家机关、社会组织、社会团体、领导、公民都必须被追究法律责任。

在古代中国，刑不上大夫，法律只是对付被统治阶级的手段和工具。而社会主义的法律是体现广大人民群众的根本利益的，而不是维护少数特权阶层利益的，在邓小平"违法必究"方针的指引下，我国宪法对平等守法问题作出了明确的规定，强调一切国家机关和武装力量，各政党和社会团体、各企事业组织都必须遵守宪法和法律，一切违反宪法和法律的行为，必须予以追究；任何人违法犯罪都必须受到法律的制裁，真正做到法律面前人人平等，做到"违法必究"。

综上所述，邓小平关于有法可依、有法必依、执法必严和违法必究的论述，是一个逻辑严密的体系。在这一体系中，首先的要求是要"有法"，其次在法律和其他规则发生冲突时候，要能够"依法"，在此基础上，在具体的执行环节，要排除各类"关系"等潜规则的干扰，进而才能"执法"，在此基础上，如果出现了"违法"的情况，则一定要追究法律责任。这四个环节构成了社会主义法制的相互联系、缺一不可的统一整体。其中，有法可依是前提，有法必依是宗旨，执法必严是关键，违法必究是保障。缺少任何一个方面，都不能维护社会主义法治的权威。没有基本的和健全的立法，执法和守法就没有了依据；没有一切公民的守法，立法和执法就没有了意义和目标；没有依法的规则思维和执法必严的中心环节，法律就无法实施，法的遵守就成了空谈。只有将这四个方面齐抓共管、互相配合，才能真正做到依法治国，建设社会主义法治国家。

第三节　中国特色社会主义法治理论的发展

党的十三届四中全会以来，以江泽民同志为主要代表的中国共产党人，在建设中国特色社会主义法治的伟大实践中，形成了以"三个代表"重要法治指导思想和"依法治国"的特色法治模式，进一步丰富了中国特色社会主义法治理论。

一、法治建设是推进"三个代表"的必然要求

2001 年 7 月 1 日，在庆祝中国共产党成立八十周年的大会上，江泽民指出：中国共产党"必须始终代表中国先进生产力的发展要求，代表中国先进文化的前进方向，代表中国最广大人民的根本利益"①。这样，"三个代表"重要思想被正式提出来。

"三个代表"重要思想是新时期"党的建设"的新要求，而"依法治国"则是该时期"党的领导"的新方略。所以，在"党的领导"和"党的建设"两者之间就有了内在的逻辑统一性。

---

① 江泽民. 江泽民文选（第三卷）［M］. 北京：人民出版社，2006：272.

这种统一性体现为，一方面，正是由于要实现中国共产党在先进生产力，先进文化和最广大人民利益方面的代表要求，所以就必须要实行"依法治国"这一领导、执政和治理方式的改变。而另一方面，"党的建设"的指导思想和要求必然要在"党的领导"过程中得到体现，所以，"三个代表"必然也会成为推进中国特色社会主义法治建设的重要指导思想。

（一）中国特色社会主义法治的"利益"和"主体"要求

"三个代表"重要思想明确了中国特色社会主义法治的利益导向是最为广大人民群众的根本利益。"三个代表"重要思想的本质是立党为公、执政为民，明确提出了"中国共产党代表了中国最广大人民群众的根本利益"，明确了"党的一切工作，必须以最广大人民的根本利益为最高标准。"而这一要求，必然也需要在中国特色社会主义法治中得到贯彻。

从法治来看，"三个代表"这一表述实际上是将"利益与法治"的关系进行了明确而清晰的表达。可以说，利益是社会主体的行为目标和内在动力，也是社会主体权利要求的深厚根源。而从法律和利益的关系来看，法律所具有的调整基本社会关系、塑造社会秩序的功用，最为根本的在于法律通过赋予社会主体以一定的利益获取的可能性地位——"权利地位"，实现与确认主体的社会利益——"权利结果"，进而才能形成一定的社会秩序，最终达到调整社会关系的目的。而"三个代表"这一表述实际上明确了中国特色社会主义法治的利益导向必须是最为广大的人民群众。这样，"依法治国"执政方式的改变之中就必须要求把最广大人民赞成不赞成、拥护不拥护、满意不满意的利益诉求作为法治建设的根本利益导向。

概言之，如果说，"人民当家做主"也就是人民民主是中国特色社会主义法治的"意志要素"，那么在此基础上，"以最广大人民的根本利益为最高标准"就是体现了中国特色社会主义法治的"利益要素"，这样，"三个代表"的提出就将社会主义法治的"意志性要素"向法治的"利益性"要素进行拓展。

（二）法治对于所服务生产力的"性质"和"过程"要求

"三个代表"重要思想明确了中国特色社会主义法治的服务面向是发展先进生产力。马克思主义理论从历史唯物主义的高度提出了生产力和生产关系等一系列的分析范式，就法律而言，生产力与生产关系、经济基础与上层建筑直接的矛盾运动，决定着法治现象的发展。生产力是社会发展的最终决定力量，因而也是决定和支配法治现象运动变化的根本性因素和力量①。

邓小平法治理论在经典马克思主义法治理论的基础上，明确提出了社会主义本质和社会任务就是解放生产力和发展生产力，可以说，在这种认识之下，邓小平同志非常重视法治对于生产力的解放和发展作用，具体就体现在上文所阐述的"三个有利于"的中"是否有利于发展社会主义社会的生产力"这一标准中。江泽民同志则将"三个有利于"中生产力标准进一步明确为"必须始终代表中国先进生产力的发展要求"，这一转变反映从"结果要求"向"性质要求"，从"结果要求"向"过程要求"的转变。具体而言具有两大变化。

第一大变化，就是明确了对于生产力发展从"结果要求"转化为了本身的"性质要求"，要求中国共产党的执政和领导对于生产力本身所代表的性质必须是"先进的性质"。第二大变化，就是将对于生产力发展从"结果要求"转化为了本身的"过程要求"，要求共产党人的执政和领导本身就应该能够"反映"和"代表"先进生产力的水平，在过程中要实现党和先进性生产力的紧密结合。所以，按照"三个代表"重要思想的要求，中国特色社会主义法治建设就必须紧紧把握先进生产力的发展趋势和要求，及时做好法律创制工作，并且在执法与司法活动中追求法律效果与社会效果的有机统一，从生产力的内部与外部，从生产力的过程与结果等方面做到代表、促进和发展先进生产力。

（三）中国特色社会主义法治的"文化"和"方向"要求

"三个代表"重要思想明确了中国特色社会主义法治文化的发展朝向是先进文化。在这一命题之下，就必须思考发展法治与文化之间的契合点——法治文化。

首先，明确了法治所内涵的"文化"属性要求。从人类文明的文化发展趋势上看，法治的文化性发展是各个选择了法治治理道路的国家政治文明演进发展的必然趋势。一方面，法治文化承载着其他社会文化的教育示范和引导功能，对于社会的精神文明建设起到重要的保障作用，另一方面，法治文化本身也是社会精神文明建设的重要组成部分。这样，通过法律来将传统诚实守信、尊老爱幼、互相帮助等基本的道德准则法律化，实现从道德原则到法律原则的转化，弘扬了传统文化；同时，通过在这以过程中道德文化法治

---

① 张文显. 马克思主义法理学 [M]. 长春：吉林大学出版社，1993：264.

化转化的过程中，诚实守信、尊老爱幼、互相帮助等原则也获得新的内涵维度，实现了多维度的拓展和发展，而这一探索为十八大提出将"法治"作为社会主义核心价值观提供了理论基础。

其次，明确了法治文化所要生长的"方向"。"文化"作为人类社会的产物其最大的特色就是在于其自身的发展具有一定的"指向性"，法治文化作为一种文化的子类型也概莫能外，而任何一种文化的"生长"指向也必然是根植于其产生的"文化土壤"，受到"文化养料"供给的影响，法治文化亦概莫能外。对于不断生长的中国特色社会主义法治文化而言，决定其"生长方向"的"文化土壤"就是中华法制中的优秀传统文化，而"文化养料"就是其他类型法制文化中的优秀部分。就前者而论，正如江泽民同志所言："文化的力量，深深熔铸在民族生命力、创造力和凝聚力之中。"① 要建设法治国家就必须要深植法治文化，大力弘扬中华民族的传统治理理念，充分传承具有历史合理性价值的民族的法律文化传统；就后者而论，就必须要善于借鉴世界上其他国家的优秀法律文化，要反映人类共同的基本通则准则的要求。

二、"依法治国"是治理国家的基本方略

"三个代表"重要思想在理论层面提出了中国特色社会主义法治发展的三个朝向；而在实践层面，以江泽民为代表的中国共产党人在邓小平法治理论以及实践的基础上更进一步从制度模式上的层面总结提炼出了具有中国特色的社会主义法治模式——"依法治国"。

早在 1992 年 10 月 12 日的中共十四大报告中，江泽民就提出要"按照民主化和法制化紧密结合的要求，积极推进政治体制改革"②，提出建设有中国特色社会主义民主政治，使社会主义法治建设有一个较大的发展。这样，就在继承了邓小平法治理论的基础上继续推动法治的发展。

1996 年 2 月 8 日，在中共中央举办的法制讲座上，江泽民系统而全面阐述了"依法治国"模式，对于该模式的内涵作出了全面的界定，指出："实行和坚持依法治国，就是使国家各项工作逐步走上法制化的轨道，实现国家政治生活、经济生活、社会生活的法制化、规范化；就是广大人民群众在党的领导下，依照宪法和法律的规定，通过各种途径和形式，管理国家事务，管

---

① 江泽民. 江泽民文选（第三卷）[M]. 北京：人民出版社，2006：558-559.
② 江泽民. 江泽民文选（第一卷）[M]. 北京：人民出版社，2006：235.

理经济和文化事业，管理社会事务；就是逐步实现社会主义民主的制度化、法律化。"①

在 1997 年 9 月 12 日，在中共十五大报告中，江泽民重申了依法治国内涵，同时明确了依法治国和传统治理方式的巨大区别，明确了依法治国模式最大的特征，指出："依法治国，就是广大人民群众在党的领导下，依照宪法和法律规定，通过各种途径和形式管理国家事务，管理经济文化事业，管理社会事务，保证国家各项工作都依法进行，逐步实现社会主义民主的制度化、法律化，使这种制度和法律不因领导人的改变而改变，不同领导人看法和注意力的改变而改变。"②

1999 年 3 月 15 日，九届全国人大二次会议审议通过了宪法修正案，正式把依法治国、建设社会主义法治国家的基本方略用国家根本大法的形式确定下来。2002 年 11 月 8 日召开的党的十六大，则进一步在强调要坚持依法治国基本方略的基础上，提出了建设社会主义法治国家的重要目标。

可以说，从中共十五大把坚持和实行依法治国提高到党领导人民治理国家的基本方略的战略高度，再到党的十六大进一步确立建设社会主义法治国家的目标，这充分表明中国共产党人对通过法治的方式提升党的领导、促进中国特色社会主义建设的必要性和重要性有了进一步的认识。

三、法治建设要实现"三统一"与"德法结合"

江泽民在邓小平法治理论的基础上，从建设论角度进一步丰富了中国特色社会主义法治理论。在法治建设论方面，其主要关注的就是党的领导、人民当家作主、依法治国"三统一"以及依法治国和以德治国"相互结合"。

（一）党的领导、人民当家作主、依法治国"三统一"

江泽民对于党法关系的创新主要体现在对于"党的领导"与"依法治国"两者之间关系认识的进一步深化。如上文所述，在中国的政治语境下，要想实现"法治"，最为关键的是要正确认识和把握好坚持法治与坚持党的领导的关系，具体而言，就是要处理好"依法治国"和"党的领导"之间的关系。

在江泽民看来，中国共产党是执政党，在整个国家政治与社会生活中处

---

① 江泽民. 江泽民文选（第一卷）[M]. 北京：人民出版社，2006：511.
② 江泽民. 江泽民文选（第二卷）[M]. 北京：人民出版社，2006：28-29.

于领导地位。共产党执政的本质就是领导和支持人民当家作主，最广泛地动员和组织人民群众依法管理国家和社会事务，管理经济和文化事业，维护和实现人民群众的根本利益。从党的执政本质上看就是实现了"党的领导"和"人民当家作主"两者之间的统一，但是，党要领导和支持人民当家作主，就存在对于党对其领导方式和执政方式的选择问题。这样，才能实现领导的主体（党），与领导的对象（人民），与领导的目的（当家作主）与领导的方式四者之间的统一的问题，而在这一问题上，经过了新中国成立前后的法制实践，"文化大革命"的教训以及邓小平法治理论的探索，终于由江泽民将"依法治国"确定为党领导人民治理国家的基本方略。

一方面，实施依法治国可以有效确保人民当家作主，依法治国是实现人民民主制度化的基本方略，这一点，在邓小平法治理论中已有过明确的强调；另外一方面，更加能够得出，对于法治的选择是中国共产党为了适应新的形势和新的环境而主动进行的执政模式和领导方式的重大变革和创新，即"党领导人民制定宪法和法律，并在宪法和法律范围内活动"。这种主动性的治理方略的选择实际上就把依法治国把坚持党的领导统一起来。一方面，在这种同一下，法治模式要求任何组织和个人都必须依法办事的基本要求同时也演变成为党的基本要求，这样其就从一个制度性的惰性要求变成了一个政党的能动性要求，另一方面，这种同一也从法律制度的层面上确保了党的基本路线和基本方针的贯彻实施，从宪法和法律的角度确保党始终发挥总揽全局、协调各方的领导核心作用。所以，这种基于法治对于民主所具有的客观性的制度性保障作用，以及共产党对于法治模式的主动性的选择，再加上共产党本身的执政本质，共同实现了"法治、民主、政党"三者的统一，具体而言，就是"发展社会主义民主政治，最根本的是要把坚持党的领导、人民当家作主和依法治国有机统一起来"①。

（二）依法治国和以德治国"相互结合"

法治与德治实际上在我国古代的社会政治生活中都曾经作为主要的国家治理方略而被选择，但是汉朝之后基本上形成了"德主刑辅"的治理关系。以江泽民为代表的党的领导集体实现了从传统德法"主辅"模式向"依法治国"和"以德治国"的"结合"模式的发展。

---

① 江泽民. 江泽民文选（第三卷）[M]. 北京：人民出版社，2006：553.

古代德法关系的关系是"主辅模式"①。在中国古代社会经济、政治、文化条件下，"礼治"或"德治"与"法治"思想都有自己存在的客观依据，之所以主张"德"是由中国古代社会自然经济基础和宗法制度所决定，儒家的"礼治"必然居于主导的地位；之所以主张"刑"则是由于德治本身存在的不足所导致的，当通过德治无法实现伦理秩序时候，必然需要刑罚来进行保障，所以，法家的"法治"必然处于辅助地位，所以，二者的结合以及儒法互补格局也就是必然的。这种互补的格局体现为"德主刑辅"，即在两者的关系上区分了"主"与"辅"。具体而言，就是将道德作为法律的基础。这种基础性主要体现在两个方面。一方面，法律成为实现或达到伦理目的的工具。如果一个行为违背纲常礼仪这才是其受到刑罚的理由，所以，刑罚在儒家眼中虽然有必要，但是这种必要性仅仅是一种工具必要性，也就是说，实施刑罚的目的是实现纲常礼仪的要求。另一方面，法制本身就具有浓厚的伦理色彩②。法治服从于德治的思想集中体现为对于刑罚内容的伦理性界定，主要体现为以"重罪十条"为核心的罪名体系，体现为"八议""亲属相为隐""三从"为主要内容的制度设计。

中国特色社会主义法治中的"德法"的关系是"结合模式"。以江泽民同志为代表的党的第三代领导人在明确了法治和德治的优缺点的基础上，提出要同时开展"依法治国"和"以德治国"，而这样，就必然也会涉及两种治理模式之间关系的处理。在两者关系上，中国共产党没有采取"先后模式"，而是在十五大报告中明确提出了"以德治国"和"依法治国"的"结合"模式，这样，即提出了两者关系模式的新类型——"有机结合"，而这种"结合"具体体现理论和实践两个方面。

首先，"德法结合"的理论前提是辩证统一。在经典马克思主义的视野下，对于德法关系的论证采取了一种创新性的思路。一般而言，在讨论道德与法律关系时候，往往将讨论的视野局限在就两者而讨论两者，而马克思主义则跳出了这种仅仅局限于两者进行关系型讨论的传统思维，引入了第三者来探讨道德与法律的关系，具体而言，就是引入了经济基础这一概念。在经典马克思主义看来，法律和道德都是上层建筑的组成部分，作为上层建筑都

①　万高隆. 德法合治：历史沿革、时代价值与未来方向［J］. 岭南学刊，2020（02）：90-98.

②　张晋藩. 德法共治：中国传统法文化的精髓［N］. 北京日报，2018-11-05（15）.

是由经济基础所决定，这样，道德与法律由于具有统一的经济基础，所以两者之间的关系必然具有统一性。

其次，"德法结合"的实践表现为互补展开。在经典马克思主义的道德与法律辩证统一的关系认识影响下，这种"结合关系"在实践中具体体现为"互补展开"。"互补展开"主要体现为两种治理方式在规范领域和规范手段方面的互补性。就规范领域而言，法治主要规范人们的行为，而德治主要规范人们的思想；就规范手段而言，法治主要依靠的国家强制力，以其权威性和强制手段规范社会成员的行为；德治则主要依靠历史习俗，社会观念和主体内在信念，以其说服力和劝导力提高社会成员的思想认识和道德觉悟。同时由于两者具有共同中国特色社会主义实践的治理基础，具有相同的维护社会秩序的治理功能，两者都具有同样的实现全面建设小康社会的治理目标。这样，两者之间在治理实践上呈现出极大的互补性。

第四节　中国特色社会主义法治理论的深化

进入新时代以来，胡锦涛同志根据新世纪新阶段的新特点，继续推进法治实践，实现了法治本质论上"社会主义法治理念"的创新，法治建设论上"以人为本"法治建设的推进，法治价值论上"社会公正"和"社会和谐"的追求，进一步推动了马克思主义法治理论的中国化发展。

一、确立社会主义法治理念

在对于法治本质论的发展方面，以胡锦涛为代表的中国共产党人提出了"社会主义法治理念"，这样，就在意识形态维度对法治进行了极大的拓展，使得法治从宏观层面的"意识形态"深入到微观层面的"法治理念"。

（一）社会主义法治理念的渊源提出

从理念渊源来看，柏拉图最先提出了"理念"，而在法学领域中引入"理念"的则是黑格尔，其在《法哲学原理》中明确了这一表述，后来，拉德布鲁赫区分了法的概念和法的理念，指出了法的理念是指"法的应当是什么"，法的概念是强调实际上"法是什么"，法治理念是对于法治的一种理想型的表达，是主体对于法治应当发挥作用的一种理想型的期望和认识。就是在这种意义上，胡锦涛同志针对我国法治的实际情况，从"应当"的角度为社会主义法治的发展提出了一种"应然"性的目标指向。

从提出历程来看，2006 年，以胡锦涛同志为总书记的中共中央开始旗帜鲜明地提出了社会主义法治理念这一命题；2006 年 4 月 29 日，十届全国人大常委会第二十一次会议通过的加强法制宣传教育的决议中明确了实施法制宣传教育第五个五年规划"增强全体公民的社会主义法治理念和爱国意识、责任意识以及权利义务观念"；2006 年 10 月 11 日，中共十六届六中全会通过了《中共中央关于构建社会主义和谐社会若干重大问题的决定》，进一步强调要"树立社会主义法治理念，增强全社会法律意识"①，这样，就从和谐社会构建这一战略任务的高度出发凸显了"法治理念"和"法治意识"的重要性；2011 年 4 月 22 日，十一届全国人大常委会第二十次会议在关于法制宣传教育第六个五年规划的决议中，又进一步重申了有关增强全体公民的社会主义法治理念的要求。

（二）社会主义法治理念的内容定位

从内涵定位来看，社会主义法治理念是一种整体性、层级性和价值性的观念性认识。

从认识的整体性来看，社会主义法治理念是对法治传统认识论的一种在"观念"突破。这种突破体现为将"法治"作为一种理念"定位"对待，这样，就在"理念"层面具体充实了"法治观念"，这一内容涵盖了对于社会主义法治实践中的法治的核心、价值、功能、目标、性质等在观念层面的进一步拓展，这样，就进一步将法治从"制度内容"向"观念内容"进行了拓展，丰富了法治的本质维度.

从认识的层级性来说，社会主义法治理念具有了承上启下的定位，其一方面是对社会主义法治精神、法治信仰的进一步细化，通过"理想化"的理念确立来培育主体的精神希冀和巩固主体的信仰追求，同时也是对于社会主义法治原则和法治制度的高度概括，实现对于具体的法治建设的理想指引。

从认识的价值性而言，社会主义法治理念更多针对的是对于社会主义法治在"应当"层面所进行的描绘，并通过这种"应当"描绘为当前的"实

---

① 《中共中央关于构建社会主义和谐社会若干重大问题的决定》（2006 年 10 月 11 日），见：中共中央文献研究室. 十六大以来重要文献选编（下）[M]. 北京：中央文献出版社，2011：648.

际"提供一种方向性指引，同时为现实的法治建设发展提供一种价值保障。这种价值性保障和制度性保障不同，其更多是让"法治"在"社会主义"的理想指引中不断前行，实现人们对于"法治"与"社会主义"两种美好目标期望的"价值交汇"。

从内容构成上看，社会主义法治理念主要包括了"依法治国、执政为民、公平正义、服务大局、党的领导"五大内容；这五大内容有机统一，其中，依法治国是核心内容，执法为民是主体立场，公平正义是价值追求，服务大局是功能指向，党的领导为本质保证，这五大内容的实际上是有机统一的理论整体。

首先，明确"依法治国"是法治理念内容核心。依法治国就是强调人民群众在党的领导下，运用宪法和法律管理国家和社会，管理经济文化和其他事业，保证国家各项工作的依法进行，作为理念内容的核心，胡锦涛除去强调各级行政机关"依法行政"，司法机关"依法司法"，公民个人"依法办事"之外，更是创造性地提出了作为执政党的共产党要"依法执政"。这样，就凸显出了"依法治国"的关键，为习近平法治思想中进一步明晰"依法治国关键是依法执政、依宪执政"奠定了思想基础，实现了对于社会主义法治理念"核心"中"核心"的定位，即"依法治国"是"社会主义法治理念的核心"，而"依法执政"又是"依法治国"的核心内容。

其次，明确"执法为民"是法治理念主体立场。执法为民实际上是我国社会主义人民性的政治立场在法治执行中的具体体现。我国的国体是人民民主专政的社会主义国家，而我国的政体就实行的是人民代表大会制度，而如果从执政党的宗旨来说，中国共产党的宗旨是全心全意为人民服务，这样，就三方面都要求在我国的法治方面必然要实行"人民法治"的基本主体价值立场。"权力属于人民"更加要求"权力要用于人民"，通过法治的不断完善实现对于人民的利益的保护和权利的弘扬，这一要求必然也要体现在具体的法治运行环节，"执法"就是对于法律的适用和法律的执行的统称，现实中，法律的制定由全国人大及其常委会制定，这种人民代表大会立法的制度设计可以确保"立法为民"，而法律的执行更多的是体现为微观的行使层面，这一层面较之立法层面缺乏有效的群体性的"民主制约"，这样，就更加需要明确"为民"的理念，防止"法治"的执行出现形式化倾向，明确"法治"执行的主体价值立场。

再次，明确"公平正义"是法治理念价值追求。新世纪新时期新阶段，中国处于巨大的社会转向变革之中，各种社会利益不断碰撞，社会矛盾较为突出，这个时候，人们对于社会公平正义的追求就更加迫切，法治对于公正正义而言是最后一道制度性屏障，尤其是司法公正更是实现公平正义的最后一道防线，所以，法治理念必然也要以公正作为其价值追求。这样，社会主义价值理念的一个创造性的贡献，就是在法治理念的内部，第一次将"公平正义"作为法治理念的价值追求进行确立，明确了社会主义法治的根本价值遵循，为习近平法治思想中对于"公平正义"的进一步细化和凸显奠定了价值基调。

又次，明确"服务大局"是理念的功能指向。和西方资产阶级法治理论可能陷入"法律拜物教"不同，胡锦涛法治观对于法治的作用和定位更加辩证全面，其认为法治一方面具有独立性的自身内在功能指向，同时，法治也具有工具性的外在的任务功能指向，而这一点，胡锦涛法治观将法治理念和中国共产党所肩负的历史使命紧密联系在一起的。导致这一情况出现的原因在于政党类型的不同，西方的政党主要体现为"选举党"，而中国共产党则更加具有"任务党"的属性，一方面，中国共产党的最高目标是实现共产主义，但是在不同历史时期，其也结合不同的实际国情制定阶段性的最低目标，这样"最低目标"和"最高目标"都是会在法治领域中体现出来，通过发挥法治的制度保障、制度支撑、制度规范作用，为"大局"服务，不是为了"法治"而"法治"，而是为了实现更高的任务目标来开展法治。

最后，明确"党的领导"是法治理念本质保证。党的领导体现在法治理念中，主要有两个方面的缘由。首先，法治的推必须依靠主体的领导。从新中国成立之后的法治实践来看，经验已经证明，只有当执政党重视法治的时候，法治才能有效推进，而当执政党弱化法治地位的时候，国家就会进入法治衰退时期，这说明法治的实行必然需要有人来推动、落实；其次，从理论逻辑来看，经典马克思主义从来都不认为法律是上帝或者绝对精神的产物，法律是主体发挥主观能动性的认识结果，法治同样也是主动在遵循规律的基础上发挥主观能动性的治理实践，这样，法律或者法治的进行就必然需要具体主体的落实，而在所有的落实主体中，必然需要有一个主体进行整体性的领导。这一领导主体对于法治实践中存在的各种复杂关系，发展所需要的各种社会资源去协调，去统筹，而在中国，无论是从主体的思想先进性和能力丰富性的角度考虑，只有中国共产党才能做好上述工作。所以，在当代中国，必须要在社会主义法治理念中明确"党的领导"居于本质地位，明确"党的领导"才是法治发展的根本保证。

二、法治建设要"以人为本"

胡锦涛法治建设论方面注重通过赋予个体权利来实现法治建设，进而将党的全心全意为人民服务的宗旨落实到法治建设上来，实现个体权利的法治化确认，法治化维护和法治化发展。

可以说，相较于邓小平从政治反思的角度重启法治建设的大幕，江泽民强调从经济与法治的互生推动法治进步，胡锦涛则更加关注法治与人的关系，尤其是法治与人的基本权利之间的关系。科学发展观的核心是"以人为本"，这种核心也在法治中得到充分体现。而坚持以人为本则必须要通过人的权利来彰显，而在人的权利中，基本人权又是权利之基，所以"以人为本"的法治建设必然体现为"人权入宪"的法治化确立。

在一个相当长的时期内，我国法学界在对法律的概念认知更多强调其是规范性文件的总和，对于法治的特性认知更多强调法治运行的规范性和强制性，所以，对强调法治的普遍约束力更多从"消极意义"上而不是从"积极意义"上去认识法治与作为主体的"人"的关系。

在"积极意义"的层面，胡锦涛在任期内实现了"人权入宪"，推动了中国人权的历史性跨越。2004年3月14日十届全国人大二次会议上通过了中华人民共和国宪法修正案，修正案第二十四条规定"国家尊重和保障人权"。这一通过意味着我国法治历史从夏商时期的神权法律观、封建社会的君权法律观、民国资本主义社会的物本法治观向社会主义人本法治观的发展。

实际上，如果回到经典马克思主义理论，就会发现，在马克思眼中，人本身首先是自由的，自由是"合乎理性的本质"，对于理性的人来说，自由毋宁是"迫切的需要"，"如果不自由是人的本质，那么自由就同人的本质相矛盾"①。其次，自由本质的实现也必须要自由。马克思认为作为人类本质体现的自由，必须通过一定的形式表现出来。"自由不仅包括我靠什么生存，而且也包括我怎样生存，不仅包括我实现着自由，而且也包括我在自由地实现自

---

① 中共中央马克思恩格斯列宁斯大林著作编译局. 马克思恩格斯文集（第1卷）［M］. 北京：人民出版社，2009：88.

由。"① 再次，这种自由的实现就推导出了人的基本自由即基本权利的法治化，"因为法律上所承认的自由在一个国家中是以法律形式存在的"。"法典是人民自由权利的圣经"②，"法律不是压制自由的措施，正如重力定律不是阻止运动的措施一样"③。胡锦涛将自由法治化，塑造法治意义上的基本人权，是对于马克思上述权利理论的进一步凸显和发展。

"人权入宪"的法治意义就在于通过法律的确立、选择和救济实现了具体的权利主体在一个群体的理性所构建的共融框架之下能够是保证作为社会主体个体地位的独立性，并且在地位独立的基础上，实现其行为自由选择的可能性，为其行为自由划定行为空间，进而实现个体自身利益的追求满足。这种确立在社会主义社会中尤为重要，人民是国家权力的来源，那么人民首先就必须要享有多样性的权利的制度化肯定，以及对于多样性权利行使的外部制度化保障。从人类历史的法治文明发展趋势就可以看出，其越来越充分的尊重了人的主体性地位，越来越反映人的主体性价值，越来越拓展主体权利自由空间。所以，"人权入宪"更加有利于实现从"义务性"规范向"权利性"授权的转变，更加能够转变以往"重义务轻权利"的法治内容设置，真正地实现马克思所强调的"权利与义务的辩证统一"。

三、法治要保障"社会公正"促进"社会和谐"

在法治价值论方面，胡锦涛更加关注法治的公正和和谐价值，实际上，这主要是有由当时国内新阶段所面临的新矛盾所决定的。如上文所言，要想实现和谐社会，就必然要弘扬主体应当享有的基本"人权"，但是在一个社会中，当每一个享有权利的主体都行使其自身权利，这个时候就可能发生"权利碰撞"，这样，就必须要通过包括法治在内的一系列的治理工具来进行"权利协调"，就法治而言，其涉及的是通过"公正"实现"和谐"。

（一）经济公平要从"兼顾"走向"更加注重"

胡锦涛法治观众对于法治公正正义的价值取向确立不是从抽象理论推导

---

① 中共中央马克思恩格斯列宁斯大林著作编译局．马克思恩格斯文集（第1卷）［M］．北京：人民出版社，2009：77．

② 中共中央马克思恩格斯列宁斯大林著作编译局．马克思恩格斯全集（第1卷）［M］．北京：人民出版社，1995：411．

③ 中共中央马克思恩格斯列宁斯大林著作编译局．马克思恩格斯全集（第1卷）［M］．北京：人民出版社，1995：162．

出来，而是从现实社会矛盾推导出。随着中国经济社会发展，对于公平正义的价值需求就愈加迫切。改革开放之后，针对以前将"共同富裕"实现方式错误地理解为通过"平均"方法来实现，所以，在经济领域提出了"效率优先、兼顾公平"的原则，但是随着我国进入了发展的新阶段和新目标，尤其是2002年党的十六大在设定全面建设小康社会的奋斗目标时，深化分配制度改革中提出"初次分配重视效率，发挥市场的作用，鼓励一部分人通过诚实劳动、合法经营先富起来。再分配注重公平，加强政府对收入分配的调节职能，调节差距过大的收入"①，这样，从初次分配和再分配两个环节通过"重视"和"注重"的不同话语表达对于针对"效率"和"公平"两者之间的关系进行了重新定位。2012年党的十七大报告又提出"初次分配和再分配都要处理好效率和公平的关系，再分配更加注重公平"②。这样，对十六大提出的初次分配要注重效率，再分配要注重公平进行了进一步的突破；强调无论初次分配还是再分配，都要注意处理好公平与效率的关系，其中再分配要更加注重公平。

（二）公平要从经济领域拓展到社会领域

2005年2月，胡锦涛在省部级主要领导干部专题研讨班上明确提出把公平正义作为社会主义和谐社会的质的规定性之一，这样，对于公平的理解就必须要突破现有的经济分配领域，而是要从整个社会建设的宏观视角来进行掌握。与此同时，胡锦涛对于公平正义的概念内涵也做了具体界定，深刻揭示了公平正义的本质性要求，即"要妥善协调处理社会利益关系"③。这样，对公平正义就实现了从宏观的整体把握和微观的具体要求的系统阐发。2007年，中共十七大报告则进一步从经济、政治、文化、社会各个方面对于公平正义进行了全面性规定，从经济领域来看，强调"合理的收入分配制度是社

---

① 江泽民：《全面建设小康社会，开创中国特色社会主义事业新局面》（2002年11月8日），见：中共中央文献研究室．十六大以来重要文献选编（上）［M］．北京：中央文献出版社，2011：15.

② 胡锦涛：《高举中国特色社会主义伟大旗帜，为夺取全面建设小康社会新胜利而奋斗》（2007年10月15日），见：中共中央文献研究室．十七大以来重要文献选编（上）［M］．北京：中央文献出版社，2009：16.

③ 胡锦涛：《在省部级主要领导干部提高构建社会主义和谐社会能力专题研讨班上的讲话》（2005年2月19日），见：中共中央文献研究室．十六大以来重要文献选编（中）［M］．北京：中央文献出版社，2011：710.

会公平的重要体现"①，明确了"初次分配和再分配都要处理好效率与公平的关系，再分配更加注重公平。"从政治领域来看，要"扩大社会主义民主，更好保障人民权益和社会公平正义"②；从法治领域来看，要"加强宪法和法律实施，坚持公民在法律面前一律平等，维护社会公平正义"同时要"要通过深化司法体制改革，建设公正、高效、权威的社会主义司法制度"③。

（三）社会公平关键要实现利益和谐

胡锦涛同志明确了公平正义必要处理好社会利益关系的和谐平衡，而要想实现社会利益的协调和谐，必须从两个角度来开展，首先，从"发展"的角度来实现"公平"，即以科学发展观来引领公平，"在促进发展的同时，把维护社会公平放到更加突出的位置"④，通过不断的发展才能实现本质的公平；其次，要从机制的角度实现公平，即要"形成能够全面表达社会利益、有效平衡社会利益、科学调整社会利益的利益协调机制"⑤；再次，要明确社会公平的内容，即"综合运用多种手段，依法逐步建立以权利公平、机会公平、规则公平、分配公平为主要内容的社会公平保障体系，使全体人民共享改革发展的成果，使全体人民朝着共同富裕的方向稳步前进"⑥。这样，就明确了社会公平的三大维度，权利公平、机会公平和规则公平。为下一层次依托法治建设实现社会和谐提供了具体着力点。

----

① 胡锦涛：《高举中国特色社会主义伟大旗帜，为夺取全面建设小康社会新胜利而奋斗》（2007 年 10 月 15 日），见：中共中央文献研究室．十七大以来重要文献选编（上）[M]．北京：中央文献出版社，2009：15.

② 胡锦涛：《高举中国特色社会主义伟大旗帜，为夺取全面建设小康社会新胜利而奋斗》（2007 年 10 月 15 日），见：中共中央文献研究室．十七大以来重要文献选编（上）[M]．北京：中央文献出版社，2009：18.

③ 胡锦涛：《在省部级主要领导干部提高构建社会主义和谐社会能力专题研讨班上的讲话》（2005 年 2 月 19 日），见：中共中央文献研究室．十六大以来重要文献选编（中）[M]．北京：中央文献出版社，2011：712.

④ 胡锦涛：《在省部级主要领导干部提高构建社会主义和谐社会能力专题研讨班上的讲话》（2005 年 2 月 19 日），见：中共中央文献研究室．十六大以来重要文献选编（中）[M]．北京：中央文献出版社，2011：712.

⑤ 胡锦涛：《在省部级主要领导干部提高构建社会主义和谐社会能力专题研讨班上的讲话》（2005 年 2 月 19 日），见：中共中央文献研究室．十六大以来重要文献选编（中）[M]．北京：中央文献出版社，2011：712.

⑥ 胡锦涛：《在省部级主要领导干部提高构建社会主义和谐社会能力专题研讨班上的讲话》（2005 年 2 月 19 日），见：中共中央文献研究室．十六大以来重要文献选编（中）[M]．北京：中央文献出版社，2011：713.

（四）利益和谐必须依托法治公平

利益的调整必须要依靠各种措施，而其中制度调整是所有的调整方式中本身就最具有公正性，所以，胡锦涛同志提出："要从法律上、制度上、政策上努力营造公平的社会环境，从收入分配、利益调节、社会保障、公民权利保障、政府施政、执法司法等方面采取切实措施，逐步做到保证社会成员都能够接受教育，都能够进行劳动创造，都能够平等地参与市场竞争、参与社会生活，都能够依靠法律和制度来维护自己的正当权益。"① 可见，在所有的制度化调整中，法律作为具有刚性的制度模式是实现利益公平的首选方式，从法治实践来看，法治能够有效地通过规则公平实现初始的机会公平以及最终结果的权利公平。

就机会公平而言，是强调通过法律将社会发展的机会公正地赋予每一个社会成员，其实际上涉及分配正义，让每一个公平能够享受平等的社会资源分配，胡锦涛强调："应该坚持社会公平正义，着力促进人人平等获得发展机会。"②

就规则公平而言，则包括规则的制定、规则的内容和规则的执行三个方面的公平。规则的制定是指每一个规则所可能影响的主体都可以在规则制定的过程中发表自己的意见；规则的内容则是指规则本身不应当具有非合理的歧视性，同时规则必须逻辑自洽周延，内容清晰明确；规则执行则强调"规则遵守的平等性"，否认存在"特权"，所有人都必须同样的遵守规则，"坚持法律面前人人平等"。

就权利公平而言，其包括权利应然和实然两个层面的公平。应然层面的公平是一种形式公平，或者机会公平，对于机会公平，前述已经做了分析，这里更加强调的是实然层面的实质公平，或者公平的实现。不考虑主体之间事实上的差异性而进行同样的权力设置，实际上是最大的不平等。所以，胡锦涛法治观中对于实质公平的追求主要做到了三个方面，第一方面必须对于弱势群体进行倾斜性的权利保护，第二方面，要关注矫正正义，对于失衡的权利初始配置及时矫正；第三方面则要对国家权力进行法治化的约束，规范

① 胡锦涛：《在省部级主要领导干部提高构建社会主义和谐社会能力专题研讨班上的讲话》（2005 年 2 月 19 日），见：中共中央文献研究室．十六大以来重要文献选编（中）[M]．北京：中央文献出版社，2011：713．

② 胡锦涛：《深化交流合作实现包容性增长》（2010 年 9 月 16 日），见：中共中央文献研究室．十七大以来重要文献选编（上）[M]．北京：中央文献出版社，2011：221．

公权力的运行，实现对于个体性基本权利的保障。

第五节　新时代中国特色社会主义法治理论的创新

习近平法治思想是马克思主义法治理论中国化最新成果，是习近平新时代中国特色社会主义思想的重要组成部分，是全面依法治国的根本遵循和行动指南①。整体来看，习近平法治思想内容丰富，涉及法治理论的各个环节，其法治思想的核心要义在于法治建设论的"十一个坚持"，同时习近平法治思想对法治本质论、法治价值论、法治结构论等方面也作出了重大的原则性贡献。在习近平法治思想指导下，我国全面依法治国方略稳步推进，并在实践中取得了重大成效，朝着社会主义法治强国的目标稳步前行。

习近平法治思想的核心在于"十一个坚持"②，从理论方位而言，其主要聚焦于"全面依法治国"的法治建设论，系统回答了在中国特色社会主义法治建设进入了新时代之后如果进一步推进"全面依法治国"；从理论辐射而言，"十一个坚持"虽然聚焦于法治建设，但是也辐射到了法治本质论、法治价值论、法治结构论、法治功能论等方面。

从内容上看，"十一个坚持"是指坚持党对全面依法治国的领导；坚持以人民为中心；坚持中国特色社会主义法治道路；坚持依宪治国、依宪执政；坚持在法治轨道上推进国家治理体系和治理能力现代化；坚持建设中国特色社会主义法治体系；坚持依法治国、依法执政、依法行政共同推进，法治国家、法治政府、法治社会一体建设；坚持全面推进科学立法、严格执法、公正司法、全民守法；坚持统筹推进国内法治和涉外法治；坚持建设德才兼备的高素质法治工作队伍；坚持抓住领导干部这个"关键少数"。对这"十一个坚持"进行梳理，其构成了一个逻辑严密、内容完整的法治建设论体系，从多个角度全面阐释了"全面依法治国"建设方略。

---

① 张文显. 习近平法治思想的基本精神和核心要义 [J/OL]. 东方法学：1.
② 公丕祥. 习近平法治思想：新时代伟大社会革命的理论产物 [J]. 法学论坛，2021，36 (01)：5.

一、全面依法治国的建设意义和保证

（一）全面依法治国是基本方略、治理革命和建设保障

习近平主要从基本方略、治理革命和建设保障三个方面来阐释全面依法治国的重要意义。

首先，全面依法治国是新时代坚持和发展中国特色社会主义的基本方略。习近平法治思想充分认识到全面依法治国是党领导人民治理国家的治理方略，在国家治理方略的选择上，习近平坚持将法治作为基本方略。在习近平看来，对于我国这样一个人口众多、地域辽阔、民族多元、国情复杂的大国，只有通过法治才能保证国家统一、法治统一、政令统一、市场统一；只有通过法治才能实现经济发展、政治清明、文化昌盛、社会公正、生态良好①；也只有运用法治，通过法治，才能充分在法治的轨道上完善国家治理制度，进而充分实现中国特色社会主义"集中力量办大事"的制度优势更好地转化为国家治理效能。

其次，全面依法治国是国家治理的一场深刻革命。习近平明确了要在法治轨道上推进国家治理体系和治理能力现代化，要实现国家治理方略的转换，而这种转换就过程和结果来看，不次于在国家治理领域开展一场广泛而深刻的革命。习近平总书记指出，和之前更多地依赖于政策治理、命令治理、运动治理相比，依法治理，即法治既是国家治理体系和治理能力的重要依托，同时又是推进国家治理体系和治理能力现代化的发展轨道，通过全面依法治国，有效实现国家治理体系变革和发展的系统性、规范性、协调性。

再次，全面依法治国是社会主义现代化建设的有力保障。选择法治作为基本方略很大程度是由于任务的复杂性和艰巨性所决定，习近平法治思想从实现中华民族伟大复兴的历史任务的长远考虑出发，通过法治来保障中国特色社会主义事业发展、制度完善、道路探索，通过法治保障强化现代化建设的道路定力，这样就深刻回答了为什么要全面依法治国的问题。科学指明了全面依法治国的战略保障作用，明确了在现代化强国的过程中，只有依靠法治的力量，充分发挥法治固根本、稳预期、利长远的重要作用，才能更好应对重大挑战、抵御重大风险、克服重大阻力、解决重大矛盾，为新时代全面建设社会主义现代化强国，实现中华民族复兴提供强有力的规则保障。

---

① 习近平．习近平谈治国理政（第二卷）［M］．北京：外文出版社，2017：86.

（二）党的领导是全面依法治国建设的根本保证

习近平法治思想明确提出了要坚持党对全面依法治国的领导。在习近平看来，党的领导对于全面依法治国具有三种不同的地位意义。首先，党的领导是中国特色社会主义法治之魂，其次，党的领导是中国特色社会主义法治同西方资本主义国家法治最大的区别，再次，党的领导对全面依法治国而言是根本政治保证。这样，从内部的"灵魂"到外部的"区别"标识再到最外部的根本"保证"，进一步明确了执政党和依法治国之间的核心关系——"领导关系"。

党对法治的领导要求是法治建设的自身的特点所决定的，全面依法治国贯穿立法、执法、司法、守法各环节，涵盖法治国家、法治政府、法治社会建设各领域，涉及国家改革发展稳定各方面，必须有一个强有力的指挥中枢。而中国的政治国情是只有中国共产党才能总揽全局、协调各方，所以，必须要发挥党的领导核心作用，坚持党领导立法、保证执法、支持司法、带头守法，健全完善党领导全面依法治国的制度和工作机制，推进党的领导制度化、法治化，确保全面依法治国正确方向。从中国的法治实践历史来看，只有中国共产党才能担负起领导人民全面推进依法治国的历史使命和时代重任，同时要明确，全面依法治国和党的领导是辩证统一的，全面依法治国本身就是要一种加强和改善党的领导的方式，就是党开展领导、进行执政和推进建设的新方略。

二、全面依法治国的建设方向和道路

（一）以人民为中心是全面依法治国的建设立场

立场问题回答"为什么人"的问题。习近平总书记指出，推进全面依法治国，根本目的是依法保障人民权益。面对这新时代人民群众对于美好生活的向往，法治必须发挥制度供给的保障作用，切实保障人民利益。而这种人民为中心的立场主要体现在三个方面。

尊重人民主体意志。马克思主义认为"人民群众是历史的创造者"，习近平总书记提出，"要坚持人民主体地位，切实保障公民享有权利和履行义务"①。尤其是在社会主义制度下，通过广泛而真实的民主，让人们实现了当

---

① 习近平. 习近平谈治国理政（第二卷）［M］. 北京：外文出版社，2017：38.

家作主，人民具有广泛的管理国家各项事务的权力，而这种管理权力集中体现在人民代表大会制度，人民代表大会在一方面作为最高国家权力机关的同时又是国家的最高立法机关，这样，人们的主体意志必然通过人民代表大会的立法权来实现，这样，实现了法治意志的人民指向。

维护人民基本权益。马克思主义政党的宗旨是"全心全意为人民服务"，这就意味着人民的利益高于一切，而任何一种法治都要指向一定的利益。在我国，中国特色社会主义法治必然指向的最为广泛的群体利益，即人民利益。习近平总书记深刻指出，"要把体现人民利益、反映人民愿望、维护人民权益、增进人民福祉落实到依法治国全过程"①，"加强人权法治保障，保证人民依法享有广泛权利和自由"②，这样，法治就不是为了资本，而是为了人民，体现了法治利益的人民指向。

依靠人民建设法治。习近平总书记强调，"全面依法治国最广泛、最深厚的基础是人民"③，所以，必须在全面依法治国的过程中充分践行群众路线，相信群众、依靠群众，坚持从群众中来，到群众中去。紧紧依靠人民群众的力量推进全面依法治国实践，增强人民群众在立法、执法、司法、守法等法治建设实践中的参与感，发挥人民群众的主体作用，调动人民群众厉行法治的积极性和主动性，实现法治建设的人民指向。

（二）中国特色社会主义法治道路是全面依法治国的根本道路

道路问题决定发展方向问题。中国特色社会主义法治道路是在马克思主义法治理论中国化指导下所形成的一条符合中国法治国情的正确道路，这一道路的特色体现在三个方面。

首先，要明确这条道路不同于西方法治发展道路。所以，决不能照搬别国模式和做法，要坚决反对西方"宪政"，而是要坚持我国法治道路中的"依宪执政"，要坚决反对西方"三权鼎立"而是要坚持我国"人民代表大会至上"的政治体制设计，要坚决反对西方"司法独立"，而要坚持我国的"司法权独立行使"。

其次，要明确中国特色社会主义法治道路本质上是中国特色社会主义道路在法治领域的具体体现。这条道路体现了中华民族的法治理想，传承了中

① 习近平．习近平谈治国理政（第一卷）［M］．北京：外文出版社，2018：88.
② 习近平．习近平谈治国理政（第一卷）［M］．北京：外文出版社，2018：90.
③ 中共中央文献研究室．习近平关于全面依法治国论述摘编［M］．北京：中央文献出版社，2015：48.

华民族的传统法制文化，同时，这一条道路也符合当前我国的社会主义市场经济制度的基本要求，符合我国社会主义民主政治制度所需要的法治需求，是在当代法治国情的基础上长期发展、渐进改进、内生性演化而得来的。

再次，要明确中国特色社会主义法治道路是一条不断探索和发展完善的道路。这条法治道路的获得是经过了党的历代领导集体不断摸索，为人民所选择拥护，并且取得了巨大成绩的一条道路。从理论来看，这条道路符合法治发展的科学性原理；从现实来看，这条得到人民的拥护；从效果来看，这条道路快速地让我国进入了法治时代，是一条指引着中华民族走向法治国家乃至法治强国的法治大道。

三、全面依法治国的建设布局和路径

（一）全面依法治国的双重布局定位

习近平法治思想深刻回答了全面依法治国如何谋篇布局的问题，科学指明了中国特色社会主义法治的双重布局定位。党的十八大以来，党中央提出了社会主义现代化建设"五位一体"总体布局和"四个全面"战略布局，而法治在上述两个布局中都具有十分重要的意义。

首先，全面依法治国是"四个全面"战略布局其中之一。在四个全面战略布局中，"全面依法治国"主要起到"保障"作用，和"全面深化改革"一起，一破一立，进而在"全面从严治党"的领导作用机制下实现"全面建设现代化"。现在我国已经实现了"全面建成小康社会"，开始朝着"全面建设现代化国家"进行前进，而在"现代化国家"的目标中，不仅包括农业、工业、军事、科技现代化，党的十八大还明确地提出了第五个现代化，即"国家治理体系和治理能力的现代化"①，而要想实现这一现代化，必然要选择治理方式的变革道路，即要坚持在法治轨道上推进国家治理体系和治理能力现代化。所以，习近平法治思想明确了"法治"在治理现代化建设中所发挥的轨道性、支撑性、规范性作用。

其次，全面依法治国也是"五位一体"整体布局的内容之一。"五位一体"的整体布局包含了政治建设的布局，其目标是为了实现建成政治民主的社会主义现代化强国，而强大的民主政治必然需要强大的法治来进行制度保障。所以，这一政治强国必然也同时是法治强国，这样，法治建设必然也是

---

① 习近平. 习近平谈治国理政（第一卷）[M]. 北京：外文出版社，2014：25.

现代化强国的建设内容和建设目标之一，同时，法治文明的不断进步也是一个国家社会进步的重要标志。所以，具有中国特色的现代化法治必然也是我国成为社会主义现代化强国的重要外在标识，而这一标识必然体现为经济、政治、文化、社会、生态"多领域""全范围"的依法治国。

中国特色社会主义法治体系是全面依法治国总抓手①。法治体系理论是习近平法治思想的重要理论构成和原创贡献。在党的十八届四中全会之前的，在依法治国的基本方略中，中国共产党更加重视的"法律体系"的建设，而随着中国特色社会主义法律制度体系的构建完成，就必然要提出更高的要求，而"法治体系"则实现了从静态体系到动态体系的转化②。如果说，中国特色社会主义法律体系是中国特色社会主义制度的法律表现形式，那么中国特色社会主义法治体系则是实现全面依法治国基本方略的重要抓手。

建设中国特色社会主义法治体系是中国共产党提出的具有原创性、时代性的法治概念和理论之一，明确了全面依法治国的目标和方向，对全面依法治国具有纲举目张的意义。从法治体系的建设内容来看，必须要加快形成法律规范、法治实施、法治监督、法治保障和党内法规体系，尤其是党内法规体系，构成了法治体系中最具有中国特色的组成部分。从法治体系的建设目标来看，上述几个方面的构成部分都具有其不同的建设目标，具体而言，法律规范体系要统一权威、法治实施体系要规范严格、法治监督体系要集中严密、法治保障体系要全面有力、党内法规体系要科学完备，只有在具备上述特点的五大体系的作用之下，才能从亚里士多德所提出了"法治"走向中国特色社会主义所强调的"良法善治"，所以，习近平总书记指出，要把建设中国特色社会主义法治体系既要作为总抓手，也要作为建设目标进行推进。

（二）全面依法治国建设共同性和一体化路径推进

首先，全面依法治国的建设要坚持依法治国、依法执政、依法行政共同推进。

依法治国是党领导人民治理国家的基本方略，依法执政是党治国理政的基本方式，依法行政是政府行政活动的基本准则。"全面"依法治国必然要求

---

① 习近平．关于《中共中央关于全面推进依法治国若干重大问题的决定》的说明［A］//
人民出版社．中共中央关于全面推进依法治国若干重大问题的决定［M］．北京：人民出版社，2014：48．

② 李龙．中国特色社会主义法治体系的理论基础、指导思想和基本构成［J］．中国法学，2015（05）：15．

在国家治理的各个领域都必须要做到"依法而治"，而就国家治理的主要领域而言，其包括了执政党的执政以及各个国家机关依据自身的职能对于国家各项事务的治理，具体而言，包括立法机关、行政机关、司法机关、监察机关在各自职能范围内依照法律的规定开展工作。而这其中，立法机关、司法机关以及监察机关的工作和法治的联系天然就比行政工作更加具有紧密性，行政工作由于其本身所具有的面向未来，范围庞杂，任务繁重的特性，导致了其是依法治国的重要性却薄弱性的环节，所以要特别强调依法行政。因此，依法治国就具有两个重要部分，一个是执政党要依法治执政，一个是各级政府要依法行政，这样，依法治国、依法执政、依法行政共同推进就有效的回应了法治中国建设中的重点和关键。

其次，要坚持法治国家、法治政府、法治社会一体建设。

全面依法治国是一项系统工程，其建设推进必然也要求进行系统化的布局，而法治国家、法治政府、法治社会一体建设正是这种系统化布局的体现。如果从系统结构的角度来观察一个国家，就会发现一个国家虽然包括了多个系统构成部分，但是在所有的构成部分中，有两个最为主要的组成领域，即政府和社会。从治理方式来看，社会治理包括了法治、德治、自治等多种治理方式，而政府治理也包括了政策治理、命令治理、法律治理等多种方式①。法治国家就要求社会和国家在上述多种治理方式中必须将法治作为治理底色来看待，在其他治理方式和法律治理发生冲突时候，一定凸显法治的最高权威性，这样，就实现了政府治理和社会治理这两个关键领域的法治化治理实现，进而就可以实现整个国家走向法治化治理的轨道。从治理逻辑关系来看，法治国家是法治建设的目标，对法治社会和法治政府起到目标指引作用，法治社会是构筑法治政府和国家的基础，而法治政府则是法治国家建设的重点和主体，对法治社会建设具有示范带动的反作用，所以，实现三者之间的协调发展一体建设，增强法治建设的系统性、整体性、协同性。

四、全面依法治国的建设任务和方针

（一）依宪治国、依宪执政是全面依法治国的首要任务

如上文所言，全面依法治国是个系统工程，但是任何系统都是多样矛盾

---

① 应松年. 加快法治建设促进国家治理体系和治理能力现代化 [J]. 中国法学，2014 (6). 42.

的统一体，而在矛盾统一体中必然有主要矛盾，这就要求开展系统化的全面依法治国工程必须要善于重点突破，抓住首要任务。习近平法治思想明确："坚持依法治国首先要坚持依宪治国，坚持依法执政首先要坚持依宪执政。"①科学明确了中国特色社会主义法治建设的任务重点。

首先，依法治国必然要求坚持依宪治国。宪法在整个中国特色社会主义法律体系中处于最高地位，是国家的根本法，是治国安邦的总章程。任何法律都不允许和宪法冲突，所以，依法治国必然要将依宪治国放在首要地位，实现宪法的最高权威，而宪法权威的实现不能仅仅靠其在法律体系种的静态地位来实现，更为重要的是将这种体系定位权威转化为动态实施中的实际运行权威，而这就要求开展宪法实施和宪法监督，尤其是在针对"人"和针对"法"两个层面来进行开展。就针对"人"而言，重要的是开展公职人员宪法宣誓活动，设置宪法日，让公职人员和普通人员在日常工作和生活中感受到宪法的权威。就针对"法"而言，则是要开展各类法律法规的合宪性审查备案，维护国家法制和法治统一，这样，通过加强宪法实施和监督，提升宪法的实施水平。

其次，依法治国必然要求中国共产党依宪执政。从逻辑的角度而言，既然党的执政地位已经由国家根本大法进行了确立，那么执政党就必须要依据根本大法的规定开展执政，全面依法治国要求国家的一切政党、社会组织、个人都要在法律的范围内开展活动，这其中的"一切政党"必然包括了作为执政党的中国共产党，其中的"开展活动"也必然包括中国共产党的执政活动。实际上，党不但要在法律内"遵守"法律，更应当"带头遵守"法律。宪法是对国家根本制度、基本制度和重要制度的规定，而这必然涉及党的领导制度、人民代表大会制度、单一制国家结构、人民基本权利和义务、国家基本机构设置的相关规定，而这些规定都要求执政党在执政的过程中必须要依宪遵守，依宪执政。

（二）"科学立法、严格执法、公正司法、全民守法"是全面推进依法治国的新十六字建设方针

党的十八大明确了全面依法治国新的建设方针，即"科学立法、严格执法、公正司法、全民守法"。新的十六字方针对于全面依法治国不同运行环节

① 人民出版社．中共中央关于全面推进依法治国若干重大问题的决定［M］．北京：人民出版社，2014：19．

提出了具体化的差异性建设要求。

立法环节要推进科学立法，以良法保障善治。立法是社会主义法治建设的首要环节，是全面依法治国的起点，今天的立法要从"有法"必须走到"良法"，"良法"就是要能够立出高质量的法。习近平总书记指出"推进科学立法、民主立法，是提高立法质量的根本途径。"

执法环节要推进严格执法，保证法律严格实施。习近平总书记指出"全面推进依法治国的重点应该是保证法律严格实施"①，"法治的生命在于实施"②，可以说，严格规范公正文明执法，事关人民群众切身利益，事关党和政府法治形象，事关法治建设的落实推进。

司法环节要推进公正司法，守护社会公平正义。从价值指向来看，公平正义涉及是法治的程序价值蕴含、内在价值负载和外在价值追求。实际上，立法、执法、司法三个环节都必须凸显公正，但是上述所有法治环节对公平正义的地位还是具有差异性，其中司法公正是法治公正的"最后一道防线"。这种"最后一道防线"具有两重含义，首先，司法公正是法治公正的最后防线，在执法中遭遇的不公的最后一种救济方法就是通过司法来矫正。其次，司法公正是社会公正的最后一道防线，司法救济是个人权利救济和社会矛盾解决的最后一种救济途径，是一种社会公正底线救济，所以，司法工作人员的底线要求必须要做到"公正司法"，这是树立社会主义法治公信力和法治优越性的关键所在。

守法环节要推进全民守法，培育良好法治环境。推进全民守法是全面依法治国的基础性工作。当前推进全民守法，需要进一步加强普法，让法治信仰根植于人民心中，只有形成全民守法的氛围，才能共建法治国家。在中央全面依法治国工作会议上，习近平总书记特别指出，普法工作要在针对性和实效性上下功夫，特别是要加强青少年法治教育，不断提升全体公民法治意识和法治素养，这就为新时代推进全民守法提出了要求，对普法工作的开展指明了方向。

---

① 中共中央文献研究室. 习近平关于全面依法治国论述摘编 [M]. 北京：中央文献出版社，2015：42.
② 中共中央文献研究室. 习近平关于全面依法治国论述摘编 [M]. 北京：中央文献出版社，2015：42.

五、全面依法治国的建设统筹和保障

（一）统筹建设国内法治和涉外法治建设

从一个国家来看，其法治领域由国内法治和涉外法治两个方面构成；从全球范围来看，法治领域由主权国家的国家法治、国际组织法治、全球法治三种类型构成。涉外法治在国内法治和国际组织法治、全球法治之间发挥着桥梁纽带、互动融通的作用，必须以统筹国内国际两个大局的视野来进行统筹推进。

首先，世界百年未有之大变局在加速演变，国家之间的竞争越来越体现为制度竞争和规则竞争。法治制度和法治规则是一个国家的核心制度，习近平总书记已经明确"法治是国家核心竞争力的重要内容"①。所以，要想在国际舞台上立于世界民族之林，就必须要加强国内法治建设，进而通过内部建设提升对外的法治竞争力。

其次，随着我国在世界舞台上发挥的作用越来越大，扮演的国际角色越来越重要，就必然在复杂的国际环境中接受越来越多的国际挑战。多样性的国际挑战就需要我国通过涉外法治来维护国家的主权、安全、发展利益，这样，加强涉外法治建设必然是题中之义和迫切需要。从全球方位来看，虽然各个国家的文化历史可能不同，但是对于法治规则和法治框架的遵循却具有高度认同性②，所以要加快涉外法治工作战略布局，提高运用法治思维和法治方式应对挑战、防范风险、反制打压的能力。

再次，目前全球治理也在发生深刻变革，推动全球治理进一步朝着公正、平等、共享的方向发展，也需要中国善于统筹推进国内法治和涉外法治。通过加快我国法域外适用法律体系建设，着眼国内国际两个大局，协调推进国内治理和国际治理，积极参与网络、极地、深海、外空等新兴领域国际规则的制定，积极参与国际规则制定和全球治理，增强我国在国际法律事务和全球治理体系变革中的话语权和影响力，以中国法治智慧推动新型国际关系构建，推动人类命运共同体构建。

（二）抓住领导干部"关键少数"对象和建设高素质法治队伍

全面依法治国的推进要依赖于"人"的参与，即需要工作主体和工作对

---

① 习近平．习近平谈治国理政（第二卷）［M］．北京：外文出版社，2017：102.

② 张中秋．中西法治文明历史演进比较［J］．南京社会科学，2015（5）：77.

象的参与。工作对象要抓关键对象，即"关键少数"，而工作队伍则要建设"高素质"法治队伍。

首先，"路线确立之后，干部是关键"。从工作职权来看，领导干部具体行使党的执政权和国家立法权、行政权、监察权、司法权，其必然是全面依法治国的深度参与者，同时，这种参与者的身份着重体现为其必然是全面推进依法治国的重要组织者、推动者、实践者。在我国，领导干部尤其是高级领导干部的行为具有示范带头作用，其对于法治的遵循会成为普通工作人员以及人民群众的学习模仿对象，所以，其行为对法治建设既可以起到关键推动作用，也可能起到致命破坏作用，所以"关键少数"的行为在很大程度上决定着全面依法治国的方向、道路、进度，是检测全面依法治国"含金量"高低的重要尺度。因此，要想实现全面依法治国就必须推动领导干部尊法学法守法用法，不断提高其运用法治思维和法治方式深化改革、推动发展、化解矛盾、维护稳定、应对风险的能力，以实际行动带动全社会崇德向善、尊法守法。

其次，全面依法治国的推进必然需要人才队伍来建设。法治的推进必然需要具体的队伍来落实，当前我国的法治队伍主要有法治工作和法治服务两支队伍。针对法治工作队伍，习近平明确提出要"加快推进法治专门队伍革命化、正规化、专业化、职业化建设，加强理想信念教育，深入开展社会主义核心价值观和社会主义法治理念教育，要忠于党、忠于国家、忠于人民、忠于法律"①；针对法治服务队伍，则要"教育引导法律服务工作者坚持正确政治方向，依法依规诚信执业，认真履行社会责任，满腔热忱投身社会主义法治国家建设"②。

---

① 中共中央文献研究室. 习近平关于全面依法治国论述摘编 [M]. 北京：中央文献出版社，2015：38.
② 中共中央文献研究室. 习近平关于全面依法治国论述摘编 [M]. 北京：中央文献出版社，2015：38.

下篇

02

马克思主义法治理论中国化的基本规律与创新维度

第四章

马克思主义法治理论中国化的路径、动力与特点

在探究了马克思法治理论中国化的历史发展过程之后，就需要对这一中国化过程所呈现出来的路径模式以及发展特点、发展动力以及压力障碍进行总结分析。任何一个理论的发展都会受到历史和现实的共同影响，从历史来看，一个国家和民族的法治发展必然会体现出其自身的价值传统，这些价值传统在其发展的过程中又会形塑这个国家法律发展的民族特质①。同时，一个国家的现实法治国情也制约着其法治理论发展的路径拓展空间，所以，在这种历史与现实、实践与理论的相互作用的过程中，一个国家就会形成其法治理论发展的独特路径。

第一节　马克思主义法治理论中国化的生长路径

实践展开路径决定理论发展路径。马克思主义法治理论中国化的发展路径呈现出"生长性"的特殊型态，这种型态为中国法治现代化的实践路径所形塑。就法治现代化的实践路径而言，如果以一个国家法治发展动力来源的方向性作为判定标准，那么可以将法治现代化区分为两种模式，一种是内部演进型模式，一种是外部诱发型模式②。

---

① 范忠信. 移植法制的民族化改良（笔谈）——传统法治资源的传承体系建设与法治中国化［J］. 学习与探索，2016. 11–13.

② 付子堂. 法理学进阶［M］. 北京：法律出版社，2005：212.

一、马克思主义法治理论中国化的生长性路径辨识

（一）两种法治现代化发展路径

内部演进型法治现代化路径，主要是指通过一个社会的内在因素所导致的发展演进，这一发展的特点就是演进时间相对比较漫长，演进过程可能会出现一定程度的反复，演进动力来自社会系统内部结构性因素的交互作用。在很多情况下，这种演进是通过自下而上的方式进行的，从演进的变化程度而言，其具有渐进性发展的特质。从历史上看，当代西方资本主义国家的法治进程主要体现为此种模式。可以说，这一模式，也符合马克思主义所强调的"经济基础—上层建筑"的社会分析框架。

外部诱发型法治现代化模式，主要是指经由一个社会的在外部力量来冲击实现法治的发展变化，这一发展的演进时间相对比较短暂，演进过程会出现极大的剧烈变动，演进的动力来自外部的冲击性因素①，这种外部的冲击性因素会点燃一个社会内在的交织矛盾，进而实现通过外因来诱发内因，在很多情况下，这种演进是通过自下而上的方式进行的，从演进的变化程度而言，其具有突变性的发展特质。从历史上看，很多发展中国家往往采取了此种模式。可以说，这一模式，符合马克思主义所强调的矛盾斗争（包括阶级矛盾、民族矛盾、生产力和生产关系的矛盾）所引发的"革命—改革"的社会进步机理。

实际上，上述两种发展路径更多是从诱发因素的角度进行的分类。从近代各个国家发展的历史情况来看，一些先迈入法治现代化阶段的国家，主要采取的是第一种内部演进型的路径，更多地体现为一种主动型的姿态来拥抱现代化。而后迈入法治现代化阶段的国家，更多是采取第二种外部诱发型的路径，体现为采取一种被动型的姿态来拥抱现代化。而在法治发展比较迟缓的国家，特别在一些殖民地半殖民地国家，国内矛盾和民族矛盾不断交织，矛盾对立极为严重。反映在法治领域，往往表现为法治发展的西方化与民族化的矛盾，这种矛盾往往在一定程度上演化为法治发展的义务性导向和权利性导向之间的争斗，这样，获得法治主权和争取个体权利往往成为这些国家实践改革和理论发展的动力和目标。

---

① 信春鹰．法律移植的理论与实践［M］．广州：广东科技出版社，2007：177．

（二）中国法治现代化发展路径的特殊性

比较上述两种路径，就会发现，外部诱发型较之内部演进型国家，在法治现代化进程中政府介入的程度要更深一些，力度要更大一些，政府往往会极大地发挥政治能动性，成为法治现代化进程的直接组织者和推动者。而对于中国法治现代化的理论和实践发展路径，在理论界一直存在相对较大的争议，有学者认为是中国是内部演进型，有学者认为是外部诱发型。甚至有学者认为是混合型，存在的内部演进和外部诱发的双重因素①。本文比较支持第三种观点，认为中国法治现代化的路径是一种混合型的发展路径，但是这种混合型的路径是否简单体现为内外互动，这值得商榷，对此，就需要对于其发展路径进行更加精确的辨识。

中国法治现代化必然包括了法治理论的现代化，而这种法治理论的现代化在中国现实的语境下就具体表现"马克思主义法治理论中国化"这一话语表述。如上文所言，如果接受了中国的法治现代化是一种混合型的发展路径，那么马克思主义法治理论中国化也必然体现为这种混合型路径发展型态。但是，这里，就需要明确，上文这种简单的"内外互动"的方式是否能够完全从理论上对于中国化过程中的所有"混合形态"进行完全覆盖？本文认为，混合型形态是正确，但是，"内外互动"仅仅是混合型态的一种子类型，马克思主义法治理论中国化的发展路径呈现出一种更加复杂的生长型混合形态景观。

客观来说，近代中国作为一个落后的国家，在封建社会末期，其自身也的确开始孕育出了现代法治意识的萌芽②，明末清初就出现了黄宗羲的"天下之法"的思想，但是，这种朴素的现代法治萌芽如果能否顺利发展演进成长形成一种具有中华法系文化传统的现代化法治型态？这是一个未知之数，仅仅可以预见的是，如果能够顺利地发展，那么这种发展路径是一种典型的内在演进型的发展模式，但发展结果是否成功无法做出准确判断。但是，历史的进程在这里却发生了巨大的变化，由于帝国主义的侵略导致上述内发的演进过程被打断，救亡图存成为近代中国各领域发展的共同主题，在法治理论内，各类西方的法治思想被开始引进过来试图实现这一任务。所以，从实际的历史进程来看，在近代中国法治现代化的历史运动中，中国一直处于被

① 朱振辉. 从传统法律文化到法治现代化的路径选择［J］. 理论建设，2012（5）：48-50.
② 张中秋. 中西法治文明历史演进比较［J］. 南京社会科学，2015（5）：77-84.

123

外域法律文化的强大压力和冲击之下①。

从历史来看，这种冲击主要集中体现为两种外来法治理论的移植过程。第一次法治移植，是孙中山领导的"中华民国"对于欧美资本主义法治理论的引入，第二次法治移植，是毛泽东创建的中华人民共和国对于马克思主义法治理论以及苏联社会主义法治理论的引入。马克思主义中国化则是第二次移植的具体过程体现。可以说，异质的法治文化型态的存在本身就像"一颗种子"一样，为中国的法治现代化提供了一种可能性，而这颗"种子"是否能够成长与壮大，则取决于其是否能够适应中国的"法治国情"这一特殊的"生长环境"。可以说，在这种"生长"型态的隐喻之下，很难仅仅通过上述的"内外"简单化的划分来描述马克思主义法治理论的中国化发展过程，而需要通过更加综合的型态类型对于其"生长"路径进行精确描述。

二、马克思主义法治理论中国化生长性路径型态

按照马克思主义对于社会的分析，如果将社会作为一个综合系统进行分析，就会发现，其由政治，经济，文化等多种要素成，而法治仅仅是社会的若干个构成要素之一，其要实现"生长"就必然和其他各种要素进行互动，进而呈现出更多的互动型态。结合上一章节马克思主义法治理论中国化发展历程可以看出，这一生长性路径型态体现为理论发展汲取资源的"内外互动"、理论发展推动力量的"先后融合"、理论普及路径方式的"相互反哺"三个特点。

（一）由外部至内部的发展互动前行

马克思主义法治理论中国化的过程体现为了从外到内的发展路径。就外部而言，外部法治理论包括了两类，一是马克思法治理论，二是西方资本主义法治理论，而这两种法治理论型态本身就处于一种对立统一的关系中。就马克思主义法治理论中国化而言，对于经典马克思主义法治理论的引入是题中之义，是中国特色社会主义法治的"种子"，但是对于资本主义法治型态是否应当引入呢？

从历史经验看，一开始时候，中国共产党对于"法治"这一词语本身的理解经历了一个发展过程，刚开始时，更多将"法治"直接理解为资本主义

---

① 沈荣华．法治现代化论［J］．苏州大学学报，2000（4）：8-11.

"法治"，继而基于意识形态的抗拒对其进行了"排斥"①。党的十一届三中全会之后，随着改革的深入和开放大门的不断敞开，中国法治和世界法治文明不断接轨，中国共产党进一步明确了"法治"的必要性，并开始有选择地吸收西方"法治"的先进经验，这样，就实现了从简单"排斥"到理性"吸收"的转变，这一点，正如邓小平同志所言，"不要给自己设置障碍，不要孤立于世界之外。根据中国的经验，把自己孤立于世界之外是不利的。要得到发展，必须坚持对外开放、对内改革，包括上层建筑领域的政治体制改革。中国执行开放政策是正确的，得到了很大的好处。如果说有什么不足之处，就是开放得还不够"②，在法治建设方面"必须大胆吸收和借鉴人类社会创造的一切文明成果，吸收和借鉴当今世界各国包括资本主义发达国家的一切反映现代社会化生产规律的先进经营方式、管理办法"。这样，上述法治理论就成了"养料"③。

在吸收了上述外部理论形态之后，就会进入内部形态在这一方面，中国法治必然要受到传统中华法制文化的影响，同时也要受到现有的国民法治心理的制约。所以，中国历史传统和社会现实两个维度不可忽视，前者正如法治现代化过程中的"土壤"，为其提供"温床"，后者正如"气候"，为其提供了现实"环境"。关于这一点，邓小平同志也曾指出"中国的事情要按照中国的情况来办，要依靠中国人自己的力量来办"④。只有立足于中国本土的实际情形，才能走出一条具有中国特色社会主义现代化道路。

从上述两者内外之间的关系而言，则出现了"互动"特征。在现实"气候"、文化"土壤"以及理论"养料"的作用下，中国化"法治"理论的幼苗不断发展壮大，以马克思主义法治理论为根基，不断吸收外来优秀法治理论和继承优秀传统法制文化，实现互动前行。

（二）先政治后经济的发展动力融合

马克思主义法治理论中国化的过程体现出一种先政治后经济的发展路径。

从近代中国的法治发展顺序来看，在民主革命时期的法治直接发端于"政治"方面"救亡图存"的需要；新中国成立之后，法治的推行则是基于

---

① 王人博. 中国特色社会主义法治理论研究［M］. 北京：中国政法大学出版社，2016：88.

② 邓小平. 邓小平文选（第三卷）［M］. 北京：人民出版社，1993：202.

③ 邓小平. 邓小平文选（第二卷）［M］. 北京：人民出版社，1993：322.

④ 邓小平. 邓小平文选（第一卷）［M］. 北京：人民出版社，1993：102.

"政治方面"巩固政权的需要；党的十一届三中全会以后，邓小平发展"法治理论"也是基于十年浩劫带来的必须实现"民主法治化"的政治需求。新中国成立之后的"五四宪法""七八宪法""七九宪法""八二宪法"都是政治力量的直接诉求体现和直接形塑的结果①。

党的十四大开始确立了经济体制改革的目标是"社会主义市场经济"，之后法治理论发展的动力开始从"政治力量"换挡为"经济力量"，"市场经济"本身自带的"规则经济"特性开始在"法治"理论层面得到释放，法治理论在经济的发展推动之下得到不断完善。理论发展的动力从"民主"需要升级到"经济"需求。

党的十八大之后，明确提出了"国家治理体系现代化和治理水平现代化"的新要求，这样，就开始将法治定位为"治理体系"的重要组成和"治理现代化水平"的重要体现。而治理则包括了"经济政治社会生态"的多个层面，于是，法治建设的目标从政治层面就体现为"法治政府"，从经济层面则体现为"法治社会"，两者共同结合构成了"法治中国"。政治层面和经济层面开始出现了相互融合的态势。这样，当代中国法治理论发展变革的主要动力来自社会内部存在着的现代市场经济和民主政治建设需要所形成的强大现实合力，开始从"经济需求"开始升级为"治理需求"。

（三）从行为到信仰的发展方式反哺

法治理论的发展还需要法治理论的普及，法治精神的树立。如果法治理论没有被大众掌握，法治建设就是空中楼阁。一般情况下，任何一个理论的民族化过程，一般都是先在精神思维层面进行一定程度的认知确立，然后才能够在行为方式层面实施展开，马克思主义法治理论中国化的过程也遵从这一逻辑，这一点上，典型地体现在法治建设的领导主体——中国共产党身上。

中国共产党作为政党，其具有典型的先锋队特征。作为一种先进分子构成的政治组织，中国共产党善于学习和接受最新的理论知识，并在此基础上树立最先进的信仰。就法治领域而言，李大钊、陈独秀等最早的一批共产先进分子引进并开始在中国传播马克思主义法治理论②，也是中国共产党人最早开始在实践中开展法治建设，提出"依法治国"方略，以及"法治中国"建

---

① 王人博. 中国特色社会主义法治理论研究［M］. 北京：中国政法大学出版社，2016：212.

② 公丕祥，蔡道通. 马克思主义法律思想通史（第三卷）［M］. 南京：南京师范大学出版社，2014：88.

设目标,这一过程,实际上是一种"理论接受—信仰树立—行为实践"的模式展开,但是,这并不意味着每一个普通的民众都也可以实现这一认知发展路径。

从历史国情来看,中华民族的历史文化传统中一直以来都存在缺乏民主和法治传统,相较于"法治",普通民众对"人治"和"德治"的文化认同感更强,所以,如果要实现"法治"从态度认知到行为模式的快速转变难度较大。在这一方面,中国共产党人反其道而行之,开创了一种从行为到态度的路径发展型态。即首先通过实现法治运行,通过制定法律来转变个体行为模式,接着,在个体行为转变的过程中,慢慢地实现其态度思维的适应性转变,最终实现精神层面的信仰提升,实现了一种从行为到信仰的理论普及发展路径型态。

就行为层面,强化法律的遵守和服从。在行为层面,通过执法的强化,明确主体参与社会活动实施个体行为的时候都必须要以法律为依据,不得违反法律规范,使得主体接受法律的约束,履行法定的义务,承担相应的法律责任,服从法律管理。这样,通过严格执行,实现了第一步在日常生活中逐步培养尊重法律权威的习惯,改变了主体的行为模式。

就态度层面,强化法律的思维和信仰。通过主体行为层面的改变,使其感受到法律在运行过程中所具有的规则刚性,在运行结果上感受到权利保护的规则目的,进而实现主体从行为层面的模式改变向态度思维层面模式转变的递进,让主体增强对法律的敬畏感、信任感、认同感。将行为习惯内化为态度思维,最终实现全民对于法治的信仰。

这样,从外部行为的遵守法律、服从法律进而发展到内部的精神世界对于法治的信仰树立,实现了从"行为实践—态度转变—认知建立"的发展路径。从理论上看,这一路径模式符合社会社会心理学领域的"自我展示"理论和"认知不协调"理论。"自我展示"理论强调"个体不不希望让别人觉得自己言行不一,当二者不统一时,人们倾向于伪装自己的态度"①,这样,在个体在行为模式层面必须要服从强制性规范的时候,这个时候,为了让自己言行一致,其就会改变自己的态度;而"认知不协调理论"则强调"当行为与态度有差异时,人们会感受到心理上的压力与紧张,为了缓解这种感觉,

---

① 金盛华,张杰. 当代社会心理学导论 [M]. 北京:北京师范大学出版社,1995:244.

态度会逐渐向行为转变"①，这样，主体如果在行为模式上受到了法治的规范，那么，为了缓解行为与态度之间的差异，就会改变自己的态度，而主体一旦在态度层面进行了转变，那么这种转变又反过来会对行为模式的转变进行反哺，使得行为模式从第一阶段的"遵守行为模式"转变为"维护行为模式"，甚至主动的敢于对于违法现象做斗争，实现了从"被动型"向"主动型"行为模式的转变，促使主体最终转变为法律权威的守望者、公平正义的守护者、规则维护的护法者，实现主体在法治的行为和态度层面辩证统一。

第二节　马克思主义法治理论中国化的动力与障碍

任何一个国家的法治的发展必然有其产生的动力源，马克思主义认为发展动力来自对立统一的矛盾关系。同时，发展的过程中，除去发展动力之外，还存在发展的不利条件，而这种不利条件就体现为发展阻碍，而如果从更宏观的层次来审视发展动力和发展阻碍，就会发现，两者在更高的层次上又构成了一种对立统一关系，可以说，马克思主义法治理论中国化过程中体现了发展动力和发展障碍两者之间对立与统一。

一、马克思主义法治理论中国化的矛盾动力

马克思主义法治理论中国化的发展动力整体体现为一种理论和实践层面之间的张力，或者更加准确说，是理论或者实践的现状和法治现代化的目标之间所存在的一种落差，而这种落差就是推动马克思主义法治理论中国化不断发展与前行的动力。

（一）理论层面推动中国化马克思主义法治理论发展的矛盾动力

马克思主义是一种科学性理论，但是任何一种科学理论本身也面临这发展性和适用性的问题。随着我国社会主义法治理论形塑和实践建设的开展，如果直接将经典马克思主义的法治理论拿来使用，将会在理论层面产生三个方面的适用落差，而这三个落差就构成了理论层面的发展动力。

---

① ［美］戴维·迈尔斯. 社会心理学［M］. 侯玉波，乐国安，张志勇，译. 北京：人民邮电出版社，2006：301.

1. 理论逻辑跳跃导致的论证模糊

如上文所述，虽然马克思主义里面有丰富的法治理论，但是由于法治并不完全是马克思主义的中心主题，所以，其法治理论的相关内容的阐述上就有待进一步细化，在论证其经济基础上层建筑的法治理论时候，更多是从宏观的角度进行了"决定和反作用"的阐释，这样，就需要后面的马克思主义者来对"决定和反作用"的机制或者逻辑进行精细化的阐释。列宁在构筑苏联法治理论时候，提出了"阶级工具论"的法律论创新，但是这一理论被西方学者认为存在一定的"独断论"的倾向①，可以说，列宁的"阶级工具论"试图细化马克思法治逻辑的历史任务还需要进一步推进。同样，在马克思主义法治理论中国化的过程中，中国共产党人必须要对马克思列宁主义的法治理论的逻辑展开进行进一步的融贯完善，在理论发展和完善的过程中将这一"作用机制"阐释完成。

2. 理论位阶抽象导致的适用困难

如上文所述，马克思主义法律理论更多的是一种抽象的科学理论，或者更多是一种原理性的指导，这种抽象原理性的特点集中体现在其对未来共产主义社会中法治的可能性畅想，从文本来看，马克思本人对于未来社会的新型法治的目标主要集中在对于"自由人的联合体"的论证。

在《经济学手稿（1857—1858 年）》中，马克思提出人类社会发展形态的三大阶段。第一阶段作为最初的社会形态体现为"人的依赖关系"，在这种形态下，人的生产能力只是在狭窄的范围内和孤立的地点上发展着；第二阶段的形态是以物的依赖性为基础的人的独立性形态，在这种形态下，才形成普遍的社会物质变换，全面的关系，多方面的需求以及全面的能力的体系；第三阶段的形态是建立"在个人全面发展和他们共同的社会生产能力成为他们的社会财富这一基础上的自由个性"②。第二个阶段为第三个阶段创造条件。这种最终"自由人联合体"的论证必然是马克思主义法治的目标，但是不可否认，这一论证十分具有抽象性色彩。

虽然马克思也在巴黎公社运动中开展了新型法治建设的探索，其认为"公社是由巴黎各区通过普选选出的市政委员组成的。这些委员是负责任的，

---

① [英] 休·柯林斯. 马克思主义与法律 [M]. 邱昭继，译. 北京：法律出版社，2012：52.

② 中共中央马克思恩格斯列宁斯大林著作编译局. 马克思恩格斯选集（第 3 卷）[M]. 北京：人民出版社，1995：760.

随时可以罢免。其中大多数自然都是工人或公认的工人阶级的代表。公社是一个实干的而不是议会式的机构，它既是行政机关，同时也是立法机关。警察不再是中央政府的工具，他们立刻被免除了政治职能，而变为公社的负责任的、随时可以罢免的工作人员。所有其他各行政部门的官员也是一样。从公社委员起，自上而下一切公职人员，都只能领取相当于工人工资的报酬"①。但是该探索更多针对的是经济文化比较发达的西方国家法治探索，同时，由于巴黎公社存在的时间很短，所以，法治建设的探索不够充分，并未取得较为成熟稳定的全新法治模式，也就没有对于如何实现"全体人的自由"提供法治建设路径的具体解决方案，而这些都需要中国共产党人在进行社会主义现代化建设中来进行回答。

3. 理论背景变化导致的方位转变

马克思主义法律理论虽然具有科学性，但是其从具体的内容和主题上看，其必然也会被所诞生的时空背景所限制。

从时间背景来看，马克思主义法律理论主要诞生在 18—19 世纪。这一时期的时代背景是战争与革命，所以，其理论更多地在开展批判性活动，而很少对实践性的建设性活动进行展开。但是，当前我国已经进入了中国特色社会主义发展的新时代，面对的时代背景是和平与发展，开展法治实践的主题已经从"批判"转为"建设"②。

从空间背景来看，该理论主要针对的是西方欧洲资本主义国家的法治问题而提出。当然，晚年马克思也认识到东方社会的特殊性，明确指出在《资本论》中以英国为例所做的分析及其关于社会发展规律的概括对于西欧以外的国家和地区不适用。东方社会具有不同国情，村社制度则有其特殊的封闭性和孤立性，在村社制度基础上矗立着专制国家；他也充分意识到如果能够发展并改造农村村社的古老形式，就能够将这种农村公社改造成"俄国社会新生的支点"③。但是这更多是停留在初步分析构想阶段。

上述三点原因，决定了马克思主义法治理论不能够直接为半殖民地半封

---

① 中共中央马克思恩格斯列宁斯大林著作编译局. 马克思恩格斯选集（第3卷）［M］. 北京：人民出版社，1995：55.

② 杨宗科. 马克思主义法学的当代价值［J］. 法律科学（西北政法大学学报），2019, 37（1）：3-14.

③ 中共中央马克思恩格斯列宁斯大林著作编译局. 马克思恩格斯选集（第1卷）［M］. 北京：人民出版社，1995：213.

建社会的东方落后大国——中国的法治现代化难题提供直接答案和现成方案，这种以革命和批判为主题、而缺乏日常建设性的法治经验的马克思主义法律理论就需要中国共产党在社会主义法治现代化建设中进行补充。这就需要中国共产党人必须立足于马克思主义法治理论，继承中华法治传统，吸收国外先进法治经验，走出一条独特的法治建设发展和演进路径，为人类探索文明社会法律发展的多样性图式以及东方社会的法治现代化目标开辟一种新的道路。

（二）实践层面推动中国化马克思主义法治实践前行的矛盾动力

中国共产党人抛弃了对于马克思主义法治理论的"教条式"理解，而是聚焦于实践，尤其是法治中国建设过程中的实践矛盾，从宏观、中观和微观三个层面发掘促进马克思主义法治理论中国化发展的实践动力。

1. 宏观上中国特色社会主义新时代法治存在主要矛盾

党的十九大报告提出中国特色社会主义进入新时代，生产力和生产关系之间的根本性矛盾没有变化，但是主要矛盾发生了变化，已经转化为"人民群众对美好生活需要和不平衡不充分的发展之间的矛盾"。这一论断必然也适用于法治领域。

就我国面临的复杂多变的宏观环境形势而言，当前，我国的改革进入攻坚期和深水区，国际形势复杂多变，我们党面对的改革发展稳定任务之重前所未有、矛盾风险挑战之多前所未有①，社会矛盾和问题的交织叠加对于全面依法治国的任务要求愈加繁重，依法治国在党和国家工作全局中的地位更加突出、作用更加重大。可以说，如果要想实现我国和平发展的战略目标，就必须更好发挥法治的引领和规范作用。

就我国国内进入社会主义新时代的现实环境而言，人民对美好生活的制度需要和法治的现实制度供给之间存在着差距，一方面人民美好生活需要日益广泛，不仅对物质文化生活提出了更高要求，而且必然在法治领域对于公平、正义的要求日益增长；另一方面虽然我国的依法治国战略已经得到了初步落实，但是，在法治领域仍然存在法治作用发挥不平衡和不充分的问题。可以说，上述两方面分别是客观环境适应要求与现实法治制度供给可能，美好法治生活主观愿望需求与现实法治制度供给不充分之间的矛盾，这两种矛盾必然构成了推动马克思主义法治理论和实践不断前行的主要矛盾动力。

---

① 习近平. 习近平谈治国理政（第二卷）[M]. 北京：外文出版社，2017：112.

2. 中观上中国特色社会主义要素构成之间存在结构矛盾

按照经典马克思主义的社会结构构成，社会可以分为经济基础和上层建筑两个部分，而这两个部分之间的矛盾和生产力与生产关系之间的矛盾作为根本动力共同推动了人类社会不断前行。如果我们将视野从宏观的矛盾构成转向中观，以中国共产党在十八大报告所明晰的"五位一体"总体布局作为分析框架，可以将社会构成要素分为经济、政治、文化、社会、生态五个方面，其中法治属于"政治"领域，这样，结合马克思主义的经典的二分法，从法治的中观角度来切入分析，就会发现，法治的发展的动力其不仅包括了作为社会基础建筑的经济和作为上层建筑的法治之间的矛盾，还包括了上层建筑中政治和法治、文化和法治、生态和法治之间的矛盾，出现了多样态的矛盾交织。

就经济基础与法治的关系而言，经济社会的发展确实会吁求政治和法治体制的变革，政治和法治则要不断改革以回应经济社会发展要求，这样才能维持自身的活力与合法性。改革开放之前，面对着当时的国情，如果要发展，必然要选择计划性经济体制，通过集中的方式快速地进行经济发展，这样，这种计划性的经济体制必然在上层建筑体现为一种政策型治理模式。党的十一届三中全会之后，开始充分地认识到了市场的作用，尤其是党的十四大明确提出了经济体制的改革目标是建立社会主义市场经济，这样，对于资源的配置从计划体制转化为市场体制，这就要求上层建筑中的治理模式要转化为一种法治型治理模式。所以，马克思主义法治理论的中国化的过程必然也是不断地体现经济基础和治理模式的相适应的过程①。

就上层建筑中政治和法治的关系而言，如上文所言，一直以来，我国都是将法治定位为政治的一个内在组成部分，定位为一种"阶级统治性工具"②。新中国成立之后，法治的工具定位侧重于巩固政权，强调法治的专政功能；随后，在吸取了"文革"的经验教训之后，法治的工具性定位侧重于保障民主的制度化，定位为"民主保障性工具"。今天，进入了中国特色社会主义新时代，为了实现中华民族伟大复兴，法治的"工具性"定位更加全面，深入到了治党，治权，治军等不同的领域，开始慢慢强调法治对各类权力

---

① 张明. 新中国成立 70 年来马克思主义中国化的基本经验［J］. 东南学术，2019（4）：52.

② 王人博. 中国特色社会主义法治理论研究［M］. 北京：中国政法大学出版社，2016：23.

"规范治理性工具"的定位，同时，也强调法治对于人民基本人权的"权利保障性工具"的定位，在上述过程中，中国化马克思主义法治理论的形成发展也是对中国社会经济、政治在形态转变、结构升级方面的积极回应。

3. 微观上中国特色社会主义法治领域存在现实矛盾

微观层面则主要聚焦于法治领域内部运行过程中所面临的各种具体矛盾。这些矛盾是法治领域在内部的实践发展中所面临的一系列现实难题，体现在法治发展的各个具体环节。

立法方面，从法律的内容角度来看，有的法律法规未能全面反映客观规律和人民意愿，问题针对性和现实可操作性都不强①；从立法的主体角度而言，主要存在着部门化倾向，争权诿责现象；执法与司法方面，就执法体制而言，由于设置不合理仍然存在权责脱节、多头执法、选择性执法现象，就执法过程而言，执法司法行为不规范、不严格、不透明、不文明现象仍然较为突出，就执法公正而言，群众对执法司法不公和腐败问题的反映仍然较为强烈，执法公信力不够强；守法方面，从守法主体而言，部分社会成员尊法信法守法用法、依法维权意识不强，遇事不找法，更多的是找关系或者倚重上访等非法律救济渠道，而一些国家工作人员，特别是处于一些管理岗位、关键岗位、核心岗位的领导干部依法办事观念不强、能力不足，存在知法犯法、以言代法、以权压法、徇私枉法的现象②。上述立法、执法、司法、守法四个领域的问题是社会主义法治实践前行的微观矛盾，而这些矛盾的出现就必须要中国特色社会主义法治理论发展涵盖宏观发展和微观完善两个方面。

可以说，从实践层面看，宏观上中国特色社会主义新时代法治面对的主要矛盾是马克思主义法治理论中国化发展的根本动力，中观上中国特色社会主义经济、政治、法治之间的结构矛盾是结构动力，微观上中国特色社会主义法治领域现实存在的内部矛盾是直接动力，三者共同构成了法治理论中国化的实践动力，而这种实践动力本身又和理论动力之间形成了"实践——理论"的发展互动关系，最终实现中国特色社会主义法治实践和法治理论的互生发展。

---

① 中共中央文献研究室. 习近平关于全面依法治国论述摘编［M］. 北京：中央文献出版社，2015：23.

② 中共中央文献研究室. 习近平关于全面依法治国论述摘编［M］. 北京：中央文献出版社，2015：28.

二、马克思主义法治理论中国化的压力阻碍

除去发展动力之外，马克思主义法治理论中国化必然面临着不利条件，这些不利条件就是法治发展的压力阻碍，从内容上看，这些法治发展中的压力障碍主要包括了宏观层面的外部障碍，中观层面的结构障碍以及微观层面内部障碍三类。

（一）法治发展的宏观外部压力

法治发展的外部障碍主要体现在主观认知层面和客观效用层面。主观认识层面主要体现为受到传统中华法制文化和"左"的错误思想影响，对于法治的"工具性"定位存在的认识性障碍；客观功效层面，主要体现为法治作为一种治理工具和与其他种类的治理工具存在治理效能方面的竞争。

1. 对于法治作用定位的单向度认识障碍

首先，受到了中华传统法制文化的影响，政治统治者更加倾向于将法治作为一种"工具"进行定位。客观说，"工具性"的定位并没有问题，但是问题是仅仅将其作为一种"工具"而进行地位，同时，更为严重的是仅仅将其作为"一种政治统治工具"进行定位，这样，这种"政治统治工具"工具定位反映了认识层面存在的"权力实用主义"单向度思维。实际上，法治除去可以发挥政权巩固的作用之外，还有"权力规范"的工具作用，正如习近平所说"把权力关进制度的牢笼里"①，还有"权利保障"的工具作用，正如马克思所言"法律是人们自由的圣经"②，所以，这种仅仅片面强调法律的"阶级统治工具性"的单向认知就有可能忽视了法治的丰富性作用定位。

其次，受到了西方资本主义法治观点的影响，在很长一段时间内，对于"法治"的理解就类似于在经济领域中对于"市场"的理解，将"法治"与资产阶级法权、封建官僚秩序、修正主义秩序进行联系，进而在很长时间内对于"法治"与"人权"一样都作为资本主义的话语表达进行排斥。随着中国共产党人对于马克思主义理论的不断学习，对于自身政治文化价值自信的增强，这种情况也在不断发生变化，已经充分认识到法治对于社会主义以及中国式现代化的重要性，但是不可否认的是，上述两种认识上的障碍仍然有

---

① 习近平. 习近平谈治国理政（第二卷）[M]. 北京：外文出版社，2017：88.
② 中共中央马克思恩格斯列宁斯大林著作编译局. 马克思恩格斯全集（第1卷）[M]. 北京：人民出版社，1995：411.

可能在以后的中国化马克思主义法治理论的发展认识过程中再次出现。

2. 开展法治面临治理效能的制度竞争压力

一直以来，在中国共产党提出"依法治国"的基本方略之前，法治虽然在革命与建设时期存在，但只是作为若干治理工具中的一种，其面临着和个人治理，政策治理，道德治理等其他几种治理工具的竞争。

从历史沿革来看，"人治"已经被"法治"取代，"德治"慢慢也已经从强调"德主刑辅"的制度地位关系变成了"以德治国和依法治国相结合"的制度关系，所以，现在在治理工具层面面临最大的问题，是政策治理和法律治理两者在关系处理上应当如何定位和协调。

从现实情况来看，目前政策治理，指令治理在现实中仍然大量存在，甚至在某些领域中居于主导地位①，导致这种情况的原因，一方面是由于该种治理方式的确存在着起效快，适应强，更加灵活的优点，另一方面，也存在的一定程度的思想上的认识依赖和制度上的路径依赖，尤其是在"红头文件"和"法律文件"的关系处理方面，虽然已经确立了任何文件都必须在法治的框架内指定和执行，但是这毕竟是一种宏观上的规定，实际的程序性落实还需要进一步完善。从现实中的治理实践来看，依据法律的法治治理和依据政策的运动治理之间还是可能出现内在张力，如何实现两种制度治理工具之间的衔接还需要进一步的研究。而在上述研究不成熟的情况下，就可能出现对于法治作用性的认识性障碍，更加倾向于采取政策文件治理或者运动型治理来开展实践工作。

（二）法治发展的中观结构压力

从经济基础与上层建筑的相互作用机制来分析，法治发展的结构性障就可能存在于法治对经济基础以及其他道德，文化等上层建筑的"反作用"过程中，具体而言，可以从"反作用"的环境、对象和主体三个角度来分析。

从法治作用的环境来看，作为社会结构重要组成部分的经济，文化、政治，在今天的中国都呈现出快速转型化发展趋势，但是与此同时，法治本身却具有一定的保守主义色彩②，在两者之间，中国的经济、政治、文化的快速转型与法治作为一种追求规范化与稳定性的治理方式之间会出现一定的压力，

---

① 苏一星，李应伟. 浅析我国法制现代化的障碍性因素及其对策［J］. 和田师范专科学校学报：汉文综合版（6期）：27-29.

② ［美］波斯纳. 法理学问题［M］. 苏力，译. 北京：中国政法大学出版社，1994：194.

这种压力可能会对法治的中国化的发展造成了一定的障碍。

从法治作用的对象来看，今天的中国面临的任务是中华民族伟大复兴和建设社会主义现代化强国的目标，而这一目标本身就具有多维复杂性，涵盖了经济，政治，文化，社会，生态等方面"五位一体"的建设，而法治能否有效而全面的负载起这种多样性的发展任务进而完成发展目标，仍然存在一定疑问，法治手段的单维度和目标的多维性之间的张力也会为法治理论的中国化发展造成了一定的压力。

从法治的领导主体来看，可以说，中国共产党领导全面依法治国是实现法治现代化的根本保证和核心关键，也就是说，这种法治的发展在一定程度上必须要充分地发挥中国共产党作为执政党的主观能动性，同时，在这一过程中，法治必然也体现为"依规治党"。"依规治党"对于中国共产党而言，表明其"党的建设"方式也实现了方式转化，开始进入"主体法治化规范性"程度，与此同时，这种领导法治能动性所要求的执政"灵活性"和依规治党所要求的"规范性"两者之间也可能出现一定的压力。

（三）法治发展的微观内部压力

法治发展的内部压力必然涉及法治作为一个系统在自身的具体的运行环节中所承载的压力，具体而言包括法律的制定、执行以及适用三个环节。

1. 法律制定方面存在稳定与变动的压力

如上文所言，由于结构环境方面面临着快速转型与发展的压力，所以，在立法方面就必然会出现了无法过于精细化的结果，这一点，邓小平同志早在90年代对于立法的要求中就明确指出了立法要采取"宜粗不宜细"的原则①。

这种粗放型的立法具有两个方面的优势，首先可以快速地搭建起立法的框架体系，能够快速满足经济社会发展的制度需要；其次可以有效地适应社会的不断发展变化，显示出一定的制度弹性，但是，这种粗放型的立法也会带来两方面的弊端，首先是内容修订和细化的压力，具体在实践中体现为频繁的立法修订以及繁杂的司法解释；其次是为具体的执行者在执行法律时候提供了大空间的自由裁量权，这种大尺度的自由裁量权可能带来两个方面的不良后果，或者可能会出现执法腐败的结果，或者可能出现执法尺度把握的差异性后果，无论哪一种后果，都是对于法治本身公正性的削弱，破坏了法

① 邓小平. 邓小平文选（第二卷）[M]. 北京：人民出版社，1994：147.

治的治理公信力，可以说，上述两个缺点直接带来了立法方面的稳定性与变动性两者之间的压力。

2. 法律执行方面存在效率与公平的压力

如上文所言，"宜粗不宜细"的立法可能导致一种后果，这种后果就是较为宽泛的法律条文在面临着丰富多样的具体现实执法环境时候，条文本身的固定化和环境现实的丰富性之间的压力，如果说这种压力还是一种静态压力，那么在具体的执法过程中，这种静态压力就会演变成为强调执法统一性和强调案件特殊性的动态压力，而这种动态性的压力最终会导致执法效率与执法公平两者之间的博弈。

行政执法的本质为了解决经济社会发展中的问题，这样，就决定了其必然要有快速性，灵活性、个性化的制度执行需求特性①，从目的上看，这种要求实际上是为了对于执法对象所享有的权利进行维护；而法治本身的公平性的导向则要求主体在执法的时候必须要注意实体的统一性和程序的过程性，从目的上看，这种要求实际上为了实现对于执法主体所享有的权力进行约束，这样，这种制度自身的执行要求和制度供给的目的要求之间就有可能出现了一种内在张力，而这种张力在某些具体的时空环境之下就有可能进一步演化为一种矛盾。这一点尤其是体现为执法的程序性要求和执法紧急性要求、执法过程性公正和执法结果性公正两个方面的压力，最终导致执法必须在效率和公平之间做出一定的取舍。

3. 法律适用方面存在规范与个案的压力

广义上，法律适用包括了执法和司法两个部分，狭义上，法律适用仅指司法适用②，在这里主要是采取狭义上的法律适用概念，即司法适用。司法适用和执法适用两者最大的区别是在于其是为了实现法律制度的维护还是社会问题的解决。

理论上，无论是法律制度的设立，还是法律制度的执行，两者都是为了实现个体权利的保护和社会矛盾的解决，所以，从本质上说，两者之间并没有根本性的冲突，个体权利维护以及社会发展进步在法律适用方面能够实现辩证统一。但是，实践中，立法上更多侧重群体性利益甚至阶级性利益的调和，即，其更多是落脚在群体层面利益的调整方面，其并不介入到个体利益

---

① 姜明安. 行政执法研究 [M]. 北京：北京大学出版社，2004：41.

② 付子堂. 法理学进阶 [M]. 北京：法律出版社，2005：224.

矛盾的直接调整；执法上，更多体现在对于社会现状与发展需要这一对纵向矛盾的解决，其对于个体之间的横向矛盾虽然也进行调整，但是并不是作为调整重点；而司法领域，才更多是则对微观层面的个体权利进行维护，对于现实层面原告被告双方之间已有的矛盾纠纷进行解决。

在法律适用的过程中，法律从宏观到微观，从发展到调整的转变中，司法适用的模式就是将已经存在的法律规范和已经出现的社会事实进行"大前提—小前提—结论"式样的"三段论"衔接，进而得出具体的解决方案①，而在这种处理的思维中，大前提的统一性和小前提的复杂性就可能导致出现法律规范化和个案具体化之间的压力。

法律的规范化强调是一种整体性和统一性的保障，而具体的个案中则可能更多地体现为特殊性和个体性的诉求。公平性整体要求必须要对所有类似的情况进行同样的处理，但是个案中即使是同一类型的案件都有其具体的特殊性，而这种特殊性导致了同类案件之间存在差异性，而这种类型化之间的具体差异性则整体性调整的规范光谱之中无法得到有效的制度关照，这样，在法律的适用方面就出现了规范与个案之间的压力。

此外，法律适用的压力还具有一个典型特征，就是原告与被告之间的纠纷解决往往类似于一场"零和博弈"②，从结果来看，必然会有一方会败诉，其必然会对结果不满，对于结果的不满意在一定情况下会导致败诉的当事人一方对于对方当事人产生不满，对于法官产生不满，甚至有可能对于法治制度本身产生不满，这样，法治本来作为一种解决个体纠纷的制度设计反而成为激化社会矛盾的原因。从司法实践中看，当事人对于法律适用结果不满而导致的极端性行为屡见不鲜，这样，也会导致法律适用方面存在压力。此外，退一步说，即使通过法律规范的适用解决了个案之间当事人双方的纠纷，实际上，这种解决也仅近似是一种"表层式"的解决，治标不治本，按照马克思主义的理解，司法领域更多是从结果分配领域对于矛盾的处置，而只有通过生产领域的处置才能够实现矛盾的最终解决，即只有通过"发展"的方式才能最终解决问题，而这些问题的最终解决，都不是法治所能够直接作用到的层次深度。

---

① 张继成. 法律推理模式的理性构建 [J]. 法商研究, 2002（4）：124.

② 董皞. 司法功能与司法公正、司法权威 [J]. 政法论坛：中国政法大学学报, 2002, 20（2）：39.

概言之，上述的压力会转化中国化马克思主义法治理论发展过程中的动力，进而促进理论完善，实现理论发展。

第三节　马克思主义法治理论中国化的发展特点

在马克思主义法治理论中国化"生长性"的路径型态中，其发展的特点体现出非独立性、实用性以及批判性和探索性并重等发展特点。

一、马克思主义法治理论中国化过程非独立

马克思主义法治理论的传播是与马克思主义的哲学理论、政治理论、经济理论交织在一起的整体性传播过程，所以，就这一点而言，马克思主义是作为一个理论有机体在中国进行传播的，作为其组成部分的法治理论并没有自己独立的传播过程。导致这种情况出现的原因主要有三个方面。

首先，马克思主义理论自身的整体性决定法治理论发展的非独立性。虽然从逻辑上看，马克思主义法治理论是一种整体化的存在，但是在文本表现方面，法治的相关观点与马克思主义哲学、政治经济学、科学社会主义学说在文本表现方面交织在一起①，很少出现单独的文本，形成了一个整体性的马克思主义理论。这样，这种马克思主义理论的整体性在一定程度上限制了其法治理论中国化过程的独立性。

其次，近现代中国特殊的历史国情和发展任务决定发展的非独立性。近代中国是一个半殖民地半封建社会，其面临最大的任务是取得民族独立，而当取得民族独立之后，其作为世界上最大的发展中国家，就必然面临建设任务。这一任务具有两方面的特征，首先是任务的主导性，主导性要求其他任何一个领域的现代化或者子任务都是为了这一根本任务的实现而服务；其次是任务的整体性，这一任务本身的实现也必然包括了法治现代化在内的治理体系和治理能力的现代化。所以，任务的主导性和整体性在一定程度上也导致了法治理论不可能作为一个独立的部分有自己的单独的中国化发展过程。

再次，中华法制文化对于法治的附庸性定位影响法治理论发展的非独立

---

① 封丽霞. 马克思主义法律理论中国化的当代意义 [J]. 法学研究，2018，40（1）：3-17.

性。在中华传统法制文化中，无论是儒家、道家还是法家实际上都一直将"法治"定位为"政治"的附属，法治的目的是更多是为了实现政治层面的目标①，而这一点和西方具有较大的区别，在西方法治是政治的等置层面，甚至是作为对立层面而定位存在，法治的目的在很大程度上是为规范和约束政治。中外这种法治传统中对于法治与政治关系定位的差异，在一定程度上导致了在中国，法治更多是依附于政治发展而存在，而很少关注自己的独立性存在，在这种传统文化思维影响下，也导致了法治理论中国化的非独立性。

二、马克思主义法治理论中国化过程凸显实用

从历史文化传统来看，中国具有在遭遇发展困境时"变法"的传统②；从现实情况来看，在近代中国的国情背景下，马克思主义法治理论的传播更是与推翻封建专制制度、服务社会革命的需要紧密联系在一起，所以，对于将法律或者法治作为社会变革的工具进行定位已经成为一种基本共识。这样，在这种定位之下，对于任何一种国外法治理论的中国化过程也必然也凸显出一种实用主义色彩，这种实用主义色彩主要体现为对于法治理论选择环节的实用性考量、对于法治理论理解环节的实用性接受、对于法治理论发展环节的实用性导向。

首先，对于法治理论选择环节进行实用性考量。在近代中国，当时一部分中国的先进分子对当时国外的各种法治思想、法治理论进行甄别、对比、选择和实践，而这一选择的根本性标准就是各种法治理论的实效性③，根据效果来选择法治理论，而不是仅仅根据理论自身的逻辑自洽性来进行选择。这一选择过程和选择标准也同样适用于中国共产党人对马克思主义法治理论的接受，从历史上看，正是由于马克思主义能够将俄罗斯这样一个落后的大国在短时间实现了跨越式发展，或者说正是由于马克思主义法治理论对于俄罗斯"有效"，中国共产党人才在此基础上进行引进、学习并开展中国化的探索。

---

① 蔡卫忠，刘晓然．中国法治的资源与发展趋向［J］．山东社会科学，2019，No. 288（8）：185-189.
② 胡仁智．改革与法制：中国传统"变法"观念与实践的历史考量［J］．法制与社会发展，2017，23（3）：54-68.
③ 张明．新中国成立 70 年来马克思主义中国化的基本经验［J］．东南学术，2019（4）：52.

其次，对于法治理论理解环节开展实用性接受。在对于法治理论进行了引入和移植之后，实用性的色彩还体现为对于这一理论进行吸收和理解环节上。这种吸收和理解的过程中必须要服务于中国革命的实践需要。这种以实践的需要为立场，以实践中的问题解决为导向的具体语境主导了对于法治理论的吸收和理解接受过程，可以说，在这一过程中对法治的本质、法治的功用的含义等问题的理解、改造、发展、完善、创新都与改造中国的社会需要紧密联系在一起。所以，其并不是一种纯粹的理论逻辑层面的学习，而是在实践中通过功用性的评价的一种实用层面的学习、理解和吸收。

再次，对于法治理论发展环节体现实用性导向。实用性的色彩体现为中国共产党人对法治理论的发展层面，在形成中国特色社会主义法治理论的过程中，实用性的法治实践结果中"好的经验和做法才被总结"，经过实践检验后被总结整合到理论之中，实现了理论的提升，除去的好的经验，还包括对于外部法治理论资源的攫取①，正如习近平同志所言"要善于学习其他国家先进的经验做法"，上述"经验总结"和"方法借鉴"两种做法典型都体现在中国化的过程中，其背后实际上就是功用性总结和实用性借鉴。所以，开展马克思主义法治理论中国化的过程一方面不仅是不断地提升法治理论的"现实功能性"的过程，另外一方面也是一种从"理论实用性"的视角对其进行不断完善、发展、创新的过程。

这样，从实用角度就实现了从"选择"到"接受"再到"发展"的递进式发展。这种对理论的实用性关注主导着对理论自身系统的理解、吸收与研究，在选择、理解和发展的这一过程中，法治一直都体现出浓厚的工具主义品格，其在很大程度上都是作为权力主体所选用的政治工具而进行定位②，可以说，对这种工具性定位所具有的功用性的需求也是促进马克思主义法治理论中国化不断发展和完善的动力。

三、马克思主义法治理论中国化过程批判和探索并重

马克思主义法治理论在中国的发展过程是一个理论批判完善和实践探索总结的过程。

---

① 胡进考.新中国成立70年来马克思主义中国化的发展历程与基本经验［J］.理论研究，2019（5）：12-18.

② 王人博.中国法治：问题与难点［J］.师大法学，2017（1）：3-11.

就理论批判而言，主要体现在马克思主义法治理论和非马克思主义法治理论的批判和反批判，而这一过程主要体现为两个维度。

理论层面存在外部性批判。外部的批判，主要体现为马克思主义和非马克思主义对某一社会现象的竞争性分析。这种批判的背后实际上反映的是理论范式的分析差异以及理论背后的阶级立场差异。从马克思主义法治理论的中国化过程来看，这一层面体现为在马克思主义尚未取得主导地位时期的相关理论论战。包括马克思主义与改良派、无政府主义、互助主义、马克思主义与其他各种思潮的交锋与论战①，在上述论战中，马克思主义法治理论都得到了传播，明确了法治、改良、革命的关系，辨析法治的必要性，法治的权威性等等问题。

理论层面也存在内部性批判。内部的批判，主要体现为马克思主义法治理论在遭遇西方资本主义法治理论的批判之后进行的反批判。一方面，有些西方资本主义的法治的批判完全是一种立场层面的批判，但是，另外一方面，有些批判是立足马克思主义法治理论本身的逻辑而进行的批判，而这些批判恰恰也可能关注了马克思主义法治理论本身存在的逻辑薄弱环节，对于这些批判必须要进行回应。恰恰就是在这种回应中，马克思主义获得了不断完善和发展的动力。这些理论回应，需要中国共产党人立足于法治中国的实践进行作答。

就实践探索而言，马克思主义法治理论的中国化是向法治实践开放的过程，而这种探索的过程必然也是马克思主义法治理论中国化的形成过程，这种探索主要聚焦于以下三个方面。

首先，以"法治建设"为主题的实践探索。如上文所言，由于经典马克思主义法治理论更多的是聚焦于对于西方资本主义法治理论的批判，这样，在实践方面，由于中国共产党已经取得了国家政权，就必须从"批判"转向"建设"，所以，这种实践的主题是"建设"。

其次，以"法治国情"为基础的实践探索。如上文所言，近代的每个民族发展的趋势都是要实现法治现代化，但是经典马克思主义的法治理论是立足于西方社会的经济社会文化传统而提出的，而中国的法治文化传统和法治现实国情和西方有巨大的差异，其在法治现代化的过程中必然存在着"人治和法治""德治和法治""党法关系"等中国法治现代化要遭遇的本土化难

---

① 王学栋. 简明马克思主义发展史［M］. 南京：东南大学出版社，1991：18.

题，所以，这种实践的基础是"法治国情"。

再次，以"改革试点"为主要特色的实践探索。由于上述两个原因，就决定了中国共产党开展法治建设实践时更加谨慎，一方面，要对于法治建设进行顶层设计规划，另一方面，也要对于上述规划进行实践验证，而具体的方式展开"试点"的方式进行开展，即首先选择某地开展法治改革或者法治建设的实践①；随后，对于该地的经验进行总结，这种总结的方式或者是暂停，或者是验证、完善、二次创新等；最后，将试点经验进行推广和铺开，最终在法治建设方面实现"以点带面"。

总体而言，在一个法治基础薄弱、经济社会相对比较落后的东方大国开展法治建设实践对于任何一个理论来说都没有现成答案②，所以，要回答这一问题，就必须不断地通过探索性的实践来开展，注重理论守正和理论创新的统一。

---

① 张明. 新中国成立 70 年来马克思主义中国化的基本经验［J］. 东南学术，2019（4）：52.

② 付子堂. 马克思主义法学理论的中国实践与发展研究［M］. 北京：中国人民大学出版社，311.

第五章

中国化马克思主义法治理论对中华优秀法制文化的价值继承

从现实来看，法治产生的直接原因是对现实社会中各种冲突的解决需要，但是要明白，这种冲突的解决需要仅仅是一种动机，其催生出了法治的需求，而这种需求具体会成为何种形态的法治，则必须立足于其生长的历史文化土壤。根植在中华民族历史中的中华法制文化对于今天我们建设有中国特色社会主义现代化法治具有重要的族群文化学意义。了解中华法制文化的沿革历程、内在逻辑、特征优势，明确中华法制文化和马克思主义法治理论的契合点和差异处，只有这样，才能够让我们在法治建设的道路上走得更加稳健。

第一节　中华法制文化的沿革、理论型态与内在逻辑

习近平总书记明确指出："我们的先人们早就开始探索如何驾驭人类自身这个重大课题，春秋战国时期就有了自成体系的成文法典，汉唐时期形成了比较完备的法典。我国古代法制蕴含着十分丰富的智慧和资源，中华法系在世界几大法系中独树一帜。"①

一、中华法制文化的发展沿革

整体而言，中华法制文化经历了从中国传统法制雏形期夏商所提出的"天命天罚"，再到西周所提出的"以德配天"，经过了春秋战国儒家"先礼后刑"、法家"以法治国"，道家"道法自然"的争辩，最终到汉朝实现了"德主刑辅"法治理论的形成，这一理论经过魏晋的发展，最终于唐朝到达了"礼法合一"的最高峰，然后经过了宋元的"明刑弼教"的衰落，最后明清

---

① 习近平. 习近平谈治国理政（第一卷）[M]. 北京：外文出版社，2014：105.

为了挽救皇权统治提出了"刑用重典",与此同时资本主义经济萌芽也激发了"天下之法"的思潮萌芽。

（一）夏商到秦朝是中国传统法制的探索确立期

从夏开始,我国开始从原始氏族社会走向奴隶制社会,就社会规则而言,开始从宗教祭祀、图腾崇拜、风俗禁忌等原始形态规则逐渐演进成为规范型态规则①,法律在这一过程中开始出现,法治从神权法开始演变为世俗法。

1. 夏商到西周是中国传统法制探索期

首先,法制思想从"天命天罚"转变为"以德配天"。夏朝和商朝"天命天罚"的神权法思想的目的是通过上天神权来实现对于世俗社会的统治,法制思想表现为一种强调"天讨""天罚"的神权法思想。商朝被周朝推翻之后,周朝提出了"以德配天"的法律思想,实现了从神权法到世俗法的逐步转变。

其次,法制实践从"神罚模式"转变为"礼治模式"。伴随着法制思想的转变,法制实践实从夏商以"天"为特点神权法实践转向周朝以"德"为特点的礼治道德法实践。在立法实践上体现"礼"和"刑"的形式和内容二元。从立法的形式来看,"礼"主要起源于原始祭祀,"刑"主要起源于战争纪律②。从立法内容来看,集中体现为"礼不下庶人,刑不上大夫"。在法律执行上体现为"明德慎刑"和"世轻世重"的统一。

整体而言,这一阶段实现了法律形式的第一次分离。即从因对自然现象不解而形成的图腾崇拜、风俗禁忌等混然未分的原始状态走向了"礼刑"并行的单独化状态,实现从宗族习惯法向奴隶制成文法的过渡,同时,在法律的运行上,开辟了中国古代"德主刑辅"的先河。

2. 春秋到秦朝是中国传统法制确立期

东周至春秋时期是中国历史大变动时期,一方面,从政治上看,周王室衰微,诸侯争霸导致礼崩乐坏。一方面,从经济上看,生产力发展,新兴地主阶级开始掌握政权,所以这一阶段的法制思想和实践都在各诸侯国中呈现出活跃的态势。

首先,法制思想呈现出"多元形态"的萌发。人们的思想更加多元,出现了百家争鸣的格局,儒家主要针对礼乐崩坏的社会现实提出了"先礼后刑"

---

① 曾宪义.中国法制史［M］.北京：北京大学出版社,2000：13.

② 曾宪义.中国法制史［M］.北京：北京大学出版社,2000：28.

的治国思想①。这种思想可以说是对于"礼治模式"的进一步延续。法家主要提出了"以法治国"的思想，成为中国历史上第一个明确了"法治"概念的思想流派，并且就"法治"的作用、功能、执行提出了一系列系统化思想。道家主要提出了"道法自然"的思想，强调对于规律的遵循以及儒家的"德"与法家的"刑"之间的一种辩证性调和。

其次，法制实践体现为"成法变法用法"的探索。

春秋时期法制具有"成法"实践特点。由于礼崩乐坏，所以，对于社会关系的调整就无法采取"礼"的形式，而是主要采用"法"的形式开展，从而推动了奴隶制"临事制刑"向成文法制定的转变②。其法制实践可以概括为"成法"实践。典型体现在郑国执政子产"铸刑书"，晋国赵鞅"铸刑鼎"的活动。

战国时期法制实践具有"变法"实践特点。各诸侯国更加强调法律对于制度的变革作用，将法律作为一种推动变革的手段和力量，其法制实践可以概括为"变法"实践。其中以李悝变法、吴起变法、商鞅变法最为典型。

秦朝统一之后法制具有"用法"实践特点。秦朝建立从中央到地方的"大一统"的法制实践格局，在立法环节严密立法，实现了"事皆决于法"；执法环节深督严责，强调"重刑轻罪"，在执法上体现了"严刑峻法"；守法环节以吏为师，凸显"以法为教"。

（二）汉晋到隋唐是中国传统法制的发展成熟期

1. 汉朝到晋朝是中国传统法制发展期

秦朝灭亡之后，汉朝汲取其"以法治国"的失败教训，经过了三个阶段的发展，实现了"引礼入法"的模式，为下一阶段隋唐时期中华法制的成熟完善奠定了基础。

首先，法制思想呈现为"独尊儒家"的特点。汉朝的法治思想经历了三个阶段，第一阶段是汉高祖刘邦时期，继承了秦朝"以法治国"法家思想。第二阶段是汉朝文景之治时期，选择"无为而治"道家思想。第三阶段由于统治版图的扩大和帝国实力的增加，汉武帝罢黜百家独尊儒术，选择"德主刑辅"的儒家思想。

---

① 王雅琴. 中国传统法律文化及其转型［J］. 太原理工大学学报（社会科学版），2014（06）：33-36.

② 王琦，李岭梅. 中国法制史［M］. 北京：中国检察出版社，2016：87.

其次，法制实践开启了"引礼入法"的趋势。法制实践也体现了阶段性特点。汉朝创立之时，高祖刘邦与关中父老"约法三章"，"杀人者死，伤人及盗抵罪"（《史记·高祖本纪》）。在汉朝正式建立后，三章变九章，"取其宜于时者，作律九章"（《汉书·刑法志》）①。

汉朝发展初期，统治者在黄老思想的影响下，在法制实践方面制定并实施了一整套"扫除烦苛，与休息"的政策。汉惠帝废除了《挟书律》；文帝取消连坐制，又以笞刑、杖刑取代肉刑；景帝进一步规定刑具的规格、受刑的部位，使刑罚从野蛮变得相对文明。

汉朝发展中期，汉武帝在立法实践中开始制定法律，开始陆续修订旧律并颁布一些新律，如张汤制定《越宫律》二十七篇，赵禹作《朝律》六篇，连同前述的《九章律》和《傍律》，合计六十篇，大致奠定了汉律的基础，同时在法制实践中，开启了"引礼入法"的实践，尤其是在司法实践中"《春秋》决狱"的开展使法律成为以礼德为主要内容的儒家经义的附庸②。

2. 隋朝到唐朝是中国传统法制成熟期

经了汉朝和魏晋时代的发展，到隋唐时期，"礼法并用"的思想更加趋于成熟，主要体现为以下三个方面。

首先，"礼法合一"的法制思想得以整体化和环节化完善。法制思想上，唐朝更加成熟。唐朝主张"礼法合一"的法制思想，其将秦朝的严刑峻法与汉朝的重德轻法相结合，形成了"律准乎礼，依礼制法"的"法治"思想体系。同时"礼法结合"的指导思想体现在不同运行环节，唐朝形成了"宽平""简约""恤刑慎杀"的法制运行思想体系。

其次，"礼法合一"的法制实践呈现法典化和全面化呈现。在"礼法结合"的思想指导下，隋朝和唐朝实现了比之前历代王朝更深程度的德法结合，具体而言，首先，隋朝隋文帝统一全国后，制定了《开皇律》。《开皇律》创立了"十恶"制度，确立了封建的"五刑"制度，将汉代以来的封建贵族特权法律制度化。其次，唐朝实现中国传统法律制度的成熟。在刑法方面，《唐律疏议》是迄今为止我国保存的最为完整也是最具有影响力的封建法典，行政法方面，《唐六典》的制定则标志了我国历史上第一部门行政法典的完成，

---

① 曾宪义. 中国法制史 [M]. 北京：北京大学出版社，2000：156.

② 靳浩辉. 中西文化对勘视阈中的礼法之辨——儒家的礼治传统与基督教的法治传统之比较 [J]. 理论月刊，2017（05）：28-33.

两部法典成为后世封建王朝立法的典范；

再次，"引礼入法"实践的不断深入。就法律制定而言，法律的制度和罪名直接从儒家经典中演绎。唐律的"七出三不去"，"八议"制度，"准五服以制罪"分别来自儒家经典的《大戴礼记本命》，《周礼秋官》篇；其次，就法律修订和解释而言，唐朝法典修订时候明确了必须以儒家的精神作为指导，同时，对于法律的解释的各类疏议，也必须符合儒家的经典；再次，就法律的执行而言，受到儒家经典的影响，唐律对于犯罪的处罚最为宽大被赞美为"得古今之平"。

在法制实践中，唐朝之前的朝代更多将儒家思想放在"《春秋》决狱"的司法实践环节，而唐朝则在此基础上拓展到立法环节，使礼的基本规范成为立法的形式，从而使礼义道德原则和法律规范全面结合，实现了法典化和全面化的呈现。这一做法标志着封建纲常的法律化和法律的伦理化的完成，使礼法之治与德法之治密切结合，形成了礼治、德治、法治三者的统一①，是封建社会德法合治思想成熟的表现。

（三）宋元到明清是中国传统法制的式微衰落期

宋元到明清，国家与社会发生了巨大变革。经济领域，封建大庄园制瓦解，小土地所有制、商品经济兴盛起来，资本主义经济萌芽；社会领域，士族门阀衰亡，庶民地主取而代之；政治领域，武将和地方权力都遭到削弱，君主专制和中央集权得到强化，这些都在法制思想和法制实践中得到反映。

1. 宋元到明清中国传统法制逐渐式微

首先，"明刑弼教"的法制思想愈发保守。面对当时的社会现实，宋朝儒家形成了自己独特的思想形态——理学。将封建的伦理道德观念说成是"天理"，强调对违反封建纲常名教的行为必须用强制手段加以制裁。在理学支配下，"德主刑辅"的传统儒家伦理思想开始出现了极端化的趋势，开始在"德主刑辅"的基础上提出"明刑弼教"的指导思想，强调刑罚的教化作用。严刑和礼教的结合极大改变了唐朝时期宽刑和德治的关系，导致了宋元时候德法关系出现了异化。

其次，"严刑峻法"的法制实践愈发严苛。《宋刑统》体现了"以刑去刑"的"严刑"导向，所以，对于刑罚的变革，《宋刑统》归并了刑罚种类，

---

① 张晋藩. 体现马克思主义唯物史观的中华法文化［J］. 法学杂志，2020，41（03）：1-6+92.

确定笞、杖、徒、流四种刑罚，增加了"折杖法"规定，"流罪得免远徙，徒罪得免役年，笞杖得减决数，而省刑之意遂冠百王"（《文献通考》卷一六八《刑考七》）；同时不断加重刑罚，其中刺配刑较之前的朝代得到了更加广泛的适用。

明朝时期的法制实践在政治上全面强化皇权。明朝制定了《大明律》《明大诰》和《明会典》等法律①；清朝作为少数民族建统的朝代，注重对少数民族地区进行法律控制，如对蒙古族有《理藩院则例》，对藏族有《西藏通制》，对回族有《回疆则例》，对西南少数民族有《苗例》。经济上，针对资本主义的萌芽，明清都加强了针对经济的法律管制，进一步加大了商品"禁榷"制度的适用范围，实行"禁海闭关"的政策，制定了"官工业"制度，从商品生产和流通各个环节限制资本主义因素的发展，试图把商品经济禁锢在封建自然经济格局中。

2. 明朝到清朝出现资本主义法治萌芽

明清时期，一方面，我国封建经济开始步入逐渐衰亡的阶段，但是另外一方面，资本主义的经济开始萌芽，不断冲击着落后的封建生产关系，在这一过程中，逐步形成一种启蒙的反封建民主法制思想。

法制思想上，王夫之提出了"趋时更新"的立法主张，并强调法治须"循天下之公"维护民族利益；顾炎武则论说"独治则刑繁，众治则刑措"的主张。其中以黄宗羲提出的以"天下之法"取代"一家之法"的法制思想最为典型②。

首先，黄宗羲对"人治"与"法治"进行了详细分析，其认为"即论者谓有治人无治法，吾以谓有治法而后有治人。"（《明夷待访录·原法》）提出"法"较之于"人"的重要性显然要更高一等，法与人相比更具有稳固性，强调"法治"优于"人治"。其次，黄宗羲倡导平等的立法观，赋予了"法治"以"天下之法"的内涵，取代"一家之法"，可以说其所倡导的"法治"具有资产阶级民主法治的启蒙色彩，与之前的封建儒家"法治"主张有着本质的区别，是当时最为先进的、最为革命的法治思想观念。

整体而言，中国传统法制思想和法制实践为马克思主义法治理论中国化提供了历史传统资源和民族文化土壤。正如习近平所言："我国古代法制蕴含

---

① 曾宪义．中国法制史［M］．北京：北京大学出版社，2000：199.

② 高鸿钧．法治：理念与制度［M］．北京：中国政法大学出版社，2002：40-46.

着十分丰富的智慧和资源，中华法系在世界几大法系中独树一帜。要注意研究我国古代法制传统和成败得失，挖掘和传承中华法律文化精华，汲取营养、择善而用。"①

二、中华法制文化的理论形态与内在逻辑

不同于古埃及的"宗教法"特点，也不同于古印度的"种姓法"特点，中华法系具有强烈的"伦理法"特点，在发展中形成了偏向社会法的儒家法制、偏向自然法的道家法制以及偏向实证法的法家法制三种形态，并逐步走向"大一统"。

（一）中华法制传统的理论形态

"儒家"、"道家"和"法家"三种不同的法制形态每一种都具有其独特的治理逻辑，而且每一种治理逻辑的背后都体现了对于"法制"不同面向的探索。

1. 儒家法制思想——先礼后刑

儒家法制思想的治理逻辑是"礼治—德显—人治—刑保—社会"。儒家法律思想强调"宗法"和"礼法"："在中国，一般的社会秩序，不是靠法来维持，而是靠宗法，靠纲常礼法来维持。"② 从起源来看，其主要是针对西周末期礼乐崩坏的现实而提出来的，其法制思想的核心是"先礼后刑"。

首先，就"先礼"层面而言，儒家十分重视"礼治"。孟子认为"无礼义，则上下乱。"（《孟子·尽心下》）荀况主张"礼者，法之大分，类之纲纪也。"（《荀子·礼经》）同时，如果要推进"礼兴"或者"礼治"就必须要求统治者自身带头执行，同时通过这种身体力行，进而实现对于"礼"的弘扬和推进，这就要求，统治者必然要重视自身的"德"，试图通过个体的"德"实现整个社会的"礼"，所以，在这种逻辑下，儒家在强调礼治的同时，必然要凸显对于统治者"德性"的强调。在"德"的影响下，必然在逻辑上会进一步衍生出"人治"的治理逻辑。

其次，就"后刑"层面而言，儒家也十分重视刑罚的作用。其认为当"礼治"的教化无效时，可以适当通过强制的刑罚来达到"礼治"。这就是

---

① 中共中央文献研究室. 习近平关于全面依法治国论述摘编［M］. 北京：中央文献出版社，2015：62.

② 王亚南. 中国官僚政治研究［M］. 北京：商务印书馆，2012.33.

"刑"和"礼"之间的"先和后"的关系，所以，这种"先"和"后"的关系只能从逻辑先后来进行理解，而不能从时间先后或者实施先后的角度来进行理解。同时，在针对"刑"的制定和执行上，儒家主张"宽严相济"，即"宽以济猛，猛以济宽，政以是和"（《左传·昭公二十年》）。对于法律的"宽或严"的目的是实现"礼"。

由于采取"先礼后刑"，这样，"刑"所代表的法必然在"德"与"人"之下。而且，"礼治——德显——人治——刑保——社会"这一条逻辑线条也会明确，在"礼德，人、刑"中最为关键的中介是"人"，而且这种"人"封建社会必然呈现为"个体的人"，即"贵族"和"君王"，所以，儒家强调"重贤君"的人治思想，这一思想对于后世的治理思维模式有着重要影响，梁漱溟归纳就总结说："西洋走宗教法律之路，中国走道德礼俗之路。"①

2. 法家法制思想——以法治国

法家的法制思想的治理逻辑是"君主——法治——社会"。在春秋战国的诸子百家的思想中，法家是最为强调"法治"，其"以法治国"为特征的法制思想主要体现在两个方面。

第一，最早提出了"以法治国"的治理理念。春秋时期，作为法家的鼻祖管仲最早提出"以法治国"的概念，"威不两错，政不二门，以法治国，则举措而已。"（《管子·明法》）。所谓的"以法治国"。就是强调法在治国中的地位，认为法是治国的根本。法家在提出"以法治国"的理念之后，还对这一理念的必要性从三个方面进行了充分的论述。首先是法治的"作用论"，商鞅认为法治可以富国强兵、奖励农耕；其次是法治的"人性论"，法家认为人的本性是"好利恶害"，所以需要法治；再次是从法治的"条件论"，主要体现为韩非从"人多物寡论"，从现实条件的角度出发论证了实施法治的必要性。

第二，对外阐释了德治与法治的"替代"关系。法家极力推崇"以法为本，唯法为治"，在对待"德治"的态度上，其和儒家承认"刑"的作用不同，而是表现出了明显的"排斥"和"替代"态度。坚决反对"德治"，主张"不务德而务法"。商鞅作为法家主要代表人物之一，极力主张以"法"代"礼"，认为"故有名主、忠臣产于今世，而能领其国者，不可须臾于法。破胜党任，节去言谈，任法而治矣。"（《商君书·慎法》）也就是说，"德

---

① 梁漱溟. 中国文化要义 [M]. 上海：上海人民出版社，2003：339.

治"与"法治"的关系是"替代"关系，而非儒家所主张的"先后"关系。同时为了完善"法治"的理论缺陷，还提出了"法治"本身所内含的教育功能，即"以刑去刑"思想。

法家的"以法治国"思想可以说是当时最为完善的法制思想①。这一思想极大的符合新兴地主阶级的意志，为封建君主专制集权奠定了完备的思想基础，有其历史进步性。但是，这种"以法治国"的思想有其内在缺陷，和儒家的展开逻辑不同，其是通过"法"直接来服务于社会治理，在"君主—法治—社会"这一治理逻辑里面，具有两个特点：首先，法治的产生完全依赖于君主的意志和权力，所以，这种法治的本质是一种"权法"；其次，法治的这种治理逻辑可以完全不考虑"德"的位置。这一点，正如韩非所言，法可以与"势""术"相结合，但是却无法和"德"相结合，法家强调的是在法和德的绝对分离基础上法对德的替代，结果就走向了一种"唯法论"的极端，过于强调"官不私亲，法不遗爱，上下无事，唯法所在"（《慎子·君臣》）。这种脱离了道德伦理的法最终导致的实践结果就是"严刑峻法，贱德尚刑"，造成了后来秦的暴政及其灭亡。

3. 道家法制思想——道法自然

道家法制思想体现了"道—德与法—君主—社会"的治理逻辑。在诸子百家中，道家最具有西方的"自然法"的色彩，其法制思想主要可以分为本体论和关系论两个方面。

在本体论方面，提出了"道生法"的法治本体论。在道家眼中，"道"不仅是世界万物的本原，同时也是万物的运行规律②，这样，法的最高境界就是"自然"之道，所以，道家反对"人为"之道的儒家"礼法"和法家"权法"，而是主张"道法"，实现了"法"与"道"的结合，形成了一种以道为本体和基础的温和"自然法"，强调"道法自然"，复归于朴。在"道"的基础上，道家提出了法律的规范性、公正性两个基本特征。首先，法律的规范性强调法律是权衡是非与善恶的规范性标准。"法者，引得失以绳，而明曲直者（也）"（《黄帝四经·经法·道法》），"是非有分，以法断之；虚静谨听，以法为符"（《黄帝四经·经法·名理》）；其次，法律的公正性即法律

① 王人博.一个最低限度的法治概念——对中国法家思想的现代阐释 [J].法学论坛，2003（01）：13.

② 李海峰.道家思想中"道"内涵的三重维度 [J].管子学刊，2019（03）：84.

对于所有社会成员都具有同等约束力。"法度者，正之至也……精公无私而赏罚信，所以治也。"（《黄帝四经·经法·君正》）

在关系论方面，提出了"德刑兼施"的法治关系论。道家不仅在本体论上提出了基于道的观点，在关系论上也运用到了道的阴阳观点。和儒家"德主刑辅"及法家"任法而治"不同，其提出"刑德兼施"观点①。首先，道家主张治理国家需要用到德与刑两种手段。"刑晦而德明，刑阴而德阳，刑微而德章（彰）。"（《黄帝四经·十六经·姓争》）德和刑二者都是阴阳在社会政治领域中的显现。其次，道家主张在刑德的具体实施上也要体现自然之道。道家基于自然季节的变化规律提出了"德先刑后"的观点，但是这个前后不是逻辑先后，而是时间或者节气的先后，其主张春夏施恩惠，秋冬用刑罚。

可以看出道家"道生法"的思想和西方的自然法思想区分了"法与法律"的二元思路具有极大的相似性。道家的"道法自然"的思想所衍射出来的逻辑就是"道—德与法—君主—社会"的治理逻辑，这一逻辑也可能以将强调君主的"人治"与"法治""德治"三种治理方式有机结合，让三者都可以在"道"之下进行和谐相处。

（二）中华法制传统的内在衔接逻辑

汉朝之后中国古代传统法制就呈现出了"儒道法"结合形态，可以说，三种法制思想之所以能够实现结合，是因为三者之间有内在的逻辑链接。如果用今天的法治观来解读儒道法三者的法制思想，就会发现，三者在一定程度上非常类似于社会法学、自然法和实证法的三种法治理论。

1. 儒家的社会法层面的法治观

儒家对于法治的理解更多是在"入世"的背景下提出，就此点而言，其和马克思主义的法治理论一样，都是将法治的作用定位在社会之中，聚焦于社会关系之上，侧重强调法治对于社会秩序整体性的维持作用。虽然在道德与法律的功能上存在逻辑上先后的主张，但是仍然强调主张一个社会的秩序维持需要道德、礼仪、法律、政令等多种不同性质的规范协同运作②。

儒家和一般的强调社会关系的社会法理论最大的不同在于，其在所有的社会关系中，特别重视家庭人伦关系，强调社会法的中的伦理法和道德法的

---

① 杨二奎. 道家法治理念之精义［J］. 中州学刊，2010（02）：168.

② 刘立明. 法治中国进程中传统法律文化的理性传承［J］. 理论月刊，2015（9）：67-73.

要素①。由于人伦关系之间发源于血缘关系，所以具有身份不同所导致的"差等性"，所以儒家的这种伦理的社会法治必然是建立在"差异"基础上的法制，而这一点，恰恰可以从法家所强调的"平等"基础上的法制观点来进行补充。

儒家的法制思想比较充分地认识到法制本身存在的弊端，所以提出了德主刑辅的法制思想，注重通过道德教化来弥补法制本身的功能局限性，这样，这种思想一方面不容易陷入西方法治思想中出现的"法律万能论"思维，但是另外一方面也容易导致"法律弱功能论"理解。就法律的功能发挥方面，儒家更多地呈现出一种保守型的特点，即希望发挥法治的秩序维持和恢复功能，这一点也可以和"法家"对于"法治"秩序变革功能的强调进行有效衔接。

儒家对待法治具有工具论的定位，但是法律所具有的工具理性的目的是维护封建家国伦理关系。这种法治观容易导致将法律定位于道德附庸，忽视了法律自身存在独立性和功能特殊性。在这一方面，恰恰可以被法家的法制思想所弥补。

2. 法家的实证法层面的法治观

和儒家一样，法家在对于法治方面也具有强烈工具论色彩，但是这种色彩并不只是将法律定位为伦理的维护工具，而是具有更加明显的政治功利主义色彩，将其定位为一种实现国富民强的工具，由于脱离了法律的道德性色彩，法家将其更加纯粹地定位为一种政策律令。在法家看来，法律的正当性就完全体现为两个方面：一方面来源于律令来源的权威性，即君主的权力；另一方面来源于律令作用的效果性，即通过变法改革能否增强国力。这样，法家的法治观和儒家法制观相比，更加具有实证意义的色彩②。

为了实现上述的法治目的，所以法治的执行必须要体现"平等性"，所以人都要遵循法律的规定，在这方面，法家所主张的"壹刑""壹赏"恰恰可以弥补"儒家法制观"强调"差等"的缺点。但是也应当看到，这种平等性，是有限的平等性，法治的平等性始终是在君权之下，法家缺乏对最高权

---

① 任强. 法制现代化进程中的儒家法哲学 [J]. 南京大学学报（哲学. 人文科学. 社会科学版），2008（01）：135.

② 王人博. 一个最低限度的法治概念——对中国法家思想的现代阐释 [J]. 法学论坛，2003（01）：15.

力控制的制度安排①，正如《商君书·赏刑篇》所写"所谓壹刑者，刑无等级，自卿相、将军以至大夫、庶人，有不从王令、犯国禁、乱上制者，罪死不赦。"（《商君书·赏刑篇》）可见，守法的对象不包括法律效力的起源"君主"。

此外，法家的这种过于强调效果性的法治观，有两个方面的缺陷：首先，过于强调法治本身，容易导致工具和目标的倒置，将工具本身作为目的，忽视了人的需求和人的尊重；其次，法家对于人性的假设具有"性恶"的预设，人更多是法治的"规治对象"而不是法治的"目的对象"，同时再加上中国古代封建制度下人与人之间，尤其是贵族和平民之间地位所具有天然差异，所以，虽然法家强调法律面前的"壹刑"，但是实际上往往是大多数的平民成为法家严刑峻法的对象。这结果导致了严法苛政，缺乏人道精神，而这方面，恰恰可以被道家的法制思想所弥补。

3. 道家的自然法层面的法治观

儒家、法家和道家三家中，道家的法治观最具有自然法和辩证法的色彩，这种自然法的色彩主要体现在三个方面。

首先，天人合一的自然之道。在老子"道"的引领下"人"是作为目的性而存在，这种目的性的存在使得人法在道家的眼中本身就是自然法的一部分，即道家追求的"天人合一"。

其次，无为而治的理想世界。和儒家和法家立足于"现实社会法"的基点不同，道家更加立足于"理想自然法"，以庄子为例，其眼中的理想世界是"人与禽兽共游，与万物并存，居不知所为，行不知所至"（《庄子·外篇·马蹄》），而这一切必然要遵守一种理想的自然法。

再次，贵己重生的人性需求。道家对人本身的自由、尊严、需求也十分的重视，道家杨朱学派强调作为主体的人"贵己重生"，呼吁人们珍惜自己的身体，自由和尊严，强调作为本体的人比外在的财富和势位更高价重要②，在一定程度上论证了人的需求和目的的自然合理性。

但是道家过于具有理想性，同时也具有一定的保守性，这样，其理想性的法治色彩就可以被儒家社会性的法治观进行了调和，其保守性的法治色彩

---

① 胥仕元. 先秦法家政治哲学的价值取向 [J]. 河北师范大学学报（哲学社会科学版），2019，42（04）：16.

② 李季林. 道家杨朱人生哲学新论——从老子到庄子的摆渡 [J]. 云南大学学报（社会科学版），2017，16（06）：47.

则可以被法家发展性的法治观进行了调和。

在理论上，在对待社会的态度上，三者之中的道家比较消极，呈现出一种"无为"的状态，而儒家和法家呈现出一种"有为"的状态，其中儒家呈现出来的是一种"保守型有为"，而法家最为激进，强调一种"改革型有为"。在社会关系的匹配上，道家更加强调自然规律，所以反对制定复杂的伦理规则和法律规则，希望社会回到初始形态，所以，从这个意义上说，道家学说更加适应于社会关系比较简单的社会发展阶段；而儒家和法家的内容相对来说都比较系统全面，都可以适应更加复杂的社会关系，但是儒家更加强调社会约束中的软性伦理约束，而法家则过于强调一种硬性刑罚约束，所以，虽然两者都适用于比较复杂的社会阶段。但是，一旦国家或者社会在处于内忧外患的危机状态时候，统治者更想强调法家的"法治"思想，而当这个国家或者社会处于相对稳定的良性状态时候，统治者则更加强调儒家的"德治"思想。

在实践上，三者的法治观也具有不同的历史实践，儒家的法治观主要体现在西周，结果导致了礼崩乐坏；法家的法治观主要体现在秦朝，结果导致了二世而亡；道家的法治观由于其本身所具有的实用性不强的理想主义色彩，其在历史的历史实践并不多，典型体现于汉初统治时候的以黄老思想为特点的文景之治。

由此可见，儒家、法家、道家三家法治观在理论上和实践上都具有其内在的逻辑统一性和实践契合性。实际上，正是由于三者之间的这种理论和实践的辩证统一关系，在汉武帝之后，三者开始慢慢出现融合的趋势，这种情况一直持续到隋唐时期达到了成熟，后续形成了儒法道三位一体的法制思想①，但是由于对于德法关系的定位异化，以及经济发展和社会进步的进一步发展，导致出现了法律道德化和道德法律化的异化，最终导致了中国传统法制思想的衰落，最后，由于遭遇了外来殖民侵略，中华传统法制文化最终没有进化成为"现代法治文化"。

---

① 张晋藩. 中国法律的传统与近代转型（第2版）[M]. 北京：法律出版社，2005：18.

第二节 中国化法治理论对传统法制的价值继承理路

马克思主义法治理论中国化必然内含了法治理论的民族化，而民族化的实现最为重要的是在价值层面实现传统中华法制文化和马克思主义法治理论两者之间的价值关联，进而在这种关联的基础上实现两者之间的价值继承。

一、马克思主义法治理论与中华法制文化的价值关联

在近代中国法治现代化的过程中，出现过三次法治革命，除去第一次法治革命是由孙中山领导的以西方资产阶级的自由主义法治理论作为指导思想，第二次和第三次的法治革命都在马克思主义法治理论的指导下开展推进的。纵观三次的法治革命实践，就会得出以下的疑问——为什么资产阶级法治思想先于马克思主义法治理论先来到中国，而从结果上看，中国人却没有接受前者，反而接受了后者？而要回答这一问题，就必然需要考虑到马克思主义法治理论和中华法制传统文化两者之间的价值关联，可以说，这种价值关联塑造了中国人对于"法治"的价值理解和价值想象。

（一）两种法治都定位于具体理性

相对西方法治文化对于抽象理性的强调，中华法制文化和马克思主义法治理论更加凸显具体理性。

西方法治中，更加强调法律在公共领域中所具有的强制规范性，这种规范性的背后实际体现的是将法律作为一种公共理性的对待，在这种对待中，进而实现对于"一切情欲影响"豁免的"理性体现"[1]，在这种公共理性的背后，所预设的主体是一个处于公共社会中抽象性的普遍一般性个体，并且基于这一抽象的个体形成了抽象的一般理性，这种理性就是法治规则的"理性人"的人性基础，西方这种对理性主义尤其是其中的建构理性主义的过分倚重，导致冰冷的规则主义和生活世界的"牢笼化"[2]。实际上，西方法治中，作为公共理性的基础单元的个体都被设计为一种"同质性"的个体，所有的

---

[1] ［古希腊］亚里士多德. 政治学［M］. 吴寿彭，译. 北京：商务印书馆，1983.169.

[2] ［德］马克斯·韦伯. 新教伦理与资本主义精神［M］. 于晓，译. 北京：生活·读书·新知三联书店，1987.96.

个体都被"理性"而"无差别"的法律平等地对待约束。西方法治背后的这个一般性个体一般都被定位为一个已经从家庭中走出来，进入了公共社会中的成年个体。所以，西方法治中对于自由和理性的强调仅仅是一种立足于一个正常个体在成年时期所具有的成熟理智的凸显，从这一假设出发，就会发现，其无法涵盖人生各不同阶段或社会中不同特殊个体的特别状态，例如一个人在成长过程中所经历的幼儿时期或者老年时期，社会中存在的认知欠缺、精神疾病等特殊群体。

而无论是中华法制还是马克思主义法治都将个体预设为一种具体的个体，在这两种理论看来，其是鲜活的，不是抽象的，是生活在各种社会关系中的、多样的、现实的个体。基于这种多样性的现实性的个体引申出了一种具体理性。当然，在对待对于具体理性的过程中，中华法制和马克思主义法治却体现出了不同的关注焦点，中华法制关注的是具体理性中的人伦理性，而马克思主义法治理论更加关注的是具体理性中的生产理性。

中华法制文化中，这种强调"重理求实"①的理性指向主要关注基于家庭血缘亲情所导致的具体化的"人伦理性"。首先，法律必然对于家族伦理中的伦常秩序，尊卑长幼，嫡庶亲疏展开制度关照。其背后蕴含的逻辑，是由于在自然血缘中每一个主体的人伦身份和人生阶段的不同，所以，必然在法律中地位不同。这种对于人的幼年、童年、成年和老年的关注，必然是对于每一个主体的不同的人生阶段进行一种差别性的对待。其次，"家"不仅是规则的产生伦理基础，同时"家"作为血缘的纽带也是人们情感的自然归属，能激发出美好的向往，所以，即使在进行纠纷处理时，"情感性"而"差别化"的伦常理性就会起到很重要的作用。这样，中华法制文化中这种基于人伦理性为基础上的特点，可以很好地弥补法律本身因为制度理性所具有的规则疏离感以及人类的"致命的自负"②，弥补了"形式合理性"的国家法律所造成的现代性弊端，那些理性"铁笼"曾被忽视的个体的生命特性、价值选择和人伦关怀得到制度规则的关注，为法律的制定和法治的运行注入温度和情感，使我们在严格的法律下，能有效地防治理性计较而导致的精神消解，进而凝聚精神归属。

---

① 张晋藩. 中国法律的传统与近代转型（第2版）[M]. 北京：法律出版社，2005：26.
② ［奥地利］弗里德里希·哈耶克. 致命的自负 [M]. 冯克利，胡晋华，等译. 北京：中国社会科学出版社，2000：59.

马克思主义的法治中，同样也反对一种抽象的一般的个体的假设，在马克思的理论中，人是由各种各样的社会关系的结合体，也就是说，人不是单独的被抽象出来的，这种抽象实际上是将个体从各种类型的社会关系中割裂出来而放置在一个"真空"中，人是一种在真实的关系网的个体性存在，是一种感性的实践性的存在，而关于人是一种怎么样感性实践存在，马克思主义和传统中华法制传统在这个方面则出现了差异。

首先，马克思主义法治理论中对于个体的关系描绘侧重生产的关系性存在。不像中华法制那样强调家庭关系对一个人的影响，马克思最为关注的是经济关系对于具体的个体的影响，即生产关系对于一个个体的基础性影响。实际上，马克思主义也十分重视家庭关系，但是即使在关注家庭方面，其更多关注作为一种经济制度类型而存在的家庭功能设计[1]，而不是强调作为一种伦理制度类型存在的家庭功能设计。这样，在所有的经济关系中，马克思主义法治理论更加关注经济关系，尤其是经济关系中的生产关系，所以，在马克思主义法治理论看来，主体受到法律的影响程度必然要受到事实上生产关系的制约。

其次，不像中华法制文化关注一个小型伦理社会中的"熟人关系"，马克思主义法治理论更加关注大型商品社会中的"陌生人关系"。伦理宗法关系是在一个相对比较封闭的以血缘为基础的熟人环境中发生的各种关系，其他的各种社会关系是建立在这种"血缘"关系基础上的[2]，这种导致这种伦理化的法治关系难以突破"血缘"的藩篱；而马克思主义法治所强调的经济关系，必然是在社会化大分工的背景下所产生的，这种经济关系在整个社会中必然会突破血缘、地缘的限制，呈现出所有、占有、使用、受益、处分、分配、交换、消费等多样性的经济事实关系，而这种事实关系必然也会反映在法律关系上，所以，马克思主义法治理论更加强调的是"陌生人"社会的一种"生产理性"，一种具有丰富类型的现实的"经济理性"。

这样，三种法治理论在理性的类型方面就出现了一定的差异性，西方自由主义强调抽象理性，但是马克思主义法治和中华法制则更加关注具体理性，其中前者更加关注具体的生产理性，后者更加关注具体的伦理理性。

---

[1] 王福山. 论马克思恩格斯家庭新历史观及当代价值 [J]. 常州大学学报（社会科学版），2014，15（06）：6.

[2] 曾宪义. 中国法制史 [M]. 北京：北京大学出版社，2000：18.

(二) 两种法治都强调个体集体的同一和谐

相对西方法治强调个体至上，中华法制和马克思主义法治更加凸显个体与集体之间的同一和谐。其中中华法制强调家国统一，强调两者之间的和谐关系；而马克思主义法治则强调"人的本质是社会关系的综合"，强调"个体与社会"的辩证统一。

近代西方的治理历史中，法治最大的作用在于通过制度来限制和规范政府所具有的权力，防止出现无限政府，权力滥用，而强调有限政府，权力合规。所以，这种法治理论中，在个体与政府之间，西方法治始终将个体地位列为第一位，其认为政府乃至国家的本质仍然是一个个体性的存在组合，个体在逻辑上和价值上必然是先于各类群体而存在。但是，讽刺的是，这种强调个体权利保障的个人主义，反而会导致专制主义，正如有学者所认为，这种过度的个人主义倾向则容易导致市民社会的解体，从而无法以社会权利制衡政治国家而使后者渐趋"温和的"专制主义①。

除去法治的作用之外，如果从法治的诞生视角来观察也能得出法治理论中个体和群体之间的内在关系对峙。一方面，就政府产生而言，根据"契约论"，政府或者国家的权力来源于每一个独立的个体通过"契约"的方式所进行的权力委托；另一方面，为了防止获得了权力的政府对于个体展开新的压迫，就必须要制定一定的运行规则来限制权力的运行，而法律则是对权力进行限制的最为有力的制度武器。这样，西方法治的背后实际上蕴含着个体与主体之间所存在的二元对立的关系预设，而在这种张力关系中过于强化个人本位，这也造成了所谓的一些"现代性危机"，如利益僭越了道德、现象迷失了归属等②。

传统中华法制认为社会本由个体的人通过网状关系所构成的，而不仅仅是个体的原子型的组合构成，社会是一种关系性的有机体，是从简单关系到复杂关系的演进。而在所有的关系中，最为简单、最为直接和处于整个社会基层的就是"家庭关系"，这样，在家庭之上，产生了"家族"，进而产生了"民族"，按照这一逻辑"国"必然是"家"的进一步扩大，所以称之为"国家"。"国与家无二理也，治国与治家无二法也，有国法而后家法之准以立，

---

① [利比里亚] 查尔斯·泰勒. 现代性之隐忧 [M]. 程炼，译. 北京：中央编译出版社，2000：76.
② 李鼎楚. 权利的"方法主义"与法学的"中国建构"[J]. 湘潭大学学报，2014 (3).

有家法而后国法之用以通"①。这样，个体通过家庭这一中介实现了和政府国家的"家国同构"的社会结构统一。所以，在一定程度上，中国人对待任何一种外在组织具有一定的"家族式思维"和"拟家化认知"。所以，"家"天然地承载了这种社会所有关系的解除和关联的核心。

在这种家国同构的关系中，个体与群体之间从根本上就不会存在一种根本性的紧张对立关系，两者之间是一种相互依存的统一关系。对于这种相互依存关系的理解，不仅是作为治理对象的民众具有这种朴素的关系，即强调"家国"和"君父"思想，同时作为治理主体的君主，也认为自己有这种基本的义务，强调"民本"和"子民"思想②。

马克思主义法治认为人的本质是社会关系的总和，同样，也是认为"人"是"关系性"的人，人的各种"关系性"最后织成了一张社会关系之网，这张网，也就是"社会"的本质，即，认为社会和"人"一样，是一种关系性的存在。所以，从人的"社会关系总和"这一"本质"概念出来，如果要衍生出"人的发展"这一命题，必然是到导致出"人的发展"是"作为人的本质的各种社会关系的发展"，也就是说，这种发展不是"个体"脱离社会的"孤独型"发展，而是"个体"和"社会"相互结合的一种"关系型"发展。这样，个体的发展就离不开社会的进步，社会的进步也离不开个体的关系的生成，社会的进步和个体的具有根本上的一致性，从而将个体和社会之间的关系从根本上进行了"统一"。

实际上，在中华法制文化和马克思法治文化中，个体与自然，个体与世界，个体与国家，个体与政府，个体与个体之间都具有一种天然的根本统一性，人与人之间更多强调的一种熟人社会所具有的合作关系，而非西方法治所强调的人与人之间是一种"人吃人"的竞争关系。这种对于统一关联的强调，可以有效地防范利益个体的强化到而导致的社会团结松散。但是如果从更深层次的角度来思考，就会发现，中华法制文化和马克思主义法治理论中的"统一"具有一定的差异性。

马克思主义法治理论中的"统一"并不像中华传统法制文化认为的那样，是由于家庭的原因，是一种伦理血缘和共同生活所导致的同意，而是根植于经济社会发展所导致的社会分工，也就是说，是根植于一个社会的生产力发

① 李交发. 论古代中国家族司法 [J]. 法商研究，2002（04）：135-144.
② 曾宪义. 中国法制史 [M]. 北京：北京大学出版社，2000：43.

展水平。一个社会的经济发展水平越高，生产力水平的提升也必然导致社会分工就会越复杂，进而导致生产关系越来越复杂，无论是生产过程中的劳动关系，还是生产结束之后的分配关系，交换关系和消费关系，都会随着社会分工的发展而不断发展，这样作为个体的人就会被社会整合得越深入，个体也就越离不开社会，而与此相对应的是，作为有机体的社会的也同样就越来越无法离开一个个具体社会系统的组合部分——个体，所以，个体和社会之间形成了良性发展互动。

二、中国化法治理论对中华法制文化的价值继承逻辑

马克思法治理论的中国化必然包括了对于中华传统法制文化的价值继承，而这种继承除去要在文化层面要求两种法治具有价值关联之外，更要求两者在制度文化的价值逻辑层面具有一定的内在契合性。这种制度文化的价值继承逻辑主要体现在"制度工具的功能定位—制度工具的执行展开—制度工具的治理目的"三个递进层次。

（一）法治功能定位的逻辑继承——工具逻辑

相对西方法治将法治作为一种信仰进而对其至高无上的强调，中华法制文化和马克思主义法治理论则更加侧重于将法治作为一种制度工具进行功能定位，例如都凸显法律保障国家的纲纪和政策的实施作用[1]。实际上，无论是西方法治理论、中华法制文化还是马克思主义法治理论在一定程度上都十分重视法治的工具性价值作用，但是这三种法治观对于法治的工具性作用理解却有不同的方式。

首先，三者对于法治工具性作用的侧重点关注有所不同。西方法治十分重视法治的控制性和规范性工具作用，就控制性工具作用而言，主要是强调法治对于统治阶级强化统治的重要意义，目的是巩固统治地位[2]；就规范性工作而言，则主要是重视法治作为弘扬个体的权利和限制政府权力所起到的规范作用，在两者关系之间，由于经过了中世纪宗教上帝自然法的洗礼，更加强调"法"和"终极"的关联。这样，法在一定程度上取得了超越世俗权力的宗教神圣性，而这种神圣性而极大地为规范性的凸显提供了文化支撑，所以，在工具作用方面，西方法治整体主要呈现出一种以权利保护和权力限制

---

① 张晋藩. 体现马克思主义唯物史观的中华法文化 [J]. 法学杂志，2020，41（03）：5.
② 曾代伟. 中国法制史 [M]. 北京：法律出版社，2001：18.

导向的法治工具价值导向。

中华法制的历史实践更加注重将法治定位为一种控制性和发展性工具，就前者而言，控制性工具也和西方法治实践一样，同样将法治定位为一种维护阶级统治秩序、巩固统治利益的工具；就后者而言，发展性工具则更加注重法治对于国家富强和人民幸福所起到的作用，其中就国家富强而言，在历史上主要体现为春秋战国时期的"变法实践"以及后续朝代的各种变法活动，在这一过程中进而法治呈现出一种改革导向的法制实践；就人民幸福而言，主要体现为在将法治作为工具运用的过程中，在一定程度上呈现出一种"民本"的目的导向性，当然这种导向也是一种集体性权利的导向，而不是一种个体性的权利导向，其根本性的目的是巩固君主统治。

中国化的马克思主义法治则体现为一种控制性和斗争性、阻碍性和发展性的多面性、多维度、多样性的特点。将法治的工具性的作用区分为了政治、经济和生活领域；其中控制性和斗争性主要体现在政治领域，按照马克思主义法治理论的理解，一方面从法治的产生角度强调法治是统治阶级用来统治被统治阶级的工具，目的是稳定和巩固统治秩序，另外一方面也强调被统治阶级可以通过法治来开展阶级斗争，进而发挥法治的积极作用来维护自身利益，开展政治反抗；阻碍性和发展性的作用则主要体现在其经济领域中，其认为作为上层建筑的法治如果适应了经济基础的需要，在一定程度上就可以促进生产力的发展，反之，则会阻碍生产力的发展；调整性和标志性的作用则主要体现在社会生活领域，人与人在社会生活中可以通过法治来协调彼此的权利义务，在出现了人际矛盾时候也可以通过法治来进行指引解决，实现社会和谐。

概言之，西方的法治强调一种"规范导向型"的工具性作用，中华法制则更多强调一种"任务导向型"的工具性作用，而马克思主义法治则更多呈现除以中"多样导向性"的工具性作用。

其次，三者对于法治工具性作用的信仰程度有所差异。西方法治从古希腊时代开始肇始，经历了古罗马的发展，中世纪的弘扬，再到近代罗马法的复兴、自然科学大发展、文艺复兴、思想启蒙、宗教改革、资产阶级革命等，一直到今天才最终成型。在这一过程中，法治发展的其中一个独特性的特点就是法律和宗教之间出现了长时间的深度纠缠，尤其是在中世纪近两千年宗教法律时期，"事实上，在有的社会，法律，即《摩西五经》，就是宗教"①，法律更多是以永恒法、上帝法、自然法的方式呈现。虽然在这一段时期，法律成为宗教的附庸，但是法律也同时取得了"上帝"神权的背书，法成为"上帝"的意志表达，这样，法就获得了宗教上的至高无上性，获得了文化上的尊贵感，进而超越了世俗王权，教会法体系成为第一个近代西方法律体系，成为信仰的对象，正如伯尔曼所言："法律必须被信仰，否则形同虚设。"②

中华法制的发展历程却与之不同，如果拿上述观点来对比中华法制的发展沿革，就会发现，这一环节过程在中华法制的发展中并不存在，或者其仅仅在夏商时期以神权法的形式短暂存在过，但很快，法就从"神法"时代进入了"人法"时代，所以，法在中华法制语境下并没有取得其如在西方一样如此高的地位。实际上，即使中国人对于法的存在一定程度的信仰，那么这种信仰则在很大程度上也体现出一种功利性的交易色彩，对于法律的信仰很多时候都呈现出一种实用主义的选择性适用和选择性遵守的色彩③，而绝非类似于西方宗教色彩般的信仰。

马克思主义法治在对于信仰法律这一方面，理论主张则相对比较模糊，而之所以造成模糊的主要原因在于马克思对于是否应当尊重法治具有阶段性认知的特点。马克思和恩格斯在谈到法治的时候，更多的是将"法治"指向了"资本主义法治"，这样，对于"法治"必然是以批判的态度为主，主张要推翻包括"法治"（实际是资本主义法治）秩序在内的整个资本主义秩序；而对于建立了社会主义制度之后的法治，列宁则认为必然需要遵守，其认为社会主义必然要经历一定阶段的法治时期，通过法治专政进而实现对于社会主义政权的巩固；而对于更高级别的共产主义社会，法治则"消失"了，但是，要明确这种"消失"不是所有的法律制度的消失，而是一种制约人类解放的法治消失，或者是作为阶级压迫工具的法治消失。在共产主义社会，由于导致法律和法治产生和维持的阶级、阶级压迫以及产品的稀缺性的消失，"法律"和"法治"是否需要遵守的问题本身也会"消失"。所以，在这个问

① ［美］伯尔曼．法律与宗教［M］．梁治平，译．北京：生活·读书·新知三联书店，1991. 38.
② ［美］伯尔曼．法律与宗教［M］．梁治平，译．北京：生活·读书·新知三联书店，1991. 14.
③ 汪岳．法治信仰社会化：一个长期而艰难的过程［J］．社会科学研究，2016（05）：113.

题上，其呈现了典型的阶段性的特点。

中国化的马克思主义法治理论则强调对于"法治"的信仰，但是这种信仰更多的是针对的具体而非抽象的法治的信仰，即，对社会主义尤其是中国特色社会主义法治的信仰，从实践中看，法治信仰体现为已经将其列入了"社会主义核心价值观"，同时，在从价值观对于法治进行强调的同时，也从更加深层的思维层次强调法治思维。从实践来看，当前中国的这种法治信仰具有中华传统法制文化功利性和实用性的信仰，具有基于法治本身的功能作用的功利性信仰的色彩，但是需要明确的是这种"功利性"的信仰是建立在对于"法治"自身"功能性""科学性"认知的基础上，而非仅仅建立在对于自身利益简单考量的基础上，可以说，这种"信仰"更加具有科学性，同时，这种信仰，也具有马克思主义法治理论对于法治的阶段性分析的特点，随着生产力水平的不断发展，市场经济的不断完善，法治作用释放越来越充分，这种信仰也会"阶段性"增强。

（二）法治执行空间的逻辑继承——规则协同

相对西方法治法律对于规则至上的强调，中华法制和马克思主义法治则更加强调在治理领域的规则协同。

西方法治文化和实践的一个典型性的特征就是强调在所有的治理规则体系中法律至上，在所有的治理模式中，法治最优。一般来说，这种对于法律或者法治至上的认识是整个西方法治在经济、文化、政治的综合和进化的作用下所得出的必然结果，所以其强调法治至上本身并没有多大问题，但是如果将这一原则极端化，对于任何社会领域的治理都一味地强调法律至上，那么就形成了对于复杂社会问题的单一规则化处理，进而忽视了其他丰富多彩的社会治理规则，就会陷入如上文所述马克思所批判的"法治拜物教"的陷阱中①。这种极端化的"法治拜物教"在一定程度上就会造成了所谓的一些"现代性危机"，如利益僭越了道德、现象迷失了归属、法治超越了道德、形式超越了实质等。

中华法制更多的是将法治定位于一种任务型导向的工具，在这种认识，最大的问题式有可能导致出现"法治无用论"，在这种理论的指导下，对于法律和法则进行选择性适用，但是，从另外一个角度而言，这种认识也的确可

① 陈林林，兰婷婷. 法治与法律拜物教——马克思主义对自由主义法治观的批判［J］. 浙江社会科学，2015（01）：37.

以在一定程度上为其他种类社会治理的存在提供一种认识上的可能性存在空间，进而为其他社会规则和法律规则进行协同共同参与社会的综合治理提供了想象可能。实际上，法治由于其本身存在的滞后性、缺失性、模糊性、成本性等缺点，其在治理领域上也必然存在一定的局限性，社会中存在很多并不适合在实践上采取法治方式来治理的领域，例如恋爱、交友、亲情、互助、慈善、好意施惠等领域以及伴随着科技发展而新出现的人工智能、代孕、试管婴儿、基因变异等新兴领域；同时，即使在主张法治治理适用范围最大化扩张的现代西方资本主义法治理论中，其也认为在权利保障上存在一些通过法治治理无法实现的权利诉求，进而会出现法治治理的治理障碍或者治理空白，例如最低生活保障权、生育权、发展权、就业权等一些被认为"不可诉"的社会权①。针对这些社会权的调和，法律有时候的确显得治理无力。实际上，恰如上文所分析，这种情况就需要类似于中华法制所主张的在一定程度上采取包括法治、德治、礼治、民治等综合塑造社会秩序的系统性和整体性治理思考。

马克思法治从批判的角度反对"法治拜物教"，其认为在将法治作为治理的工具的定位下即使提出了"法治至上"的观点，也应当看到这种"法治至上"不等同于"法治拜物"，也就是说"法治至上"是存在限制条件的，其更多的是在"规则和权力"的领域内，针对"特权"而提出的，强调的是"法大于权"，权力要受到规则的制约，因此，这种至上性具有特定的具体含义，绝对不能做一种抽显性的原则来理解。按照马克思主义的观点，经济基础决定上层建筑，从逻辑的角度而言，也就是说法律诞生在各类社会现象和社会问题出现之后，这样，"法律"的诞生，包括"法律"诞生之后的行使和适用，其都会受到其他社会现实和社会事实的制约和限制，这样，就明确了"法治"的目的是为了"社会现实"服务，是为了解决"社会问题"而存在，所以，要解决社会问题，就必须要更加有"现实导向"和"问题意识"，不能仅仅不考虑社会实践情况就一味强调"法律之上"，试图将法治作为一把万能钥匙来解开复杂多样的社会问题之锁，而是要试图通过各种治理规则的配合协同，进而实现社会的发展和进步。

就中华法制而言，其为了"现实问题"解决的导向产生了古代"德法"制度规则展开的相互协调。在中国古代社会经济、政治、文化条件下，"礼

---

① 付子堂. 法理学进阶［M］. 北京：法律出版社，2005：225.

治"或"德治"与"法治"思想都有自己存在的客观依据，之所以主张
"德"是由中国古代社会自然经济基础和宗法制度所决定①，儒家的"礼治"
必然居于主导的地位。之所以主张"刑"则是由于德治本身存在的不足所导
致，当通过德治无法实现伦理秩序时候，必然需要刑罚来进行保障，所以，
法家的"法治"必然处于辅助地位。所以，二者的结合以及儒法互补格局也
就是必然的。但是这种互补的格局却体现为"德主刑辅"。即在两者的关系上
区分了"主"与"辅"，具体而言，就是将道德作为法律的基础。这种基础
性主要体现在两个方面。一方面，法律成为实现或达到伦理目的的工具。一
个行为违背纲常礼仪这才是其受到刑罚的理由，所以，刑罚在儒家眼中虽然
有必要，但是这种必要性仅仅是一种工具必要性，也就是说，实施刑罚的目
的则是实现纲常礼仪的要求。另一方面，法制本身就具有浓厚的伦理色彩②。
法治服从于德治的思想集中体现为对于刑罚内容的伦理性界定，主要体现为
以"重罪十条"为核心的罪名体系，体现为"八议""亲属相为隐""三从"
为主要内容的制度设计。可以说，传统法制文化"德主刑辅"的模式选择对
中国特色社会主义法治也产生了深远的影响。

中国特色社会主义法治在理论也强调德法之间的"相互结合"，在实践也
开展两者之间的"互补展开"。在马克思主义的道德与法律辩证统一的关系认
识影响下，"互补展开"主要体现为两种治理方式在规范领域和规范手段方面
的互补性。就规范领域而言，法治主要规范人们的行为，而德治主要规范人
们的思想；就规范手段而言，法治主要依靠的国家强制力，以其权威性和强
制手段规范社会成员的行为；德治则主要依靠历史习俗，社会观念和主体内
在信念，以其说服力和劝导力提高社会成员的思想认识和道德觉悟。同时由
于两者具有共同中国特色社会主义实践的治理基础，具有相同的维护社会秩
序的治理功能，两者都具有同样的实现全面建设小康社会的治理目标。这样，
两者之间在治理实践上呈现出极大的互补性。

概言之，西方法治理论的"法律至上"可能更加注重法律的权威性，其
法治运行的思路是"规则导向"，聚焦从规则到现实，更加凸显治理的规则性
和制度性；而中华法制传统和马克思主义法治理论的"现实导向"则都更加
注重治理的实效性，其运行的思路是从现实到规则，更加凸显治理的问题性

---

① 曾代伟. 中国法制史 ［M］. 北京：法律出版社，2001：45.
② 曾代伟. 中国法制史 ［M］. 北京：法律出版社，2001：22.

和现实性，这种现实性的问题解决思路有效地为不同规则的治理协作提供了文化根基。

（三）法治发展目的的逻辑继承——主体发展

相对西方法治聚焦社会规则，中华法制和马克思主义法治更加关注主体发展。

西方法治，在一定程度上更多是针对社会运行作出的规则界定，在社会与人的关系中，其试图通过对社会的规则理性界定进而提升和实现社会中个体的德性，但是从现实推进来看，这种对于制度价值凸显的结果并不一定能够带来个体价值的提升。例如，如果过于强调社会的效率规则，则可能带来主体之间的竞争，加剧人与人之间的紧张关系；如果过于强调社会的平等规则，则可能带来效率的下降，如北欧高福利国家导致的"养懒汉"结果，所以，在这种聚焦于社会规则调控的视域下，就很难取得对于效率和平等两者之间的有效平衡，实际上，造成这种情况的根本原因就是在于这种"非左即右"的调控思维本身所具有的局限性，则这种局限于存在的根本原因就在于西方法治仍然将焦点放在对于社会规则的调控，而不是对于个体自身德性的调控上。

中华法制，由于其本身的所内涵的伦理和道德因素，即使其在外表上呈现出一种规则化形态的"制度性强制"，实际上这种强制也更多关注主体的培养和调控，聚集一种结果型的"状态化完善"。从现实推进来看，中华法制规则调控的结果着重体现为奖励一些干事勤劳的人，进而在这些人身上形成了思维开阔、勤劳勇敢、创新进步的社会人格；而对于那些僵化封闭、保守懒惰人格进行了结果否定，进而通过结果否定实现了一定程度上的道德谴责，正如梁漱溟先生所指出："抽象的道理，远不如具体的礼乐。具体的礼乐，直接作用于血气，人的心理情致随之顿然变化于不觉，而理性乃油然现前，其效最大最神。"① 这样，中华法制礼法合一的一个重要特点就体现为一种对于主体德性进行肯定和否定的综合机制，以及随之而带来的一种礼法合一的强制性制度效果，也就是说，这套机制是通过作用于"个体"再作用于"社会"，这种机理表现为对于主体德性而不是社会规则强调的"制度性注意"，在这种制度性的激励之下，必然能够实现个体人格的不断完善，而个体人格的不断完善又会进一步带来社会的不断发展进步，而社会的不断进步，就会

---

① 梁漱溟. 中国文化要义［M］. 上海：上海人民出版社，2003：109.

不断奖励和完善新的社会性人格，即，最终实现整个社会在更多具有社会德性的主体推动之下得到更好的完善和发展，实现了个体发展和社会进步的制度化完善统一。可以说，中华法制的这一特点构成了中国传统社会不断稳定和发展进步的制度机理。

中国化的马克思主义的法治理论，则在一定程度上也实现了对于社会规则调试和实现社会主体发展的统一，但是在这种统一中，和传统中华法制文化相比，其又具有自身的理论特色。

首先，和中华法制不同，从其运行逻辑上而言，马克思主义法治侧重于对于"社会"层面的规则强调，但是其在"社会规则"层面中和西方资本主义法治文化强调"效率"价值不同，其特别重视"平等"的价值。但是，如果仅仅是这样，这种对于制度"平等"价值的过度强调可能会导致出现"养懒汉"的后果。针对这种情况，中国化的马克思主义也试图解决这一规制思路下可能存在的弱点，但是其解决的思维模式并不是在"法治"的规则框架内进行价值的在"效率"和"平等"之间的左右微调，而是跳出了"法治"框架的束缚，进入到经济生产领域来解决问题。

跳出抽象规则调整的领域，聚焦于具体的生产领域来解决这一难题。但是如何在生产领域来解决"平等"和"效率"的问题，客观地说，马克思和恩格斯由于其所处的时代，并没有得到充分的思考。一直到中国共产党的夺权政权，建立社会主义制度之后，并且经过了探索才提出了"以经济建设为中心"的发展路线，统筹开展"五位一体"整体布局发展和"四个全面"战略布局发展，并且针对我国特殊的发展阶段提出了"效率优先，兼顾公平""更加注重社会公平"的社会规则完善思路，通过在经济领域大胆的引入了"市场经济"机制，并且创新性地形成了中国特色社会主义市场经济机制，极大地解决了"生产力解放和生产力发展的问题"，进而为"公平"问题的实现提供了"效率"保障①。

其次，和西方资本主义法治不同，中国化马克思主义法治理论和中华法制一样，也同样关注于作为社会主体的"人"的自身的发展，共产主义的最高目的就是实现作为主体的"人"的最终自由和最后解放，也就是是说，其也试图通过实现对于"主体"的发展来实现对于社会规则的完善，最后反过

---

① 祝小宁，李茵莱．论毛泽东、邓小平的公平效率观 [J]．毛泽东思想研究，2003（06）：90.

来促进"主体"的进一步发展，实现了"主体解放"和"规则完善"的统一，实际上日本法学家穗积陈重也说过，只有把"人"的作用和"法"的作用结合起来的法，才能堪称永恒的法①。但是，这种对"人"的完善和中华法制对于人的完善有三点不同。

第一，从发展的维度而言，中华法制试图仅仅通过教育来实现对于人的道德层面单向度的完善，而马克思主义所强调的"人的解放"则是一种全方位的完善，不仅是道德层面的完善，同时也是经济层面、政治层面和文化层面的完善，进而实现主体的"自由而全面的发展"。

第二，从发展的主体范围而言，如果说，在中华法制之下，能够得到完善仅仅是"君主"或者一部分的"贵族"，那么，在社会主义法治下，能够得到完善的是"全体的劳动者"，所以，基于这种逻辑，中国共产党也提出了与"以经济建设为中心"的发展路线论相对应的"以人为本"的发展目的论。

第三，从发展的展开逻辑来看，中华法制中的发展虽然在一定程度上也体现了"民本"的发展目的，但是要实现这一目的的展开逻辑是依托于"君主"的"人治"而展开的，其本质是一种精英型和专制型的法治发展；马克思的社会主义法治的发展目同样体现为"人本"，但是其展开逻辑是依托于"人民"的"民治"，即人民民主而展开的，而且在人民这一集体中，既包括了先锋队的"中国共产党"，也包括了作为主体的"大众"，这样，又可以在"先锋队"和"大众"之间开展"协商式"的民主，从而实现了"人民民主"和"协商民主"的统一。所以，这种展开逻辑呈现为一种"发展为了人民，发展依靠人民，发展成果由人民共享"的一种"人民发展"和"发展人民"循环互动的法治发展理念。

综上所述，正是由于传统中华法制所具有的这种本土价值负载和马克思的社会主义的这种外来价值理想发生了碰撞，继而实现了两者之间的契合，最终实现了马克思主义法治理论的民族化。中华法制文化和马克思主义法治理论的价值关联实际上是对西方资本主义法治价值的一种家族差异式地表达，这种价值关联或者价值家族性，提醒我们在开展马克思主义法治理论中国化的过程中，不仅要明确中国特色社会主义法治和西方法治在价值立场上的不

---

① ［日］穗积陈重．法律进化论［M］．黄尊三，等译．北京：中国政法大学出版社，1998：144-146.

同处，也要明确其和传统中华法制在价值立场上的相似性，所以说，中华法制文化是今天开展马克思主义法治理论中国化所根植的必然性文化土壤。这种制度文化价值逻辑的继承在更为深入的层面保障了中国化马克思主义法治理论发展的民族特质。

第三节 推进优秀中华法制文化创造性转化与创新性发展

一、推进优秀中华法制传统文化的创造性转化

（一）法治定位从君尊于法到法尊于权

从中国古代"君"与"法"的关系上看，最高统治者皇帝拥有最高的行政权、立法权、司法权、执法权①，与之对应的是，最高统治者的上述各类权力并没有制度性的约束。

从法治的现实运行来看，可以说，在中国历代法典中，几乎没有约束皇权的条款。甚至，从中国古代法律的具体形式上看，除去作为奴隶主或者地主统治阶级整体意志的正式法律形式之外，皇帝的诏令也是法律的重要形式之一。

从法治的运行逻辑来看，就儒家、道家以及法家三种法治理论而言，儒家对于最高权力的约束仅仅选择了道德性的柔性约束，甚至儒家更加强调人治，而道家由于奉行"无为而治"，其显然无法形成有效严密的制度体系来约束皇权，法家的法治虽然强调制度化和规则性的制度之治。但是其最大的缺点是同样也是遗漏了对于最高权力来源——君主的制度性制约。甚至，儒家、道家、法家三者在一定程度上都自觉或者不自觉地将各自的法治理念践行的基础和保障选择寄希望于"圣虑高远"圣君的"人治"基础之上。

可以说，在中国古代，中国传统法制理念都缺乏制度规范主义层面上对于最高权力主体——帝王的约束。法随君出，权力支配法律，法律维护君权，君权凌驾于法律之上，这是中国传统法制的一个重要特征。权与法的特点是，可以说，君权凌驾于法权之上，法权服务和服从于君权②。

---

① 曾宪义．中国法制史［M］．北京：北京大学出版社，2000：13.
② 曾宪义．中国法制史［M］．北京：北京大学出版社，2000：15.

中国特色社会主义法治理论在权与法的关系上进行了有效的转化。现代法治的一个典型特征就是"法大于权"，无论何种权力都必须在法治的轨道和"法治的笼子"中运行，这一点，当代的话语表达就是"任何人都不能凌驾于法律之上"。可以说，这种转化带来的后果就是，让法治不仅成为"统治的工具"，更为重要的是实现了"工具的治理"，即要求对于各种统治工具的使用都必须要在法治的轨道进行开展。这样，就实现了法治的基本诉求，对于权力的治理，进而在此基础上实现了对于权利的保障。防止法治沦为了权力的附庸和奴仆。

（二）法治设置从义务本位到权利本位

从法律的实施目的而言，无论是奴隶制法制还是封建制法制，还是儒家，道家或者法家的法制思想，其实施法治的目的都是维护皇权的专制统治。而为了实现这种目的，在法治的内容设置上就必然产生了以义务为本位的行为要求①。无论是奴隶制社会还是封建社会，法律中权利义务的设置都体现出不平等性。

就权利而言，不同的社会等级拥有不同的权利范围，即所谓"良贱异制"，同罪不同罚②。权利主要为统治阶级所享有，典型地体现为"礼不下庶人，刑不上大夫""八议""官当"等法律理念和法律制度，统治阶级享有政治、经济、社会、司法领域的各类特权。

就义务而言，主要由进行社会生产的广大平民百姓来承担，他们对国家负有纳税、尽忠、徭役、征防的义务，但却几乎没有任何法律权利。法律被视为统治者奴役百姓的工具，所谓"强由民力，财由民出"（《三国志·吴书·陆逊传》）。从法律的条文看，更多的是一种"应当做""必须做""禁止做"的义务性要求，这样，法律就成了压制性力量，是记载义务的文本，而不是权利的宣言书，法治成为来实现义务履行的制度性保证。

实际上，这种内容设置具有深刻的经济根源。从经济上看，中华法制诞生的经济基础是自给自足的小农自然经济和小商品经济，其中前者为主，后者为辅，而今天中国特色社会主义法治的经济基础是商品经济的高级阶段市场经济，交换已经成为社会中普遍的经济现象，这样，两者产生经济基础的不同所导致的结果是前者强调义务本位，公法为本；后两者则强调为权利本

① 曾宪义. 中国法制史［M］. 北京：北京大学出版社，2000：19.
② 曾宪义. 中国法制史［M］. 北京：北京大学出版社，2000：20.

位，私法为重。

此外，马克思主义是关于"人"的解放的学说。这种"人"的解放在中国当代的话语表达就是"人民群众"对"美好生活的向往"，而这需要保障人民享有的各种权利，法治就必须确认、保障、维护和发展这些权利，从当代中国法治实践来看，2004 年"人权入宪"就是我国宪法第四次修订最为重要的内容之一，实现了在国家最高法律规范中对于主体"权利"的确认与弘扬。

（三）法治导向从家族本位到个体和集体统一

从法治的主体指向而言，和西方法治中对个体本位的侧重不同，中国法治的主体指向则是国家，强调家国本位的维护。产生这种情况的原因是由于中国作为黄土文明对于土地的强烈依赖，这种对土地的强烈依赖，导致了对诞生于土地之上的以血缘为特点的组织单位——家族的重视。

从原始氏族公社时期起，家族规制的宗法规范就是法律规则的重要型态，同时，进入阶级社会出现国家之后，家族本位观得到进一步发展和完善，由家而国，家国相通，家是国的基本单位，国是家的扩大和延伸。家族本位一直是统治阶级的不变追求，并潜移默化地影响到了社会生活的各个角落，家族本位与专制政治的结合的这一结果又使得政治伦理化、伦理法律化，正如日本学者滋贺秀三指出，家族法"限于是历史的产物、因而带有中国式的特色并且这种特色保持着合理性和逻辑的一贯性的东西"①，最终促进了家族本位观在民族心理中的深层积淀，成为来法治价值导向的文化旨归。

当代中国特色社会主义法治强调个人和集体的统一。传统法制文化对于家族的重视，可能带来的一个后果就是对于"个体"的忽视，所以，必须重置"个人"的地位，将"个人"和由"个体"所组成的各类"家族""企业""国家"共同体之间的关系进行协调统一。"人的本质就是社会关系的总和"②，而社会关系必然在法治上有所反应，社会主义法治建设中，将"社会关系"转化为人与人、人与集体之间的"法律关系"，通过对于主体权利的界定防止了集体对于主体的权利压制，实现了在"法律治理"层面上主体和集体的有机协调，辩证统一。

---

① ［日］滋贺秀三. 中国家族法原理［M］. 张建国，等译. 北京：法律出版社 2003. 10.

② 中共中央马克思恩格斯列宁斯大林著作编译局. 马克思恩格斯全集（第 1 卷）［M］. 北京：人民出版社，2009：501.

二、推进优秀中华法制传统文化的创新性发展

（一）法治伦理"先礼后刑"发展到"依法治国"和"以德治国"有效结合

在古代中国，虽然儒家、法家和道家都主张"法治"，但是其中儒家侧重"德治"，"法治"的存在是为"德治"服务的；法治则仅仅主张"法治"；道家则主张"德治"和"法治"并用。随着中华法制的不断发展，两者在治理中主要表现为"先礼后刑"的"先后"模式。

从礼刑的产生历史来看，就"礼"而言，主要体现为"周公制礼"的立法过程。通过"周公制礼"为"礼治"的开展奠定的基础；就"刑"而言，主要体现为"吕侯制刑"，在西周的中后期，政局动荡不安，社会矛盾激化，大臣吕侯奉周穆王命令作《吕刑》，规定了墨（刺字）、劓（割鼻）、刖（断足）、宫（去势）、大辟（处死）五种刑罚以及三千款处罚条文。这就可以看出来，礼适用于国家的"常态治理"，而刑则更多适用于"非常态治理"。

从法律的内容渊源而言，西周的前期，西周奴隶主贵族的代表周公厘定了一整套以维护宗法等级制为中心的行为规范以及典章制度、礼节仪式，并按照这套礼制的规定和要求来治理国家，这样，"礼"随着历史的发展不断被系统化和规范化，逐渐渗透到人的生活的各个领域，礼开始成为中国传统文化的核心①，开始全面调整着人与人、人与社会，人与宇宙的关系，同时，礼与法在功能上所具有的调整社会秩序，规范人们行为的共同性使得两者之间的融合也成为可能。从历代法制实践来看，也的确是从逐步引礼入法，最终实现礼法深度融合②。

从两者的关系地位来看，法治作为一种统治的工具，其内容必须要由内容来决定，而这一内容就是封建伦理关系。从最初的以儒家经典学说指导立法、解释法律，到后来的春秋决狱——直接以儒家经典作为司法断案的根据，再到唐朝儒家经典和法制实践的立法、执法、守法环节实现了系统化统一，在这个过程中，礼不断法律化，法也不断道德化，礼法得以紧密结合。正如

---

① 杨鹏程．礼法结合：中国古代法律发展的基本线索［J］．淮海工学院学报（人文社会科学版），2019，17（04）：28.
② 王雅琴．中国传统法律文化及其转型［J］．太原理工大学学报（社会科学版），2014（06）：33-36.

张晋藩所言："礼法互补，以礼为主导，以法为准绳；以礼入法，使法律道德化，法由止恶而兼劝善；以法附礼使道德法律化，出礼而入于刑。"①

中国特色社会主义法治中的"德法"的关系模式是"结合模式"。以江泽民同志为代表的党的第三代领导人在明确了法治和德治优缺点的基础上，提出要同时开展"依法治国"和"以德治国"，而这样，就必然也会涉及两种治理模式之间的关系处理，但是在两者的关系上，却没有采取"先后模式"，而是在党的十五大大报告中明确提出了"以德治国"和"依法治国"的"结合模式"，这样就实现了从"先后模式"到"结合模式"的创新性发展。针对不同的领域选择侧重于不同的治理模式，不是简单的强调"先后"，而是实现了治理模式的"现实导向"，强调模式选择的"实事求是"。

（二）法治内容"重公轻私"发展到公法私法、实体程序系统完善

中华法制的开展必然要有一个完善的法制体系作为静态的制度支撑，而从法制的体系构成而言，中国传统法制呈现独具特色的制度表现。

就法制体系的形式表现而言，中华法制最大的特点就是强调成文法典作为法治的治理依据。和西方英美法系中对于判例的依赖而采取不成文法作为治理依据不同，中华法制更加强调法治依据的确定性。从历史上看，郑国执政子产"铸刑书"，即将法律条文铸在象征诸侯权位的金属鼎上向全社会公布，是中国历史上第一次公布成文法活动。此后，晋国赵鞅开展了"铸刑鼎"，成为中国法制史上的第二次成文法公布活动。而郑国邓析将子产所铸《刑书》自行修改，并刻于竹简，史称"竹刑"，由于"竹刑"相比前两种更加轻巧，所以，竹刑的诞生标志了大规模的正式成文化法典的传播开始②。《唐律疏议》是迄今为止我国保存的最为完整也是最具有历史影响的封建法典，直接影响了中国封建法制的进程，而且对于东亚其他国家，例如朝鲜、日本产生了巨大的影响，在一定程度上塑造了"中华法系"的诞生③。

就法制体系的内容表现而言，更多体现为一种重刑轻民，重公轻私的特点。之所以产生这一结果，主要是由于中国古代更多是一种小农封闭式自然经济社会，所以，在社会人际关系特点上具有典型的熟人社会特征，在这样的一个社会中，日常的人们之间的利益的调整中更加依赖于伦理规则，更加

---

① 张晋藩. 中国法律传统与近代转型［M］. 北京：法律出版社，1997：253.

② 顾文斌. 论中华法系法典编纂技术的当代价值［J］. 东华理工大学学报（社会科学版），2019，38（01）：47.

③ 曾宪义. 中国法制史［M］. 北京：北京大学出版社，2000：171.

侧重于用"礼"来调控，如果利益关系之间的冲突一旦冲破了"礼"所能够承载的程度极限，"法"便出现，即此时法是以"刑"的形式作为一种底线的"补救"的功能而出现的①。所以，在中国古代，法和刑几乎可以画等号。所谓"刑，常也，法也"（《尔雅·释诂》）。由于法或者刑所具有的兜底性特征，所以，中国历代主要的法典也都是集中于刑法典方面。"夏有乱政，而作禹刑；商有乱政，而作汤刑；周有乱政，而作九刑"（《左传·昭公六年》），从历史上看，中国古代最先出现的国家制定法是刑法②。随后，到了唐朝之后出现了专门的行政法《唐六典》，可见，统治者对于法律的重视仍然是关注于公法领域，而对于私法领域由于"礼"的强大作用而不是十分重视。

从当代中国特色社会主义法制实践来看，我国已经形成了种类齐全的法律制度体系，这一体系中基本采取的是"成文法"的模式，即使出现了相关的指导案例，但是相关指导案例的出现，更多的是为了更好地辅助对于"法律条文"的理解，而不是将"案例"作为"判断"进行遵循。尤其是十八大之后，更加侧重于对于法典的编纂，已经成了新中国建国以来的第一部法典——《中华人民共和国民法典》，同时行政法典以及刑法典也在不断地推进中。同时，从成文法的部门法属性来看，新中国的立法顺序上首先制定的法律基本都是私法领域的法律，新中国成立后的第一个法律就是《婚姻法》，第一部法典也是《民法典》，这都体现为了对于公民私权利的重视，体现了对于传统法制内容的创新性的发展。

（三）法治作用从"牧民止诉"发展到保障权利、社会和谐

从法律的运用功能而言，中国传统法制的作用体现在两个方面，首先体现为政权统治方面，其次体现为社会管理方面。

就政权统治方面而言，传统法制最为重要的目的就是为了实现封建专制。历朝历代统治者在法治上最为看重的就是通过制定法律来实现对于统治的维护，而且，纵观中华法制的发展历史，这一趋势在不断强化，到明清时期达到了顶峰。就社会管理方面而言，中国传统思想深刻地受到了儒家"和谐"价值观的影响，所以"中华法系存在宽容与温情主义色彩"③。

---

① 周子良，王华. 中华法系伦理法特质衍生的社会基础 [J]. 山西大学学报（哲学社会科学版），2007（05）：80.

② 夏锦文. 公法文化：中国传统法律文化的重要特征 [J]. 法制现代化研究，1997（00）：217.

③ 武树臣. 中国传统法律文化 [M]. 北京：北京大学出版社，1996：754.

传统法制观认为法治的目的是息争止讼、平争止诉①，体现了尽量避免诉诸法律解决矛盾纠纷的思想观念，这种法治观与当时统治阶级的现实政治诉求极度契合。"打官司"对于任何一个主体而言都是一种"不光彩"的事情，普通民众普遍对法律诉讼具有天然的规避心态②，这种对于法治的"止诉息讼"作用方式的倡导，甚至在强调法治作用的法家也有所体现，其提出"以刑去刑"的观点。

当前中国特色社会主义法治对于个人则主要强调权利的保障和弘扬，充分肯定个体的主体地位，将人民群众作为历史的主人和创造者，明确了运用法治进行执政的宗旨就是"为人民服务"，从"牧民"发展到了"为民"，同时，在"为民"的基础上，不仅把人民作为目的，而且把人民作为主体，尊重人民中的主体地位，注重通过法治保障人民主体作用的发挥，具体而言，就是通过法律赋予人民充分的管理权实现对于国家事务的管理，实现了"人民民主"。同时，在社会治理方面，则将传统法制中的"止诉息讼"发展为"调解和解"，在法治中设置了"调解程序""和解程序"，实现了诉讼双方当事人权利之间的有效自主处理，将起诉权和调节权、和解权同等对待，进一步推进社会和谐。

（四）法治运行从"有限公平"发展到整体化、环节化全面公正

法治内含公平并追求公平的价值，同样，中华传统法制在法治的各个环节同样内含和追求法治的公平性，正所谓"法者，公天下而为之者也"（《日知录》卷八）。虽然这种公平是建立在阶级基础上的"有限公平"，但是相关的思想对于我国法治建设意义深远。

在立法环节，首先，强调立法的公开性。传统法制主张法令要"布之于百姓"，使"民知所必就，而知所必去"（《管子·七臣·七主》），春秋战国时期，子产就提出"都鄙有章，上下有服"（《左传·襄公三十年》）的主张，并铸刑书于鼎上，开创了中国成文法之先河。其次，强调立法的稳定性。法家认为"法莫如一而固"，"君之置其仪也不一，则下之倍法而立私理者必多矣"（《管子·法禁》），这就说明立法必须统一并保持相对稳定性，不能朝令夕改而使百姓无所适从。再次，提出了"事皆决于法"的全面性立法思

---

① 张晋藩. 弘扬中华法文化，构建新时代的中华法系［J］. 当代法学，2020，34（03）：151.

② 闫博慧. 中国古代法律文化传统的变革［J］. 山东社会科学，2011（07）：139.

想。法家在"以法治国"的思想引领下，试图通过完善的立法来实现国家生活的秩序化，提出了"一切皆有法式"的立法思想。又次，提出了要"法道"的规律性立法思想。《管子》认为"法自君出、法道"，意即只有君主有权立法，但君主也不能随意立法，而应以"道"为法，即必须"根天地之气，寒暑之和，水土之性，人民鸟兽草木之生物"（《管子·七法》），"令于人之所能为则令行，使于人之所能为则事成"（《管子·形势解》），也就是说，立法要注意遵循自然法则，还要考虑民众的实际承受能力。最后，主张"不法古、不循今"的变法思想。法家认为历史是不断向前发展的，因而需要顺应时代的发展来制定法律。商鞅提出了"是以圣人苟可以强国，不法其故；苟可以利民，不循其礼"（《商君书·更法》）。

在执法和司法环节，首先，强调了法律执行的重要性。法家提出了"国无常强，无常弱。奉法者强则国强，奉法者弱则国弱。"（《韩非子·有度》）其次，强调了法律执行的平等性。传统法制已经充分地认识到了执法和司法是实行法治的关键环节。正如《书经》所言"无党无偏，王道平平；无反无侧，王道正直"（《尚书·洪范》）；《吕刑》里说司法官应该"咸庶中正"，此外，法家反对儒家"刑不上大夫"的观点，坚持"刑无等级"。法家的代表人物管子提出了"君臣上下贵贱皆从法"，商鞅强调"商君治秦，法令至行，公平无私，罚不讳强大，赏不私亲近，法及太子，黥劓其傅。"（《战国策·卷三·秦策一》）法家的集大成者韩非则进一步提出"法不阿贵，绳不挠曲。法之所加，智者弗能辞，勇者弗敢争。刑过不避大夫，赏善不遗匹夫"（《韩非子·有度》）再次，强调了法律执行的廉洁性。法家非常重视执法者本身的廉洁公平性，强调执法者本身要"必信""无私"。"必信"即有法必依，"见必然之政，立必胜之罚，故民知所必就，而知所必去"（《管子·七主七臣》）；"无私"即统治者不因个人私欲而曲法害法或徇私枉法。秦律对司法官员贪赃渎职特定规定了"见知不举""失刑""不直""纵囚"等具体性的罪名。

中国特色社会主义法治继承这种传统法制对于法治公正的价值追求，并对此进行了充分的发展，这种发展重要体现在两个方面。

第一方面是立法环节权利义务的初始设置公平。通过权利义务的差异化设置实现了对于实质公平的追求。传统中华法制在公平领域最大的问题就是立法的不公平，这种不公平表现为了"差等立法"，即最为重要的就是对于立法领域内容义务设置差异性的发展，对于权利义务设置的差异性，即集中体现为"礼不下庶人,刑不上大夫"①。礼主要赋予了奴隶主贵族一定的特权,贫民和奴隶不得僭越,不能破坏;刑则主要针对贫民和异族,奴隶主在犯罪的刑罚上具有一定的特权。而今天社会主义法治在立法方面则实现了"差等立法",和传统的"差等立法"完全不同,通过保护妇女儿童,消费者,劳动者等社会弱势群体的"差别立法"对待,实现真正的实质公正。

第二方面是法律执行和使用环节强调执行适用公平。就法律的适用标准而言,如上文所言,虽然中国传统法制在立法领域的权利义务的内容设置方面并不公平,但是在执法和司法领域却追求一种执法和司法公平。在一定意义上说,要维护这种不公平的立法,恰恰必须需要一种公平性的法律适用,而这些都是公平正义价值在一定程度上的体现。但是,这种法律适用层面的公平更加追求一种法律执行过程中的"实质性公平"和"结果性公平"而非一种"程序性公平"和"过程性公平"。这样,导致了对于"程序正义"和"过程正义"的忽视,中国特色社会主义法制建设则非常重视"程序公正"和"过程正义",通过《民事诉讼法》《行政复议法》《仲裁法》等诉讼仲裁程序法的设置保障了双方当事人的程序性权利,进而通过"程序公正"实现了法治适用的"结果公正"。

综上所言,虽然中华法制有一定的时代局限性和内在局限性,但是今天仍然应当需要认真加以发掘、继承和弘扬。"任何一种外来文化,都只有植根于传统才能够成活,而一种在吸收、融合外来文化过程中创新传统的能力,恰又是一种文明具有生命力的表现。"② 一方面,中华法制和我国当前社会主义法治具有宗旨上的趋同性,要看到传统中华法制中本身所具有的超越时代的积极性要素,另一方面,对于中华法制优点的继承也构成了马克思主义法治理论中国化的本土性文化资源。中国特色社会主义法治理论要强化对于具有本土化民族色彩的中华传统法制文化的传承、转化和发展,进而为今天在全球化法治视角下法治中国的观念展开提出民族性文化依据,同时为现代法治理论的丰富提供民族性历史智慧。

---

① 王文博. 儒家文化对古代法制的影响分析 [J]. 法制与社会,2019(01):5.
② 梁治平. 法辨:中国法的过去、现在与未来 [M]. 贵阳:贵州人民出版社,1992:12-13.

第六章

中国化马克思主义法治理论基于法治实践作出的创新突破

除去从"过程性"的视角对马克思主义法治理论中国化进行分析，还可以从"结果性"视角对其描述，即关注马克思主义法治理论"中国化"的"创新突破"，整体来看，这种"创新突破"回应了马克思主义法治理论中"法治应当追求什么""法治应当如何建设""法治应当如何运行"等问题，而这三个问题分别对应了法治价值论、法治建设论和法治结构论三个领域。

第一节　法治价值论：完善正义制度保障

按照德国法哲学家拉德布鲁赫的分类，人类学科和伦理价值的关系可以分为四类，第一种是"价值盲"态度，主要指向自然科学，第二种是"价值评价"态度，主要体现为伦理学、美学，第三种是"价值有关"态度，主要涉及文化科学，即各类人文学，第四种则是"价值克服"态度，主要体现宗教①。按照马克思的观点，法律作为主体的有意识的实践创造物，必然体现了"人的价值"②，所以，作为与人类相关的一种社会性的文化现象，法治与价值必然相关。法治除去自身就是一种价值之外，其作为一种制度体系的治理运行必然内含或者负载相应的价值，而中国共产党人在法治实践中，牢牢将法治的价值厘定在"正义"之上，尤其是进入新时代之后，习近平总书记更是明确了"公正是法治的生命线"。中国化的法治理论在静态制度层面构建了程序正义、形式正义和实质正义，在动态选择层面强调根据利益冲突的"类

---

① ［德］古斯塔夫·拉德布鲁赫. 法哲学入门［M］. 雷磊，译. 北京：商务印书馆，2019：285.

② 王新生. 马克思正义理论的四重辩护［J］. 中国社会科学，2014（4）：26-44+204-205.

型化法治情境"明晰选择标准。

一、法治正义价值的三重层级性构筑

中国特色社会主义法治正义的价值体系由三个部分构成，首先是最低层次法治内在程序性正义价值，其次是法治涵摄的形式性正义，再次是法治负载的外在实质性正义价。

（一）法治的程序性正义价值根基

不同国家和社会的法治都具有一定的价值共性。这种价值共性就是法治机制本身所具有的程序性正义[①]。从逻辑上看，基础层面的程序性价值决定了一个模式是否为法治模式，用于"是与不是"法治的价值判断。

法治的程序性价值要求法治必须要具有一般性、公开性、非溯及既往、明确性、避免矛盾的一致性、现实性（法律不应当要求不可能实现的事情）、稳定性、一致性八大特征[②]。可以说，只有具备了这种程序性的价值，法治才能得到基本的运行。完全舍弃了程序性正义的法治可以说根本不是法治。

程序性正义是判断一种模式否是法治的最低标准，一旦迈过了程序性正义价值判断标准的门槛，就意味着进入了法治的范畴，在这一基础上，正义也就随之提出了更高层次的要求，这种更高的要求就是作为一种规则性的治理模式所内含的基本的形式要求，即"形式正义"的要求。而这个时候，仅仅依靠纯粹的程序正义已经无法实现这一价值完成，所以，这一问题实际上已经将正义从"程序性正义"向"形式性正义"进行了扩展，而进入到这一层级，就意味着必须探讨法治的形式正义价值涵摄。

（二）法治的形式性正义价值涵摄

任何一种法治模式，就其涵摄的"形式正义"要求而言，都必须要做到"对平等的人平等对待，不平等的人不平等对待"[③]。中国特色社会主义法治的形式正义则以其所涉及的主体数量作为区分标准对于形式正义种类进行了划分厘定。

1. 涉及两方主体的法治正义

涉及两方主体的形式正义在我国的法治实践中主要体现为交换正义，交

---

① 卓泽渊. 法的价值论 [M]. 北京：法律出版社，1999：89.

② ［美］富勒. 法律的道德性 [M]. 郑戈，译. 北京：商务印书馆，2009.25.

③ 徐爱国. 亚里士多德法律正义论的思想史探索 [J]. 中外法学，2004（4）：105-114.

换正义的导向意味着"平等"，其主要体现为涉及经济实践的相关领域。

从性质来看，交换正义是一种选择性的平等，而不是一种强制性的平等①。也就是说，出于双方主体的自由可以对于这一平等进行选择性适用，从现实中我国《民法典》中的法治实践来看，主要涉及市场经济领域内平等主体之间财产交易型关系的规治。

从特征来看，交换正义主要关注的是两方主体之间行为关系的内在关涉性，这种内在关涉性主要具有"关系对应性关联"和"价值平等性期待"两个特征②。我国《民法典》《合同篇》明确了在商品交易中，交易的双方 A 与 B 的关系是一种"行为对应性关联"。如果 A 与 B 之间不是一种对应性关联，而是可以各自孤立来看待的单向度关系（例如一种施舍性的关系），则不存在一种法律上的正义问题，而是更多的是一种道德的正义要求。在关涉对应的基础上，那么就必然会产生对双方平等的价值期待，也就是说在交换正义的视域下，A 与 B 之间的各种关系可以彼此比较。

从过程来看，交换正义代表的平等可以分为三个阶段：第一阶段涉及的是一方是否在相互关系中考量另一方的平等，这是一种"顾及性平等"，在我国主要体现为《民法典》中《合同篇》中的先合同义务，缔约过失责任的相关法律规定；第二阶段是在顾及性的基础上，在具体的行为中是否对于对方同等程度的对待，这种是一种"对待性平等"，主要体现为《合同篇》中主合同义务，包括对于欺诈、胁迫等行为的规治；最后，涉及行动之后结果，这是一种"给予性平等"，主要体现为《合同篇》中后合同义务，以及不当得利，显失公平等法律原则的规治。

2. 涉及三方主体的法治正义

在我国当前法治实践中，除去双方关系之外，还存在与双方行动相关的第三方，而第三方加入导致法治形式正义关系出现了新的变化。如果对加入的第三方进行分类，可以有两类：第一种是"个体性"第三方。第二种是由已经参与存在的个体相互一起组成的"共同体"第三方。

"个体第三方"加入导致了三方法治正义关系的形式性拓展。A 和 B 为第一方和的第二方，如果添加上个体性的第三人 C，那么这种变化就演变成了 C

---

① 沈晓阳. 论交换的正义 [J]. 社会科学辑刊, 1997 (4)：14-19.
② ［德］迪特玛尔·冯·德尔·普佛尔滕. 法哲学导论 [M]. 雷磊, 译. 北京：中国政法大学出版社, 2017：101.

针对 A 和 B、A 针对 B 和 C，B 针对 A 和 C 的三种关系情形。

"共同体第三方"是由参与者 A 和 B 组成的一种共同体，这样就涉及双方行动者及由他们合在一起组成的共同体三者之间的关系。以我国当前的法治实践来看，这种共同体的类型是多样的，这样，从数量又可以分为单共同内部和多共同体之间的两种正义类型。

第一种类型，单共同体内部的正义类型。以上文的 A 和 B 为例子，第三方就是 A+B。在这种情况下，群体第三方加入导致了三种法治正义出现。

首先，单共同体内部的贡献正义。贡献正义主要用于衡量双方行动者各自对共同体做出同等或不同等的贡献①，在我国法治实践中，体现为《税法》《兵役法》等要求共同体中不同的个体对共同体承担义务的情形。

其次，单共同体内部的分配正义。分配正义指共同体指向个体的分配关系，其主要用于衡量共同体是否对于各自的行动者进行平等或者不平等的分配标准②。例如，依据《义务教育法》规定分配入校教育机会，分配奖学金，同时也包括共同体对政治决策机会的分配。

再次，单共同体内部的矫正正义。在这种矫正正义中，共同体的行动指向的不是行动者，而是双方行动者之间的关系，也即是要改变他们之间的不正义关系③，于是就出现了矫正正义。在我国主要是指各类的《刑法》《反不正当竞争法》的规治领域。

第二种类型，多共同体之间的正义类型。从我国的法治实践来看，多个共同体之间存在两种不同的关系类型，一种是链接关系，另外一种是穿透关系。

首先，多共同体之间的链接关系。链接关系是指以共同体为单位的主体之间的关系的链接。根据链接方向的不同，可以分为水平扩展链接和垂直扩展链接④。水平扩展链接主要针对的是两个主体及其组成的共同体可能不止一个的情形，即出现了共同体之间的关系的确立，例如作为共同体的省级与省级之间的关系。这一方面，在我国主要体现为《行政组织法》等方面的规定；

---

① ［德］古斯塔夫·拉德布鲁赫. 法哲学入门［M］. 雷磊，译. 北京：商务印书馆，2019：221.

② 张国清. 分配正义与社会应得［J］. 中国社会科学，2015（5）：28.

③ 傅鹤鸣. 亚里士多德矫正正义观的现代诠释［J］. 兰州学刊，2003（6）：55-57.

④ ［德］迪特玛尔·冯·德尔·普佛尔滕. 法哲学导论［M］. 雷磊，译. 北京：中国政法大学出版社，2017：121.

垂直扩展链接主要针对数个共同体纵向组成一个更高位阶的共同体，即在"一阶共同体"之上出现了"二阶共同体"。这两种不同位阶的共同体之间也存在正义关系，例如作为一阶共同体的国家与作为二阶共同体的国际组织之间的关系。这一方面，在我国主要体现在国际法领域我国签订或者加入的各种国际条约。

其次，多共同体之间的穿透关系。穿透关系则深入到了整个共同体和内部的具体不同位阶的共同体之间的非次序性关系层面，关注的是不同的位阶共同体层面相互之间的"可穿透性"。在所有的共同体中，处于最基层的组成单位就是个体①，在多个共同体存在的情形下，个体其不仅要面对第一阶层的共同体，可能也要面对第二阶层的共同体，同时二阶共同体还可能穿透一阶共同体直接与后者内部的行动者之间发生正义关系（如国际组织与国家内部的公民之间的关系），这就会形成一种额外扩展关系。

形式法治正义价值的丰富是中国特色社会主义法治实践的重大创新。而这种创新的意义主要体现在两个方面。

首先，实现对于"阶级共同体正义"的发展。马克思主义法治理论中关于"阶级"的理解就是阶级共同体，其所强调的正义是一种"阶级正义"②，这种阶级共同体在当代中国经过社会主义改造，"阶级共同体"在一定程度上已经成为一种普遍性的"人民共同体"。但是人民共同体是作为一种共同体体系而存在，其内部同时具有不同的共同体类型，这就要求对于不同共同体的内部关系进行分析，这样在坚持集体正义的理念下又一定程度上实现了对于马克思阶级共同体正义关系在新的历史时代的发展创新。

其次，实现了对于不同环节的法治正义选择。在中国特色社会主义法治体系中，通过在法治的不同环节对于上述四种不同类型正义的强调，就可以处理不同类型的矛盾冲突。具体而言，就是在立法，司法，执法等不同的环节联系，突出不同的法治正义观。在立法环节主要强调的是分配正义，在执法环节强调的是分配正义和矫正正义，在司法环节强调的是矫正正义，在守法环节强调的是交换正义和贡献正义。

（三）法治的实质性正义价值负载

上述分类解决了"对平等的人平等对待，不平等的人不平等对待"有几

---

① ［德］斐迪南·滕尼斯. 共同体与社会［J］. 林荣远，译. 北京：商务印书馆，1999：52.

② 艾伦·伍德，林进平，张娜. 正义与阶级利益［J］. 国外理论动态，2016（1）：37-50.

种形式的问题，而更为关键是"为什么应被平等对待，为什么应当被不平等对待"①，这样，对于法治正义的探讨就从形式正义递进到了实质正义。和西方法治正义体系中从"规则"出发不同，当代中国法治正义则强调对于"情景"的关注，强调"实事求是"的方法论逻辑。现实法治情景是多样的，所以以法治情景作为选择依据的实质法律正义标准必然也包括了多样性的价值备选标准。

1. 法治规则功利论正义标准

法治规则功利主义价值实际上是一种以目的论为导向的实质正义论②，其更加关注结果，也就是通过结果来判断行为的正义性。中国共产党人很早就接受了"功利主义正义标准"，毛泽东同志曾经明确地说"中国共产党人是革命的功利主义者"③。

和早期的"行动功利主义"不同，"规则功利主义"则认为，正确的行为是符合将功利最大化的一组规则的行为，即，是符合规则的行为④。这种间接的"规则功利主义"就为我国法治的正义提供了一种"规则功利主义"的实质标准。规则功利主义强调："一个行为是正确的，当且仅当，他是被一个或一组规则原则所要求的，而这个规则和原则如果被普遍遵守的话，他将比任何其他规则原则给社会带来更大的功利。"⑤ 在中国特色社会主义制度下，这一规则就具体体现为法治规则，强调受到法治规则所影响的所有人的最大利益或者最佳后果在实质正义上具有决定性，而这一规则功利主义中"最大多数人的最大幸福"的判断的标准在中国语境下就变成了"最广大人民群众的利益"。而这样一种提法，也实现了对于规范个体主义和规范集体主义的平衡。

就早期功利主义而言，其出发点在于个体的感受，欲望或者行为的结果，所以，功利主义至少在起源上是规范个人主义式的。而就规则功利主义而言，通过从行动到规则的跨越，跳出了规范个体主义的制约开始迈入了集体主义

①　程炼. 伦理学导论［M］. 北京：北京大学出版社，2008：122.

②　Richard B. Brandt. *A Theory of the Good and the Right*［M］. Oxford and Gloucestershire：Oxford，clarendon press，1979. 89.

③　毛泽东. 毛泽东选集（第三卷）［M］. 北京：人民出版社，1991：864.

④　［澳］J. J. C. 斯马特，［英］伯纳德·威廉斯. 功利主义：赞成与反对［M］. 牟斌，译. 北京：中国社会科学出版社，1992：85.

⑤　［美］麦金太尔. 谁之正义？何种合理性？［M］. 万俊人，等译. 北京：当代中国出版社，1996：56.

的视域，这种跨越主要体现为规则功利主义更加强调任何一个行动或者规则都需要实现最大多数人的幸福的利益。

2. 法治规则义务论正义标准

和强调后果目的论的规则功利主义价值标准不同，义务论价值标准理论认为主体追求利益最大化的行为必须受到某种刚性制约。行动的道德价值不是完全由其后果所具有的性质决定的，而是行为本身就具有内在的道德价值，而这种内在的道德正义的判断标准就是"可普遍化"①，而这一点也在中国特色社会主义法治实质正义标准中得到体现。

中国特色社会主义法治正义论中的义务主义价值标准强调，一个行为在法治上的是否做到了正义，取决于它是否符合某些根本性的义务的制约，而和这个行为所造成的后果的收益并没有太大的关联，这样，这种观点更加强调对于"义务规则"本身的遵守。而一种规则能否成为一种道德或者法治义务规则，则体现了个体主义和集体主义的平衡。

义务论要想将一个规则上升为义务，必须能够让这个规则接受"可普遍化"的检验。这种可普遍化的检验为规则注入了集体性的关系色彩。即"只应当这样来行动，使你的意志所遵循的准则能同时成为一条普遍的法则"②，你才也这样行动，这样，你实际上是从"自我的个人立法"变成了"作为成员的所有人的自我立法"③。

通过"普遍化"实现了个人与所有人所组成的"共同体"的协调，所以，通过可普遍化原则实现了规范集体主义原则和规范个体主义原则之间的平衡，这样，法就成为"就是在于按照普遍的自由法则将一个人的任意与其他人的任意统一起来"④，实现了规范集体主义和规范个人主义的统一。

3. 法治规则程序论正义标准

"程序论"的正义标准定位在达成共识的"程序"层面，而这种对于"程序"的强调实际上又可以分为两种子流派，即"契约伦理"和"商谈伦理"。

"契约正义论"理论张将善恶的判断标准奠定于主体之间达成契约的共识

---

① ［德］康德. 道德形而上学的奠基［M］. 李秋零，译. 北京：中国人民大学出版社，2013：393.

② ［德］康德. 道德形而上学的奠基［M］. 李秋零，译. 北京：中国人民大学出版社，2013：421.

③ ［德］康德. 道德形而上学的奠基［M］. 李秋零，译. 北京：中国人民大学出版社，2013：429.

④ .

性"结果"上，因而将"同意"的契约作为正义的来源。我国的法治实践中契约正义论的实质正义标准主要指向立法的过程公平性，不同于西方契约正义通过"原始状态"和"无知之幕"来获得可普遍化的规范，我国的立法则更加强依托于立法过程中的民主讨论、民主参与获得普遍化的规范。同时，在这一过程中，吸收了罗尔斯等对社会制度正义的强调，强调"社会的和经济的不平等应这样安排，使它们在与正义的储存原则一致的情况下，适合于最少受惠者的最大利益"①，更加关注弱者的权利。前者对于平等性的强调主要体现在《宪法》中对于主体的权利的平等性的制度设计，后者对于弱者的保护主要体现在《妇女儿童权益保障法》《未成年人保护法》《消费者权益保护法》《残疾人保障法》《城市居民最低生活保障条例》等对于弱势群体的立法上。

"商谈伦理论"将有效的商谈所应当具有的伦理规范作为保障商谈结果能够实现正义的实质性标准。和契约论将重心放在是否"同意"不同，其将实质正义标准放在达成共识的"过程"中②。哈贝马斯认为"更好的论证"才能够实现真正的实质正义，"更好论证"包括"对话者参与的机会平等，没有特权，言论自由，诚实，免于强制"③，强调"一个理想的沟通共同体"的重要作用。商谈伦理的实质正义标准在我国的法治实践中在主要指向程序性的法律，包括《刑事诉讼法》中被告人的"认罪认罚"的制度，禁止"刑讯逼供的"非法证据排除规则，包括《民事诉讼法》中强调的"民事调解"制度，《行政诉讼法》中的"举证责任倒置"规则，以及三大诉讼法中的"辩论原则"，以及现有的三大诉讼法中对于证明所依据的"举证、质证规则""证据证明能力""证明力大小""证明标准"和"证明程度"的相关规定，上述立法的目的是就是试图通过程序性立法的完善营造一个更加平等的辩论范围，为辩论的结果提供了一种程序性的实质正义保障。

4. 法治规则下个体美德论正义标准

与前三种"关注规则"的研究进路不同，在中华法治传统的影响下，中国特色社会主义法治同样关注规则的承载者——人。该理论将正义的落脚点

---

① ［美］罗尔斯. 正义论［M］. 何怀宏，等译. 北京：中国社会科学出版社，2009：355.

② 张云龙. 哈贝马斯对话政治理论研究［M］. 北京：中国社会科学出版社，2020：152.

③ 晏扩明，李义天. 话语、交往与政治转向：哈贝马斯商谈伦理学的思想历程及其反思［J］. 国外理论动态，2021（6）：42-50.

从"行动本身"转移到了"行动的主体"①。

该理论将某个行动能否提升行动者个人的德性作为行动本身的正义与否的判断标准。其认为正义的焦点并不在于某个行动关系中所涉及的他者，而在于主体自身②。其理论的逻辑在于从"法治—规则—行为—结果"转变成为"法治—个人—行为—结果"，"个人"取代了"规则"成为研究的焦点。在法治实践中，任何一个法治主体（例如法官，检察官或者警察）的行为都必然影响到法治的对象，所以，作为法治的对象而言，其必然会对法治主体的性格品德有一定的人格性的要求和期望，每个法治对象都希望法律的执行者拥有公平，正义，廉洁，服务等良好的职业美德。所以，美德理论实际上就从一种"行动关系"正义标准转变为一种"人格关系"正义标准。

在我国的法治实践中，个体美德主义的实质正义标准在主要指向家庭伦理法律领域，或者主要针对法治体系中的具体运行主体，就前者而言，包括了《民法典》中的《婚姻篇》《继承篇》《收养篇》等；就后者而言，主要强调法治关系中主体必须遵循的自身的职业伦理，包括《公务员法》《法官法》《检察官法》《人民陪审员法》等等。

二、法治正义价值的类型化选择运用

在明确了正义的类型之后，就涉及在具体的冲突中的正义标准的选择运用。即要关注"怎么样被平等对待，怎么样被不平等对待"，在这里，中国特色社会主义法治最大的创新在于实现了选择标准从"规则"到"情景"的转换。理论上，任何一个具体的案例情景都具有其特殊性③，其和其他同类型的纠纷必定存在着不一致，但是从法治的运行效率性和统一性而言，就需要将法治实践中的"自然情景"转入为"法治情景"。依据不同的"法治情景"下的利益冲突来选择不同种类的实质法治正义标准，就是中国特色社会主义法治实质正义选择的创新思路，在这一思路实际上就是"实事求是"的选择思路。

这样，上述多样性的实质法治正义标准都可能在实践中进行选择，但是到底如何进行选择运用呢？这样，就进入了对中国特色社会主义法治实质正

---

① 程炼. 伦理学导论 [M]. 北京：北京大学出版社，2017：144.
② 陈真. 何为美德伦理学？[J]. 哲学研究，2016（7）：94-101.
③ [德] 阿图尔·考夫曼. 法律哲学 [M]. 刘幸义，译. 北京：法律出版社，2011：152.

义价值的选择原则的分析层面。

（一）不同领域下主体利益诉求"相关性"探析

正如马克思所言："人的本质不是单个人所固有的抽象物，在其现实性上，它是一切社会关系的总和。"① 个体和社会是辩证统一的，可以说，任何一个个体都必须依赖于共同体存在，而这就构成了个体与集体之间的"相关性"。个体与集体这种相关性越来越密切的原因主要有理论和事实两个层面的原因。

从理论层面上看，法治正义是一种关系型正义。法治正义必然涉及对外依赖，从事实层面上看，这种个体与集体的关联性特征产生具有过去与未来两个方面的原因：一方面，由于过去实践的原因，从逻辑上看，任何一个个体诉求的激发是由于在过去的时空中已经存在和形成了特定种类的他人类似的实践②，例如，主体产生了想去打篮球运动的诉求是由于过去已经有同类主体形成了特定的打篮球运动类型，所以，才会激发了主体能够提出打篮球这一特定运动类型的利益诉求；另外一方面，关联性是由未来需求导致的，因为个体的某些诉求实现只有与他人一起或在特定共同体中才能被实现，例如主体要想实现与他人交易、合作，必须依赖于他人，所以，个体必须依赖于他人或者共同体，形成个体与集体之间的"相关性"依赖。根据"相关性"依赖的对象以及依赖程度的不同，可以分为个体相关性，他人相关性以及共同体相关性三种类型③。

首先，个人领域的诉求。这一领域的诉求极少或者不必然依赖于他人或特殊共同体的利益就能实现，当然，可能这一利益的提升需要依赖于他人或者共同体，但是这一利益本身的存在却并不具有依赖性。在我国的法治实践中，这种诉求主要体现为人的尊严、人的生命、人的生理和心理的完整性等。可以说，由于这种诉求主要位于个体的自身领域内，其"相关性"最为薄弱。其次，社会领域的诉求。这一领域的诉求几乎完全依赖于他人或社会共同体的个体利益诉求，主要体现在工作、生活、文化中的共同活动，尤其是在今

---

① 中共中央马克思恩格斯列宁斯大林著作编译局. 马克思恩格斯全集（第1卷）[M]. 北京：人民出版社，2009：501.

② ［德］迪特玛尔·冯·德尔·普佛尔滕. 法哲学导论 [M]. 雷磊，译. 北京：中国政法大学出版社，2017：101.

③ ［德］迪特玛尔·冯·德尔·普佛尔滕. 法哲学导论 [M]. 雷磊，译. 北京：中国政法大学出版社，2017：125.

天社会分工高度复杂化和精细化的背景下，个体对于社会其他主体的依赖性越来越强。在我国的法治实践中，这种诉求主要体现为与他人开展合同交易、合作活动、利用公共设施、获得社会资助以及维系婚姻、家庭、农村、城市、国家和民族等共同体的利益等。可以说，由于这种诉求主要位于社会领域内，其"相关性"最强。再次，中间领域的诉求。这一领域的诉求位于个人领域和社会领域的中间，该领域的诉求的实现部分自己，部分依赖于他人或共同体。在我国的法治实践中，这种诉求主要体现为一般行动自由、思想表达自由、宗教实践自由、艺术与学术自由、营业自由、在困境中获得他人帮助。可以说，这种诉求的"相关性"介于上述两者之间。

（二）同一类型相关性领域冲突下的正义选择原则

1. 个人领域利益诉求冲突的正义选择原则

在个人领域的利益的冲突的选择原则是平等原则。从理论上来说，这一领域的利益不依赖于共同体的利益，而关键在于主体的自我意志决定。在没有证成性差异的前提下，每一个主体之间的个体性的欲求是彼此之间是对等的①。在我国的法治实践中，主要体现为对于公民的各项基本性法律权利的尊重，以生命权为例，我国《宪法》明确了所有主体的生命权原则上都应得到同等尊重。当生命权之间发生冲突时，没有任何理由认为某人的生命要高于他人的生命。此外，对于法治实践中出现了个人领域诉求的冲突，现有的《民法典》中的《侵权篇》为了体现平等主体之间的人身权以及财产权之前的平等性，对于侵权行为采取的是矫正正义的处理形式，采取了补偿性的救济方式。

2. 社会领域利益诉求冲突的正义原则

在社会领域的利益诉求发生冲突的处理原则是应当以共同体总体利益最大化作为标准。选择这一原则的原因主要是由于这些利益诉求本身对于共同体具有强烈依赖性，由于这种紧密的依赖性，所以个人针对共同体对于个人所做出的决定无法行使否决权。我国法治实践中关于行政领域的立法以及执法实践，都必须以集体利益为导向，包括《行政许可法》《行政处罚法》《行政强制法》等等，例如在新冠病毒肆虐期间，基于行政法律作出在某地建立一个传染病隔离场所的决定，这一决定应当遵循共同体利益最大化的原则来进行处理，具有适用上的优先性。

---

① ［德］阿图尔·考夫曼. 法律哲学［M］. 刘幸义，译. 北京：法律出版社，2011：92.

3. 中间领域利益诉求冲突的正义原则

在中间领域发生的利益诉求冲突，既不适用平等原则，也不适用最大化原则，它必须遵从一种公平的"权衡"。按照我国的法治实践来看，主要是基于不同的分类情况权衡平等原则和"帕累托最优原则"。

第一，对于中间领域中涉及"个体行动"之间的利益冲突的处理原则。针对这种情况，由于主要针对个体之间的行动利益冲突，所以主要有两种原则——平等原则和"帕累托最优原则"。其中平等原则处于"基础"地位，而"帕累托最优原则"处于"例外"地位。

首先，低程度要求适用"平等原则"作为基本原则。这种情况在我国的法治实践最为常见，例如两个人同时竞争一份职业活动，此时对于两者的利益诉求冲突的处理原则是"平等原则"，因为没有理由认为某个主体的职业诉求一定比另外一个主体的职业诉求更加重要。在我国的法治实践中主要体现为社会性立法中的《就业公平法》《义务教育法》《反不正当竞争法》《合同法》等等。

其次，高程度要求适用"帕累托最优原则"作为例外原则。从理论分析上，中间领域毕竟与在个人域中有所不同，这种不同主要体现在主体之间开展交换行为的时候，可能会出现一种情况，即如果通过交换没有人的境遇会变得更糟糕，同时，反而可以改善某些人的境遇①。这种结果就是导致了帕累托最优的结果，这样，虽然突破了"对等性"的平等性原则，但是其却是在并没有导致一方变坏的基础上的整体利益优化，其结果实现了"帕累托最优"。从本质上来说，这种帕累托最优也是一种功利主义的变形，更加近似于功利主义和罗尔斯的正义论的混杂，所以，这一原则也应当作为平等例外原则或者高程度的要求被允许。在我国的法治实践中，强调帕累托最优的选择原则的领域主要体现为社会性立法中的《劳动法》《劳动合同法》等等。

第二，对于中间领域中涉及"公共财务"分配领域的处理原则。这种情况并不仅仅涉及主体个人，由于所要进行分配的财物是共同生产出来的，所以，其在处理方式上应当更多的导向共同体的塑造。在我国的法治实践中，此种情况主要涉及分配正义，遵循社会主义"共同富裕"的价值目标②，此

---

① 赵京超.《正义论》中的经济学模型研究［J］. 黑龙江工业学院学报（综合版），2018，18（4）：28-33.

② 傅丽红，张国清. 马克思、罗尔斯和社会正义［J］. 浙江社会科学，2021（2）：95-103.

时的处理原则主要参考了罗尔斯制度正义论中的差别原则。在我国的法治实践中主要体现为《残疾人保障法》《未成年人保护法》等，在对于社会资源的分配中，为了塑造共同体，防止出现由于立法分配不公平导致的两极分化，更多强调对于弱势群体在公共产品分配领域的保障。

（三）不同类型相关性领域冲突下的正义选择原则

较之相同的相关性领域内部的诉求冲突，在不同的相关性领域之间的诉求如果发生冲突，那么此种情形下对于正义标准的选择权衡则更加复杂。

1. 个人域相对于中间域或社会域诉求发生冲突的两大处理原则

整体而言，个人域的利益诉求相对于中间域或社会域的利益欲求享有"绝对优先性"原则和"绝对优先性"之外的补充性原则。

首先，就"绝对优先性"原则而言，因为个人的利益诉求不依赖于或几乎不依赖于特定他人或共同体的利益，所以，没有理由进行任何限制。基于这一原因，该原则绝对不可以被突破，但是可以被补充。在我国法治实践中，《刑事诉讼法》规定了不能为了获取案件真相对犯罪嫌疑人进行刑讯逼供，实际上就是因为不能为了提升大众福祉去损害他人的尊严。

其次，就"绝对优先性"之外的补充性原则而言，有时，在现实生活中，也存在着一种极端的情况，例如需要牺牲某个个体的个人领域的绝对性权利来实现对于相对领域或者社会领域的集体利益的满足，此时，正如电影《流浪地球》中存在的情况一样，需要个体牺牲自己的性命去实现整个地球的生存，此时，就出现了一个补充性原则。这一补充性原则就是"自愿性原则"，具体而言，就是上文阐述的美德伦理学下的个体"美德原则"，通过对于主体的品德塑造，进而"号召"而非"强制"个体对于自己个体利益的牺牲。

2. 中间领域诉求相对于社会域诉求发生冲突的两大处理原则

整体而言，中间领域诉求相对于社会域诉求享有"相对优先性"原则和"相对优先性"之外的例外性原则。

首先，就"相对优先性"原则而言，中间域的诉求相对于社会域的欲求具有"相对优先性"。和个人领域相对于中间域和社会域具有"绝对优先性"相比，中间域对社会域仅仅具有一种"相对优先性"，也就是说其可以在某些情况下被突破。例如，原则上个体具有拒绝加入某一共同体的自由，也就是意味着个体拥有不被强迫加入某一共同体之中的自由。在我国的法治实践中主要体现在《宪法》中对于宗教信仰以及加入社会团体的相关条款规定。

其次，既然是"相对优先性"，就必然存在"相对优先性"之外的例外性原则。就此例外性原则，以上例而言，虽然个体原则上个体具有加入或者不加入某类共同体的自由，这并非绝对的，在某些条件下可以被突破。例如在我国《兵役法》中对于服兵役的义务就可以成为一种必须履行的强制性的义务。这种对于相对性的原则的突破必须要通过程序性的协商和契约原则来进行补充①。平等的协商有利于实现对于协商结果的契约性共识，同时也有利于对于契约结果的执行，强调"双方所选择结果"的公正性。也就是说，对于相对性原则的突破需要平等理性协商的程序和共识性的协商结果，这样实际上就是遵循了程序标准中的"契约共识程序"和"商谈伦理程序"标准，只有这样，才能对"相对优先性"原则进行突破，才能产生例外。

所以，简而言之，我国现有的法治实践中，"实事求是"的方法论要求在将一项具体实践付诸实行之时，必须将这些不同诉求与逻辑放置在一起加以综合考虑，并权衡各种因素在其中的分量。对于类型化的类似领域之间的利益冲突的正义处置的选择原则，实际情景下的选择可以概括如下两个方面。

一方面，对于相同域之间的诉求发生了冲突，则其所选择的正义标准原则可以概括如下：如果是个人域的利益发生冲突，适用"平等原则"；如果是中间域的利益发生冲突，在原则上依然适用"平等原则"，同时要考虑"帕累托最优原则"；如果是社会域利益发生冲突，通常运用"最大化原则"。

另一方面，在对于类型化的不同领域之诉求发生利益冲突时正义处置的选择原则，则可以概括如下：个人域之诉求相对于中间域或社会域之诉求欲享有"绝对优先性"，对于"绝对优先性"的突破需要通过"美德原则"来实现；而相对域欲求相对于社会域欲求则仅仅享有初步的"相对优先性"，对于"相对优先性"的突破则需要包括"共识契约"和"商谈伦理"在内的"程序原则"来实现。

第二节 法治结构论：优化法治运行格局

"法治体系"主要从宏观的角度来阐释马克思主义法治理论中国化所需要的实践体系，"发展格局"则从微观的角度来阐释如何将发展的内容落实到每一个具体的法治实践环节中。这样，两者的结合，就使马克思主义法治理论

---

① 陈瑞华. 论协商性的程序正义 [J]. 比较法研究，2021（1）：1-20.

中国化实现了从宏观的法治体系构成向微观的运行格局的延伸，共同构成了马克思主义法治理论中国化的双重实践落地。

一、以宪为本推动完善立法格局

党的十八届四中全会通过的《中共中央关于全面推进依法治国若干重大问题的决定》中明确提出了法律是治国之重器，良法是善治之前提。所以，建设中国特色社会主义法治体系，在运行格局上就必须"坚持立法先行，抓住提高立法质量这个关键"①，而由于我国的法律体系是以宪法为龙头的中国特色社会主义法律体系，所以，高质量的立法要求就必然具体体现在宪法完善和一般立法两个层面。

（一）"三层要求"落实宪法权威

坚持依宪治国是坚持依法治国的"首先要求"。由于在整个法律体系中，宪法是龙头，其是党和人民意志的集中体现，是通过科学民主程序形成的根本法，所以，从宪法所处的地位而言，坚持依法治国的首先要求必然是坚持依宪治国。如果要实现依宪治国的"首要要求"，就需要"具体要求"全国各族人民、一切国家机关和武装力量、各政党和各社会团体、各企业事业组织，都必须以宪法为根本的活动准则，并且负有维护宪法尊严、保证宪法实施的职责，同时要对一切违反宪法的行为都必须予以追究和纠正。这样就形成了从"首要要求"向"具体要求"的递进发展。

如果要使得依宪治国的上述"具体要求"得以实现，就必须要提出"制度要求"。只有通过制度建立和完善才能实现依宪治国的具体要求，而这就需要在制度上构建宪法实施和监督体系。党的十九大报告已经明确提出"加强宪法实施和监督，推进合宪性审查工作，维护宪法权威，要加强备案审查制度和能力建设，把所有规范性文件纳入备案市查范围，依法撤销和纠正违宪违法的规范性文件，禁止地方制发带有立法性质的文件"②。这样，也就形成了从"具体要求"向"制度要求"的递进落实。

"首要要求"到"具体要求"再到"制度要求"的三层递进，充分保障了宪法在中国特色而社会主义法律体系的重要地位，确保在宪法实施在立法

---

① 中共中央文献研究室. 习近平关于全面依法治国论述摘编［M］. 北京：中央文献出版社，2015：18.

② 习近平. 习近平谈治国理政（第三卷）［M］. 北京：外文出版社，2020：38.

运行格局中的核心地位。

（二）"四类作用"完善立法体制

从立法体制上看，可以说，马克思主义法治中国化的过程中形成了独特的中国特色社会主义立法体制，这一体系和西方资本主义国家的立法体系相比具有极大的差异性。这一体制中包括了中国共产党中央委员会领导、有立法权的各级人大及其常委会主导、有行政法规和行政规章制定权性的各级政府补充以及全体社会公众民主参与四个方面。

第一，确立党中央在立法中的领导作用。在立法方面，首先就是要加强党对立法工作的领导，而这种领导首先就体现在党中央层面的领导。结合中国的政治实际，党中央的立法领导权主要体现为三个方面：首先，明确党中央领导立法工作中重大问题决策程序。即对于凡立法涉及重大体制和重大政策调整的，明确了在程序上必须报党中央讨论决定。其次，明确了党中央对于宪法的修改建议权。即党向全国人大提出宪法修改建议，依照宪法规定的程序进行宪法修改。再次，明确了重大立法报告党中央制度。即涉及法律制定和修改的重大问题的，由全国人大常委会党组向党中央报告。

第二，确立全国人大在立法中的主导作用。各级有立法权的人大及其常委会是具体的立法活动的专门制定者，其不仅是权力机构，同时也是专门立法机构①，所以这就必须要求健全有立法权的人大主导立法工作的体制机制，发挥人大及其常委会在立法工作中的主导作用。而在这方面的建设主要体现为三个方面：首先，建立了重要法律草案制度，即明确了由全国人大相关专门委员会、全国人大常委会法制工作委员会组织有关部门参与起草综合性、全局性、基础性等重要法律草案制度。其次，增加有法治实践经验的专职常委比例，进一步提升了立法的专业性，从而保障了法治实践开展的实效性。再次，建立健全立法专家顾问制度，主要体现为对于专门委员会、工作委员会在立法的过程中，通过引入立法专家顾问的方式来进一步提高立法质量。

第三，确立各级政府在立法中的补充作用。在中国，广义的法律体系除了宪法、法律和地方性法规之外，还包括国务院行政法规，部门行政规章和地方政府规章，这三者从内容上看是针对法律制定的执行进一步细化需要，从地位上看，其不能和宪法、法律相冲突，所以，其在整个立法体系中处于一种补充性的地位，但是，从数量上看，这种辅助性和补充性立法在整个立

---

① 李连宁．我国人民代表大会制度的特征和优势［J］．人民论坛，2021（4）：6-9．

法体系中数量最多，而且最为细化，所以，在立法体制中，必然也需要加强和改进各级政府的行政立法制度建设，进一步完善行政法规以及部门行政规章的立法程序，而这需要做到两个方面的工作，一方面，要明确重要行政管理法律法规由政府法制机构组织起草，确保行政立法的质量；另一方面，要明确立法权力边界，对部门间争议较大的重要立法事项，由决策机关引入第三方评估，从而从体制机制和工作程序上有效防止部门利益和地方保护主义法律化。

第四，确立社会公众在立法中的参与作用。在我国，立法必然要体现了广泛的民主性，立法的民主性从毛泽东法制思想一直贯彻到整个中国特色社会主义法治思想中，是法治人民性在立法环节的具体体现，而要想实现立法民主性，就必须要建立了公众参与立法的制度确立，具体而言：首先，明确了公众参与作为立法独立性程序环节的定位。其次，通过政党协商征求了民主党派对于立法草案的意见，允许民主党派提出立法建议。再次，通过建立具体的立法征求意见的平台与方式，构建了确保公众参与立法的渠道，拓展了参与渠道，扩大了参与范围，提升了立法参与的操作可行性。

(三)"三大原则"确保提升质量

党的十八届四中全会明确提出了新时代中国特色社会主义法治格局中关于立法的三大原则，即科学立法、民主立法和依法立法。这三大原则是对当前中国特色社会主义法治立法格局的基本性要求。

第一，科学立法。科学立法主要从主体、制度和程序三方面进行开展实现。首先是主体角度，在所有的立法主体中，进一步明确了人大的两个立法作用，即人大作为整体对立法工作的组织协调作用，人大代表作为人大的组织成员所应当肩负的立法参与作用，前者是制度性的宏观作用，后者是立法工作的微观作用，尤其是后者，为了让人大代表能够有效地参与到立法过程中，明确增加了人大代表列席人大常委会会议的人数，从制度上为发挥人大代表参与起草和修改法律作用提供了主体保障。其次是制度角度，实现了三类科学立法保障制度的健全，第一类制度是健全立法项目征集和论证制度，这是从立法前置环节的科学化制度保障；第二类是健全立法环节制度，包括立法起草、论证、协调、审议机制，这是立法主体环节的科学化制度保障；第三类是健全立法征询征求制度，包括了向下级人大征询立法意见机制、基层立法联系点制度、法律法规规章起草征求人大代表意见制度，这是立法后置环节的科学化制度保障。再次是程序角度，围绕"立法表决"和"立法参与"实现立法运行程序的科学化,前者完善来法律草案表决程序、重要条款单独表决程序两大表决程序种类,后者强调参与程序的完善,即构建来社会各方有序参与立法的程序。

第二,民主立法。民主立法主要从协商、咨询和征求三方面实现。首先,通过中国特色社会主义政党制度实现立法协商,由于政党制度的重大差异,西方资本主义执政党和在野党之间经常就某一法律草案争执不休,经常呈现出"否决政治"的局面,导致"民主"固守在"程序化的泥沼中无法前行"①,最终出现了形式性的程序性民主无法实现实质的合作性民主。我国的立法中则能充分发挥了具有中国特色的协商性民主的优势,开展立法协商,充分发挥政协委员、民主党派、工商联、无党派人士、人民团体、社会组织在立法协商中的作用,实现来协商民主和投票民主的有机衔接。其次,立法咨询充分尊重了专家学者的意见,针对重大利益的调整,为来防止民主政治"一人一票"这种形式民主可能带来的"意见等置"的弊端,同时也为了防止出现将"民主简单地等同于多数人的意见"②,更加重视各类意见中的不同理性含量,尊重专家权威,在立法中建立了有关国家机关、社会团体、专家学者等对立法中涉及的重大利益调整论证咨询机制。再次,立法征求实现了普通民主的立法参与。除去重视专家权威之外,还要充分重视普通公众对于立法的建议,这一点在上文也有所阐释,在这方面采取了一系列的制度构建充分确保了普通公众的立法参与,建立了立法机关和社会公众沟通机制,建立了法律法规规章草案公开征求意见和公众意见采纳情况反馈机制,拓宽了公民有序参与立法途径,实现了对于社会共识的广泛凝聚。

第三,依法立法。依法治立法主要从边界、统一和程序三方面推进。首先,从边界上明确了两个边界。即立法内容边界和立法主体边界,就前者明确了立法本身的边界,为了防止之前资本主义社会所出现的"法律拜物教",明确了法律所具有的功能范围和作用领域,防止出现"治理法治泛化"的问题,就后者明确了各级立法主体的立法边界,克服了立法部门法和地方化的倾向;其次,为了法制体系内部的冲突和矛盾,尤其为了防止下位法对于上位法以"细化""操作实施"的名义导致的"二次立法"增加了法律中公民

---

① [英]海伍德. 政治理论教程(第三版)[M]. 李智,译. 北京:中国人民大学出版社,2009:110.

② 燕继荣. 政治学十五讲 [M]. 北京:北京大学出版社,2004.11.

的义务的情况，明确了立法审批和备案机制，实现了多层级立法之间的统一有序；再次，确立了立法工作自身的法治运行化程序，实现了立法程序之间的衔接和完善，推进了立法工作本身的法治化开展。

二、打造法治政府规范执法格局

党的十八届四中全会通过的《中共中央关于全面推进依法治国若干重大问题的决定》中明确提出了法律的生命力在于实施，法律的权威在于实施。所以，执法格局在整个法治运行格局中处于非常重要的地位，而在这一方面，就执法格局而言就必须要建设法治政府，实现依法行政[①]。法治政府是从宏观角度对于执法机构本身的整体性要求，依法行政是从微观角度对于执法行为本身的具体性要求。而要想实现上述两个目标，就必须从政府职能明定，行政决策机制和行政执法行为三个递进性的环节着手。

（一）依法明定政府职能

法治政府要求实现各类政府机关机构、权限、程序、责任的法定化，概言之，就是要依法明定各级行政组织的职能配置。而这种职能的明定则是从横向和纵向两个角度开展的。

从横向上看，首先，明确了行政机关要坚持法定职责必须为、法无授权不可为：法定职责必须为要求要勇于负责、敢于担当，法无授权不可为则要坚决纠正不作为、乱作为，克服懒政、怠政，防止失职、渎职；其次明确了行政机关不得法外设定权力：即没有法律法规依据不得作出减损公民、法人和其他组织合法权益或者增加其义务的决定，通过推行政府权力清单制度，坚决消除权力设租寻租空间[②]。

从纵向上看，要推进了各级政府职权规范化、法律化，完善不同层级政府之间的职能区别，配置了中央和地方政府事权法的制度安排，要明确中央政府主要强化宏观释理、制度设定职责和必要的执法权，省级政府则重点统筹推进区域内基本公共服务均等化职责，市县政府则将行政工作重点放在职责执行上。

（二）健全依法决策机制

在明确了政府职能之后，就需要将政府决策纳入法治轨道上。在这方面，

---

① 姜明安. 中国依宪治国和法治政府建设的主要特色 [J]. 政治与法律，2019（8）：120-128.

② 吴传毅. 法治政府建设的多维审视 [J]. 行政论坛，2019，26（3）：110-116.

健全依法决策机制主要从重大行政决策展开，决策主体补充和决策责任追究三方面实现依法决策。

首先，针对重大行政决策展开必须依法进行。重大行政依据往往带来巨大的社会影响，所以决策必须更加慎重和科学，这样，就需要从机制的手段来推进依法决策，即要从决策程序和决策审查两方面来开展依法决策。就决策程序而言，确定了"公众参与—专家论证—风险评估—合法性审查—集体讨论决定"的重大行政决策法定程序，确保了决策制度科学、程序正当、过程公开、责任明确；就决策审查而言，建立了行政机关内部重大决策合法性审查机制，落实了未经合法性审查或经审查不合法的不得提交讨论的程序安排。其次，针对决策主体补充，推行了政府法律顾问制度，即建立了政府法制机构人员为主体、专家和律师共同参加的法律顾问队伍，从而保证法律顾问在制定重大行政决策、推进依法行政中发挥积极作用。再次，针对决策责任追究，建立了重大决策终身责任追究制度及责任倒查机制，明确了决策严重失误和决策重大延误两种追责情形，同时界定了追责范围，即严格追究行政首长、负有责任的其他领导人员和相关责任人员三大主体的法律责任①。

（三）规范行政执法行为

在规范行政执法行为方面，主要从执法行为约束实现对于行政执法的规范。具体而言，推进执法的"严格、规范、公正、文明"四大取向。

首先，"执法严格"取向主要是强调要依法惩处各类违法行为，加大关系群众切身利益的重点领域执法力度。其次，"执法规范"取向主要从合法性和合理性两个角度推进，合法性主要强调建立重大执法决定法制审核制度和执法全过程记录制度，合理性主要强调建立健全行政裁量权基准制度，进而细化、量化行政裁量标准、范围、种类、幅度。再次，"执法公正"取向强调程序公正、公开公正、责任公正、监督公正实现执法公正，其中程序公正侧重于明确行政执法的具体操作流程；公开公正侧重于行政执法信息化建设和信息共享；责任公正侧重于实行政执法责任追究机制；监督公正侧重于排除对执法活动的干预，防止和克服地方和部门保护主义，惩治执法腐败现象。最后，"执法文明"取向是试图将执法和教育结合起来，将执法和服务结合起来，转变执法态度，规范执法语言举止，防止出现粗暴执法。

---

① 李蕊. 论我国行政责任追究制度的历史演变与发展趋势 [J]. 济南大学学报（社会科学版），2009，19（6）：80-84.

三、确保独立公正优化司法格局

党的十八届四中全会通过的《中共中央关于全面推进依法治国若干重大问题的决定》中明确提出了"依法独立公正行使审判权检察权",要"努力让人民群众在每一个司法案件中感受到公平正义"①。可以说,前者是过程要求,后者是结果要求。这样,就需要建立司法权独立行使和公正行使两大类保障制度。

(一) 完善了司法权独立行使的制度保障

和西方资本主义国家"三权分立"理论下对于司法独立的设置不同,我国反对司法权独立,强调"依法独立公正行使审判权检察权"②,即司法权行使独立,尤其强调审判独立。可以说,我国更加关注司法权在权力行使层面而不是权力宏观配置层面的独立,这是一种更加深刻的和动态的独立公正,这两种独立之间的区别实际上是"权力独立"和"行为独立"的区别。为了实现司法机关工作人员"依法独立公正行使审判权检察权",我国建立了三个方面的制度保障。

首先,从执政党的"领导"角度确立了独立行使司法权的领导制度保障。一方面,从正面强调各级党政机关和领导干部要支持法院、检察院依法独立公正行使职权;一方面从负面建立了领导干部干预司法活动、插手具体案件处理的记录、通报和责任追究制度。其次,从行政机关的"支持"角度实现了独立行使司法权的支持制度保障。一方面从正面健全行政机关依法出庭应诉、支持法院受理行政案件、尊重并执行法院生效裁判的制度;另一方面从反面完善了惩戒妨碍司法机关依法行使职权、拒不执行生效裁判和决定、藐视法庭权威等违法犯罪行为的法律规定。再次,从司法机关的"运行"角度实现了独立行使司法权的运行制度保障。这一制度包括了三个层面,微观层面一方面建立了司法机关内部人员过问案件的记录制度和责任追究制度,防止司法机关内部人员违反规定干预其他人员正在办理的案件,另一方面建立健全了司法人员履行法定职责保护机制,即制定了非因法定事由,非经法定程序,不得将法官、检察官调离、辞退或者作出免职、降级等处分的规定;

---

① 习近平. 论坚持全面依法治国 [M]. 北京:中央文献出版社,2020:17.
② 习近平. 决胜全面建成小康社会夺取新时代中国特色社会主义伟大胜利——在中国共产党第十九次全国代表大会上的报告 [M]. 北京:人民出版社,2017:38.

中观层面改革了司法机关人财物管理体制，实现了法院、检察院司法行政事务管理权和审判权、检察权的相分离的制度，增强了司法权行使的运行分离性；宏观层面设立了跨行政区划的人民法院和人民检察院，建立巡回法庭，办理跨地区案件，增强了司法权行使的权威独立性。

（二）优化了司法权公正行使的制度保障

习近平明确指出"公正是司法的生命线"[①]。要想实现司法权的"结果公正"，就必须进行在行使权力的过程中做到"过程公正"。而"过程公正"作为一种"动态运行"层面的公正，要想实现就必须要通过各种制度保障才可以实现。

一方面，通过司法权配置设计实现公正。西方司法权的设置比较强调不同部门之间的"制衡对抗"[②]，而我国的司法权的内部制度设计则更加强调分工下的"合作制约"，这种配置一方面要求公安机关、检察机关、审判机关、司法行政机关之间各司其职，相互配合，另一方面要求彼此之间的相互制约。最终通过侦查权、检察权、审判权、执行权等司法权之间的配合与制约实现权力之间有效的制衡[③]，维护了当事人的合法利益，实现了司法公正的最终目标。

另一方面，通过司法人权保障实现公正。强化了诉讼过程中当事人和其他诉讼参与人的知情权、陈述权、辩护辩论权、申请权、申诉权的制度保障；健全落实了罪刑法定、疑罪从无、非法证据排除等法律原则的法律制度，完善对限制人身自由司法措施和侦查手段的司法监督，加强对刑讯逼供和非法取证的源头预防，健全冤假错案有效防范、及时纠正机制。

四、树立法治信仰推进守法格局

习近平总书记明确提出了"法律的权威源自人民的内心拥护和真诚信仰。人民权益要靠法律保障，法律权威要靠人民维护"[④]，这一提法将法治的权威是来源指向了对象，实现了法治权威的重大转向，所以，要想真正的设立法治的权威性，就必须要全面推进守法格局建设。而在这一方面的建设推进，

---

① 习近平. 论坚持全面依法治国 [M]. 北京：中央文献出版社，2020：12.
② 付子堂. 法理学进阶 [M]. 北京：法律出版社，2005：77.
③ 烨泉. 独立审判，司法改革的攻坚之战 [N]. 法制日报，2013-11-15 (7).
④ 人民出版社. 中共中央关于全面推进依法治国若干重大问题的决定 [M]. 北京：人民出版社，2014：38.

则必须要重视守法格局中的重点守法主体推进和普法守法路径推进两个方面。

（一）以重点人群带动全社会守法

一个社会要想实现法治现代化，从理论上必然是要推动全社会的所有群体都必须要树立法治意识，具体到我国，则要以两个重点人群的守法带头作用带动了整个社会群体的守法。

第一个重点群体是党员干部群体。考虑到中华法治文化传统中长期存在的"刑不上大夫，礼不下庶人"的法治传统，在守法格局中，一定要将领导干部带头学法、模范守法作为树立法治意识的关键，而这个关键群体中"高级干部是关键中的关键，尤其要以身作则、以上率下"①。而要做到这一点，不能仅仅依靠简单的宣传教育，而是必须以靠制度实现守法意识的内化和遵法行为的外显，而要做到这一点，关键是要实现守法的"制度化评价"，一方面，将法治建设成效纳入两个考核体系，首先是政绩考核指标体系，作为衡量各级领导班子和领导干部工作实绩重要内容，其次是干部考察指标体系，作为考察和提拔干部的重要内容和指标；另一方面，将法治知识学习纳入制度化的学习制度，列入党委（党组）中心组学习内容，构建国家工作人员学法用法制度。这样，在制度化考核和学习的双重促进下，提高党员干部法治思维和依法办事能力，提升运用法治思维和法治方式深化改革、推动发展、化解矛盾、维护稳定能力。

第二个重点群体是青少年。法治作为未来中国治理所选择的现代化道路，必然涉及一个国家的未来——少年儿童，按照维果斯基的教育心理理论，"任何一个主体的在其发展过程中都具有某一领域发展的关键时期"②，而价值观的形成时期主要是青少年时期，所以必须抓住在这一"发展关键期"对于青少年加强法治教育，将法治教育纳入国民教育体系，通过在中小学设立法治知识课程实现从青少年抓守法的局面，进而为未来的守法格局提升提供教育基础和对象储备。

（二）以普法宣传拉动全社会守法

十八届三中全会要求"健全社会普法教育机制"；十八届四中全会要求"坚持把全民普法和守法作为依法治国的长期基础性工作，深入开展法治宣传

---

① 习近平. 论坚持全面依法治国 [M]. 北京：中央文献出版社，2020：152.

② [苏] 维果斯基. 维果斯基教育论著选 [M]. 余震球，译. 北京：人民教育出版社，2007：232.

教育"；十八届五中全会要求"弘扬社会主义法治精神，在全社会形成良好法治氛围和法治习惯"。

我国守法格局构建的历史经验来看，普法宣传作为法治建设的长期基础性工作对于实现全面依法治国起到了极大的拉动作用，从"一五"普法到"七五普法"，极大的引导了全民自觉守法、遇事找法、解决问题靠法的法治思维，推动全社会树立法治意识①。从普法的主体看，各级党委和政府负责普法工作的领导，宣传、文化、教育部门和人民团体负责普法教育的实施；从普法的机制看，实行国家机关"谁执法谁普法"的普法责任制；从普法的方式看，建立法官、检察官、行政执法人员、律师等以案释法制度，在执法司法实践中广泛开展以案释法和警示教育，使案件审判、行政执法、纠纷调解和法律服务的过程成为向群众弘扬法治精神的过程；从普法的方式来看，加强互联网等新媒体新技术在普法中的运用，推进"互联网+法治宣传"；从普法的目的看，主要是为了在广大人民树立宪法法律至上、法律面前人人平等、权由法定、权依法使等基本法治理念，破除传统存在的"法不责众""人情大于国法"等错误认识。

（三）以利益维护催动全社会守法

利益是全社会进行守法的直接利益动因②，所以，为了实现守法，法治主就必须能够让群众感受到通过法治能够有效解决好群众最关心最直接最现实的利益问题，即法治必须在为对于利益的维护机制和矛盾解决机制的完善方面不断着力。

从利益维护机制而言，主要是健全依法维权和化解纠纷机制。通过建立健全社会矛盾预警机制、利益表达机制、协商沟通机制、救济救助机制，进而实现了畅通群众利益协调、权益保障法律渠道，实现了将信访纳入法治化轨道，从而通过守法来实现保障合理合法诉求，实现依照法律规定和程序就能得到合理合法的结果。

从矛盾解决机制而言，主要是通过法治实现对于人民内部矛盾的处理，进而树立法律在化解社会矛盾中的权威地位，进而引导和支持人们理性表达诉求的基础上健全社会矛盾纠纷预防化解机制。在司法实践中，就必须通过

---

① 刘武俊．每一个公民都应成为"七五"普法的参与者［N］．人民公安报，2016-04-21（3）．

② ［美］波斯纳．法理学问题［M］．苏力，译．北京：中国政法大学出版社，1994：48.

构建调解、仲裁、行政裁决、行政复议、诉讼之间有机衔接、相互协调的多元化纠纷解决机制，实现了人民调解、行政调解、司法调解工作联动。

（四）以制度文化驱动全社会守法

守法除去要有制度制约和利益驱动，更为重要的是要有内在文化浸润。而在这方面，就必须要将守法文化和传统伦理道德文化进行有效衔接，进而实现以法治体现道德理念，以道德滋养法治精神①。

就传统伦理文化和法治制度结合点的选择而言，则需要强化诚实信用的制度性文化建设。通过加强社会诚信法治建设，健全公民和组织的守法信用记录，完善守法诚信褒奖机制和违法失信行为惩戒机制，进而通过制度激励使遵法守法成为全体人民共同追求和自觉行动。通过对于伦理与法治有效的衔接点的选择，实现了法治文化和德治文化的相互促进。一方面，通过加强公民道德建设，弘扬中华优秀传统文化，进而增强法治的道德文化底蕴，强化规则意识，倡导契约精神，弘扬公序良俗；另一方面也通过发挥法治在解决道德领域突出问题中的作用，引导主体自觉履行法定义务、社会责任、家庭责任，这样，就实现了制度与文化之间的互动前行。

第三节　法治建设论：创新法治体系构建

任何一个"理论"都需要最终落实到"实践"中，中国化的马克思主义法治理论也必然要在实践中生根发芽。而这种生根发芽，最为重要的是构建一种可以让理论落地的实践体系。脱离了法治实践体系的法治理论只能是无源之水，空中楼阁。

党的十八届三中全会明确指出，全面依法治国是国家治理的一场深刻革命，是实现国家治理现代化的基本方略。"治理革命"和"治理方略"更多是一种宏观视角对于"全面依法治国"的界定，所以，为了在实践层面能够"革命完成"和"方略落地"，在党的十八届四中全会明确了要建设中国特色社会主义"法治体系"。党的十九大又进一步明确提出，全面依法治国的总目标之一就是要建设中国特色社会主义法治体系和建设社会主义法治国家。可以说，建设中国特色社会主义法治体系是马克思主义法治理论中国化的最新

---

① 习近平. 论坚持全面依法治国 [M]. 北京：中央文献出版社，2020：98.

理论创新，而取得这一理论成就是在充分认识了"法治体系"的地位、作用和功能的基础上提出来的。

一、中国特色社会主义法治体系的重大意义

发展中国特色社会主义法治体系一方面是中国特色社会主义建设的本质要求，同时也是重要保障①，更为重要的是，法治体系的完善有利于实现国家治理体系和治理能力的现代化，所以，要实现国家治理的方式的重装升级，就必须要将其作为"目标任务"，这样，就实现了法治体系建设从"本质要求"到"目标任务"的跨越，而要实现两者之间的跨越，就必须也要将其自身作为全面依法治国方略实施的"中介抓手"进行定位，发挥"本质要求"到"目标任务"的桥梁架接作用。

（一）法治体系建设是中国特色社会主义的本质要求和重要保障

从本质要求上看，中国特色社会主义法治体系是静态的中国特色社会主义法律制度形式的动态表现。目前，我国已经完成了以宪法为核心的社会主义法律体系②，而要充分发挥这一体系的作用，就必然要运行，只有这样，才能不断完善和发展中国特色社会主义制度、推进国家治理体系和治理能力现代化，所以，如果要将制度从纸面落实到实际中，就必须将静态法律体系动态法治化运行，要建设和完善中国特色社会主义法治体系。

从保障作用上看，中国特色社会主义法治体系是新时代中国特色社会主义建设目标的动态制度保障。建设新时代中国特色社会主义，其总任务是实现社会主义现代化强国和中华民族伟大复兴，在这一过程中，必然要发挥法治的规范，指引和发展作用，而这必须要通过动态的法律运行——法治来实现最大的人心凝聚，实现最广泛的利益的通约，实现将权利保护和任务发展进行有机的统一，最终为实现这一目标提供动态制度保障。

（二）法治体系建设是推进治理体系和能力现代化的重要举措

国家治理体系在我国具体体现为在中国共产党的领导下管理国家的一系列制度体系。从体系内容上看，其涵盖了经济、政治、文化、社会、生态文明和党的建设等各领域的体制机制、运行规则、行为规范，是一整套紧密相

---

① 朱景文. 中国特色社会主义法律体系：结构，特色和趋势 [J]. 中国社会科学，2011 (3)：20–39.
② 张文显. 统筹推进中国特色社会主义法治体系建设 [N]. 人民日报：2017–08–14 (7).

连、相互协调的国家制度①。而有效运用上述的制度体系和规则规范管理社会各方面事务的能力，就体现为一个国家的治理能力。

从世界各国的治理发展史来看，现代化的治理体系和治理能力的发展趋势就是从人治到法治的发展过程。这一过程具体体现为各种体制机制、规则规范愈趋规范化、制度化和程序化，在治理的过程中权力的配置、运行更加具有稳定性、科学性和民主性，权力的行使结果更加具有有效性。上述这种治理的规范化、制度化、程序化和治理中体现的稳定性、民主性和科学性都可以通过法治体系的建设来实现，可以说，在所有的制度体系的治理中，法治体系的上述属性和作用效果最强，也最能够满足治理的现代化的需要。

（三）法治体系建设是开展全面依法治国基本方略的总抓手

建设中国特色社会主义法治体系明确了马克思主义法治理论发展的方向和重点。一直以来，如上文所述，对于马克思主义法治理论中国化的发展很多时候在实践上都更多体现为一种"探索性"的实践，理论表述更多以一种"经验总结"的话语方式来表达，而对于顶层设计的统筹规划则稍显薄弱。法治体系这一概念和理论的提出，必然要求在战略发展层面为法治中国的建设作出一种制度性的系统化顶层设计，为马克思主义法治理论的中国化发展提供了总揽全局、牵引各方的总部署，为依法治国、依法执政、依法行政共同推进和法治国家、法治政府、法治社会一体建设方面提供了总抓手。

二、建设中国特色社会主义法治体系的主要内容

党的十八届四中全会已经明确指出，建设中国特色社会主义法治体系，就是在中国共产党领导下，坚持中国特色社会主义制度，贯彻中国特色社会主义法治理论，形成完备的法律规范体系、高效的法治实施体系、严密的法治监督体系、有力的法治保障体系，形成完善的党内法规体系。这五个方面就构成了当代中国特色社会主义法治体系的重要组成部分。

（一）法治引领体系——完善的党内法规体系

在所有的体系中，建设完善的党内法规体系，在中国特色社会主义法治体系处于特殊位置。在五大体系中，中国特色社会主义法治体系和国外资本主义法治体系最大的区别就是是否存在党内法规体系。党内法规体系的存在

---

① 应松年. 加快法治建设促进国家治理体系和治理能力现代化 [J]. 中国法学，2014（6）：40-56.

目的是意图通过"依规治党"引领"依法治国"①。从依规治党和依法治国的
关系来看，可以说，党依据党内法规管党治党的能力和水平显著提高，有力
地推动了依规治党对于全面依法治国的带动作用。

要实现依规治党，则必须要具有完善的党内法规体系，党内法规体系的
这种完善性就必然体现为制定科学、程序严密、配套完备、运行有效②。从我
国党内法规的历史以及现状来看，其相较于我国的法律体系而言仍然相对滞
后，这种滞后性极大地制约了其引领作用的发挥。党的十八大以来，中国共
产党大力开展党内法规建设，不断补全党内法规建设的短板，重点在修订党
章的基础上完善了党的组织法规制度、党的领导法规制度、党的自身建设法
规制度、党的监督保障法规制度，同时在不断完善党内法规制度体系的基础
上，开始逐步形成高效的党内法规制度实施体系、有力的党内法规制度建设
保障体系。

（二）法治内容体系——完备的法律规范体系

法治体系的开展必须建立在完整的法律规范体系的基础上③。对于法治中
国建设而言，完备的法律规范体系是法治国家、法治政府、法治社会的制度
基础。结果我国的实际情况，从内容上看，完备的法律规范体系包括以宪法
为核心，由部门齐全、结构严谨、内部协调、体例科学、调整有效的法律及
其配套法规所共同构成的有机完整的法律规范系统④。

这一具有中国特色的社会主义法律规范体系的特点在于三个方面：首先，
坚持立法先行，充分发挥立法在改革开放和经济社会发展中的引领和推动作
用，构建了较为完善的法律、行政法规、地方性法规的系统体系，为全面依
法治国提供基本遵循；其次，坚持科学立法、民主立法、依法立法，在立法
中坚持上下有序、内外协调、科学规范、运行有效的原则，立改废释并举，
实现从粗放立法向精细立法转变，提高立法质量和效率；再次，坚持立法和
改革决策相衔接，特别是党的十八大之后，努力实现法律和政策之间的协调，

---

① 王振民. 党内法规制度体系建设的基本理论问题 [J]. 中国高校社会科学，2013（5）：
136-153.

② 管华. 党内法规制定技术规范论纲 [J]. 中国法学，2019（6）.

③ [英] 约瑟夫·拉兹. 法律体系的概念 [M]. 吴玉章，译. 北京：中国法制出版社，
2003.

④ 朱景文. 中国特色社会主义法律体系：结构，特色和趋势 [J]. 中国社会科学，2011
（3）：20-39.

实现法治和改革之间的衔接，做到重大改革于法有据、立法主动适应改革和经济社会发展需要。

(三) 法治实施体系——高效的法治实施体系

从法治体系建设的整体性视野来看，高效的法治实施体系的建设是当前构建中国特色社会主义法治体系的重点①。和党内法规体系以及法律规范体系不同，高效的法治实施体系直接作用于每一个微观主体，从内涵来看，其包括执法、司法、守法等各个环节的，能够实现各个环节有效衔接、协调高效运转、持续共同发力，实现效果最大化的法治实施系统。

中国特色社会主义法治实施体系的特点包括了三个方面：首先是将宪法实施作为整个法治实施体系的龙头。党的十八以来，特别强调健全宪法实施制度，通过宪法宣誓等制度把树立宪法权威作为全面推进依法治国的重大事项进行事实，以宪法权威带动法律权威，以宪法权威推动法治权威；其次是将法治政府作为整个法治实施体系的主体。在所有的公权力部门中，政府所具有的体量最大，职能最多，活动最广，所以，法治实施必然以法治政府的打造作为重点，要明确法治政府的特征是职能科学、权责法定、执法严明、公开公正、廉洁高效、守法诚信②，要从内容上关注行政组织、行政程序、行政决策，行政执法的关键环节，要从要求上明确具体的行政执法必须要做到严格、规范、公正、文明；再次是将司法改革作为整个法治实施体系的制度化保障。通过宏观层面深化司法体制综合配套改革，微观层面规范具体的司法行为，提高司法公信力，实现努力"让人民群众在每一个司法案件中感受到公平正义"。

(四) 法治制约体系——严密的法治监督体系

党的十八大以来，以习近平同志为核心的党中央明确提出了要将"权力关进制度的笼子"。这表明，通过理论研究和实践探索，对于权力和法治的制约关系进一步明晰，在这种理念的指导之下，必然要求在制度运行上构建一种能够全环节实现对于各种权力具体运行过程中的监督制约，这样，就必须要将严密的法治监督体系作为实现全面依法治国的制约体系进行了重点制度设计。

---

① 周强. 形成高效的法治实施体系 [J]. 求是，2014 (22)：3-5.
② 姜明安. 中国依宪治国和法治政府建设的主要特色 [J]. 政治与法律，2019 (8)：120-128.

从监督目的上看，严密的法治监督体系，是指以规范和约束法治中存在的公权力为重点建立的有效的权力监督网络。其任务是为了实现有权必有责、用权受监督、违法必追究，是为了纠正法治运行过程中存在的有法不依、执法不严、违法不究等行为。

从监督对象上看，完善法治监督体系的重点内容包括对于三种权力的角监督，即对于立法权的宪法监督，对于行政权的监督，对于司法权的监督①，而对于后两者的监督应当是体系设计的重点所在。

就对行政权力的监督而言，首先，从监督方式来看，主要通过将党内监督、人大监督、民主监督、行政监督、司法监督、审计监督、社会监督、舆论监督等方式进行整合，进而形成科学有效的权力运行制约和监督体系，增强监督合力和实效。其次，从监督的重点来看，主要是加强对政府内部权力的制约，尤其对于涉及财政资金分配使用、国有资产监管、政府投资、政府采购、公共资源转让、公共工程建设等权力集中的关键性部门和岗位实行监督。再次，从监督的落实来看，主要是强化权力配置和责任机制两方面完成。一方面，就权力配置强调分事行权、分岗设权、分级授权，定期轮岗，强化内部流程控制，防止权力滥用，另一方面，就责任机制而言，需要强调通过完善纠错问责机制，健全责令公开道歉、停职检查、引咎辞职、责令辞职、罢免等问责方式和程序实现监督落实。最后，从监督的条件来看，主要是强调行政公开，在公开原则方面，坚持以公开为常态、不公开为例外原则；在公开内容方面，通过设置权力清单向社会全面公开政府职能、法律依据、实施主体、职责权限、管理流程、监督方式等事项；在公开平台方面，主动通过互联网政务信息数据服务平台和便民服务平台进行政务公开。

就对司法权力的监督而言，主要从对于司法活动，司法交往，司法责任，司法公开四个方式实现司法权的规范形式。首先，从司法活动的监督来看，重点通过完善检察机关行使监督权和人民监督员的法律制度，加强对刑事诉讼、民事诉讼、行政诉讼中立案、羁押、扣押冻结财物、起诉、执行等重点环节的司法活动。其次，从司法交往的角度来看，主要是强调依法规范司法人员与当事人、律师、特殊关系人、中介组织的接触、交往行为。防止出现司法掮客行为，防止利益输送。破除各种潜规则，防止出现关系案、人情案、

---

① 殷祎哲. 试论法治监督体系对法治中国建设的作用 [J]. 法制与经济，2017（01）：147.

金钱案。其次，从司法责任的落实来看，主要是明确了对因违法违纪被开除公职的司法人员、吊销执业证书的律师和公证员，终身禁止从事法律职业和构成犯罪的依法追究刑事责任的司法责任追求制度。最后，从司法公开的开展来看，需要构建开放、动态、透明、便民的阳光司法机制，推进审判公开、检务公开、警务公开、狱务公开①，依法及时公开执法司法依据、程序、流程、结果和生效法律文书，杜绝暗箱操作。尤其需要强化法律文书的释法说理，建立生效法律文书统一上网和公开查询制度②。

（五）法治保障体系——有力的法治保障体系

有力的法治保障体系，是全面依法治国的重要外部保障。从内涵上看，有力的法治保障体系是指在法律制定、实施和监督过程中形成的结构完整、机制健全、资源充分、富有成效的保障系统，从外延上看，其包括了政治和组织保障、人才和物质条件保障、法治意识和法治精神保障等方面。

从中国特色社会主义的法治实践来看，政治和组织保障主要着眼于切实加强和改进党对全面依法治国的领导，提高依法执政能力和水平；人才和物质保障主要着眼于加强高素质法治专门队伍和法律服务队伍建设，提高法治工作科技投入与物资投入的建设标准，加强资源投入；意识和精神保障主要着眼于努力推动形成办事依法、遇事找法、解决问题用法、化解矛盾靠法的良好的守法思维与社会氛围。

---

① 彭波. 司法公开彰显制度力量［N］. 人民日报，2019-08-15（019）.
② 陈梅娟. 为公正司法插上智慧的翅膀［N］. 人民法院报，2020-06-07（002）.

结　语

　　立足当前，从世界范围来看，中国化马克思主义法治理论和全面依法治国法治实践模式的提出，为世界上其他法治传统比较薄弱落后的发展中国家快速实现法治现代化提供了一种新的可能，这种可能从道路来说是提供了一条新的路径，从实践来说则提供了一种新的模式，从理论来说更是提供了一种新的方法，打破了西方对于"法治理论""法治模式""法治道路"的话语垄断，使得其他发展中国家能够更快的享受到现代化的法治所带来的制度红利，促进全球法治文明的共同发展，最终实现一种多样性的法治文化共同体。

　　从中国范围来看，在经济领域，中国共产党通过中国特色社会主义市场经济的理论创新和实践探索，实现了 GDP 世界第二的伟大历史奇迹，而与之对应的是，在法治领域，中国共产党在建党之后从革命根据地局部执政时期的法制实践，再到全面执政后对于法治的选择、发展，以及到十一届三中全会之后的恢复和发展，实现了从"法制"建设到"法治"建设再到"依法治国"方略，然后再到今天的"全面依法治国"基本方略和战略布局的不断推进，在这一过程中，通过马克思主义法治理论的中国化发展已经形成了中国特色社会主义法治理论和全面依法治国实践模式，可以说，中国特色社会主义法治和中国特色社会主义市场经济是中国人对于社会主义国家建设理论的重大创新，前者让我们从经济上得到"效率"的提升，而后者让我们从法治上实现了对于"公正"的追求，实现了让"市场"机制和"法治"方略和社会主义制度的深度融合，并实现了经济发展和法治建设的互动前行。

　　从马克思主义理论来看，法治理论必然是马克思主义理论的重要组成部分，但是不可否认的是，随着时代背景、历史任务、实践基础的外部环境的发展变化，必然要对马克思主义法治理论内部的逻辑结构、内容主题、价值阐释进行创新，马克思主义法治理论需要伴随着社会主义法治实践的开展而完善、发展和创新。与时俱进本身就是马克思主义的理论品格，这种与时俱进体现为理论对于实践的开放，对于时代的开放，对于其他理论的借鉴，中国作为当代社会主义大国，中国共产党作为共产主义政党，与时俱进的重任必然落在中国共产党所领导的全面依法治实践中。一方面，中国化的马克思主义法治理论在法治实践中坚持马克思主义，一方面通过法治实践发展马克思主义，坚持与发展的统一，既释放马克思主义法治理论的活力，又为其进一步生长提供生命力，使得马克思主义法治理论更具科学性，更趋完善性，更有实践性。上述三点说明了中国化马克思主义法治理论为社会主义法治理论的发展完善创新做出了的巨大贡献，但是如果我们将目光折返到自身，就会发现，中国化马克思主义法治理论还需要进一步的成长。

展望未来，中国化的马克思主义法治理论的成长需求着重聚集以下四个方面的探索。

首先，马克思主义法治理论中国化的特征需要进一步明晰。目前理论界关于中国化马克思主义法治理论的特征在很大程度上是借鉴了马克思主义中国化理论的研究成果，在话语表达上更多是借用了马克思主义中国化的理论表述。诚然，法治理论的中国化必然是整个马克思主义中国化宏大过程的重要组成部分，但是，法治理论和马克思主义中其他理论相比，毕竟具有其自身的理论特质，这种自身理论的特殊性需要在理论研究上进行特殊性的关照。以价值立场为例，当前理论界已经普遍认同"人民性"是马克思主义中国化的价值追求和价值立场，也有不少学者直接在法治理论提出"人民性"的价值表达，马克思主义法治理论必然要体现"人民性"，但是这一"宏大"的价值表达是否能够全部由法治理论来进行承载，可能值得商榷。如何将整个中国化马克思主义理论"人民性"具象化到"法治理论"中，需要进一步凝练价值话语表达，提炼马克思主义法治理论的价值特色。实际上，这也是本文在法治价值论方面将讨论层次放在"正义性"的缘由，这样，一方面凸显了法治在"人民性"价值立场下的独特性价值表达，另一方面也能够和其他类型法治理论的价值表达开展话语交流，构建交流空间，进而开展相互之间的话语借鉴。而除去价值论之外，其他领域的法治理论的特征追求也需要进一步探索，核心范式需要进一步提炼。

其次，马克思主义法治理论中国化的生命力需要在现实的实践中继续释放。一方面，以往关于中国化马克思主义法治理论的研究更加侧重于"经验总结"的方式，通过改革试点进而总结经验，然后再通过进一步的试点扩大积累经验，最终实现从丰富的实践经验中抽象出理论范式，这样，法治理论的生命力已经在理论产生之前大部分已经释放，理论的总结是一个"摘果子"的过程，而随着我国法治理论的日趋成熟，法治实践的日趋深入，法治制度的日趋完善，法治理论也要从"经验总结"再到"顶层设计"进行发展，法治理论的生命释放更加应当体现为一个面向未来的释放过程；另一方面，理论到实践必然经过一个过程，理论到实践的实现也需要一些条件，从目前的实际情况来看，这些条件的制造和实现在今天的中国也并不是由法律来制造和提供的，很多时候是通过政策推动和政治动员，而这些恰恰距离全面依法治国的"全面"要求有所差距，这也从一定程度上说明法治理论的生命力需要在不同层次进行更加深度的释放，进而深化法治实践程度，拓展法治实践范围，提升法治实践质量。

再次，马克思主义法治理论中国化的科学性需要进一步发展。马克思主义理论实现了科学性和革命性的统一，革命性体现为理论的阶级立场和价值追求上，但是一定要明确科学性和革命性两者之间这种统一关系的具体统一逻辑，这种统一逻辑是在科学性构建基础上实现革命性升华，也就是说中国的法治理论必然需要提升其自身的科学性，进而在科学性的基础上才能延伸出其立场性，而这种科学性的深化和表达需要对于法治基本原理的深化阐释和法治发展规律深入认识，进而才能实现科学性的提升。理论的科学性的提升从根本来说，需要在改造世界，即法开展法治实践的过程中才能深刻的把握，所以，要加强法治实践。同时，除去法治实践的总结所带来的直接经验之外，还需要明确，通过不同法治理论之间的对话也能够实现间接经验地提供。世界上其他类型的法治理论除去立场性的差异性之外，也必然具有其理论上的科学性，而这就要求我们在对待其他类型法治理论时候，要善于甄别其理论中的科学部分和立场部分，要善于发现其理论中的科学性部分，要善于学习其理论的精华之处，进而实现中国化法治理论的科学性提升，在理论坚守和理论开放、在理论自信和理论借鉴之间实现平衡，这样，才能实现独特立场和普遍规律的结合，不断完善理论，发展理论，创新理论，最终为全球法治理论的多样化发展提供中国智慧。

最后，马克思主义法治理论中国化的应当进一步聚焦"核心关键"。习近平同志明确提出"中国共产党是中国特色社会主义最本质的特征和中国特色社会主义制度的最大优势""全面依法治国是治理领域的一场革命""是党领导人民治理国家的基本方略"，这样，"最本质特征、最大制度优势"和"治理领域革命、治理基本方略"两者之间所体现了"党法"关系就是法治推进的"关键"，对此习近平同志也多次强调"依法治国，首先是依宪治国；依法执政，关键是依宪执政""坚持依法治国和依规治党有机统一"，党对全面依法治国的领导关系早已经确立，但是党对法治的领导方式和党对其他领域的领导方式的区分度不大，党对于法治不同环节的领导方式的区别度也不大，多样化和针对性的领导方式还在探索；党内法规与国家法律之间的辩证关系已经明晰，但是党的政策、法规、其他规范性文件和国家法律之间的关系还需要进一步深入研究，尤其是党的政策和国家法律在"任务完成的目标"和"权利维护的目标"两种不同规则价值导向上可能存在的差异性和统一性还需要进一步辨析。所以，要想实现中国化马克思主义法治理论的进一步突破必然需要进一步聚焦"核心关系"和"发展关键"。

　　法治实践永无止境，法治理论创新也就永无止境，我们在不断推进马克思主义法治理论中国化的过程中形成了中国特色社会主义法治理论体系和法治实践模式，形成了中国特色社会主义法治道路，而这条道路必然会越来越广，为人类社会实现法治现代化的目标贡献出中国理论智慧、中国实践方案和中国发展道路。

参考文献

一、著作类

[1] [德] 卡尔·马克思. 资本论（第1卷）[M]. 中共中央马克思恩格斯列宁斯大林著作编译局，译. 北京：人民出版社，2004.

[2] [德] 卡尔·马克思. 资本论（第2卷）[M]. 中共中央马克思恩格斯列宁斯大林著作编译局，译. 北京：人民出版社，2004.

[3] [德] 卡尔·马克思. 资本论（第3卷）[M]. 中共中央马克思恩格斯列宁斯大林著作编译局，译. 北京：人民出版社，2004.

[4] 中共中央马克思恩格斯列宁斯大林著作编译局. 马克思恩格斯全集（第1卷）[M]. 北京：人民出版社，1956.

[5] 中共中央马克思恩格斯列宁斯大林著作编译局. 马克思恩格斯全集（第2卷）[M]. 北京：人民出版社，1957.

[6] 中共中央马克思恩格斯列宁斯大林著作编译局. 马克思恩格斯全集（第3卷）[M]. 北京：人民出版社，1960.

[7] 中共中央马克思恩格斯列宁斯大林著作编译局. 马克思恩格斯全集（第4卷）[M]. 北京：人民出版社，1958.

[8] 中共中央马克思恩格斯列宁斯大林著作编译局. 马克思恩格斯全集（第6卷）[M]. 北京：人民出版社，1961.

[9] 中共中央马克思恩格斯列宁斯大林著作编译局. 马克思恩格斯全集（第8卷）[M]. 北京：人民出版社，1960.

[10] 中共中央马克思恩格斯列宁斯大林著作编译局. 马克思恩格斯全集（第9卷）[M]. 北京：人民出版社，1960.

[11] 中共中央马克思恩格斯列宁斯大林著作编译局. 马克思恩格斯全集

（第 16 卷）[M]. 北京：人民出版社，1960.

　　[12] 中共中央马克思恩格斯列宁斯大林著作编译局. 马克思恩格斯全集（第 17 卷）[M]. 北京：人民出版社，1960.

　　[13] 中共中央马克思恩格斯列宁斯大林著作编译局. 马克思恩格斯全集（第 18 卷）[M]. 北京：人民出版社，1960.

　　[14] 中共中央马克思恩格斯列宁斯大林著作编译局. 马克思恩格斯全集（第 21 卷）[M]. 北京：人民出版社，1960.

　　[15] 中共中央马克思恩格斯列宁斯大林著作编译局. 马克思恩格斯全集（第 22 卷）[M]. 北京：人民出版社，1974：

　　[16] 中共中央马克思恩格斯列宁斯大林著作编译局. 马克思恩格斯全集（第 23 卷）[M]. 北京：人民出版社，1960.

　　[17] 中共中央马克思恩格斯列宁斯大林著作编译局. 马克思恩格斯全集（第 25 卷）[M]. 北京：人民出版社，1960.

　　[18] 中共中央马克思恩格斯列宁斯大林著作编译局. 马克思恩格斯全集（第 26 卷第 1 册）[M]. 北京：人民出版社，1972.

　　[19] 中共中央马克思恩格斯列宁斯大林著作编译局. 马克思恩格斯全集（第 26 卷第 2 册）[M]. 北京：人民出版社，1973.

　　[20] 中共中央马克思恩格斯列宁斯大林著作编译局. 马克思恩格斯全集（第 26 卷第 3 册）[M]. 北京：人民出版社，1974.

　　[21] 中共中央马克思恩格斯列宁斯大林著作编译局. 马克思恩格斯全集（第 37 卷）[M]. 北京：人民出版社，1960.

　　[22] 中共中央马克思恩格斯列宁斯大林著作编译局. 马克思恩格斯全集（第 39 卷）[M]. 北京：人民出版社，1960.

　　[23] 中共中央马克思恩格斯列宁斯大林著作编译局. 马克思恩格斯全集（第 41 卷）[M]. 北京：人民出版社，1995.

　　[24] 中共中央马克思恩格斯列宁斯大林著作编译局. 马克思恩格斯全集（第 42 卷）[M]. 北京：人民出版社，1979.

　　[25] 中共中央马克思恩格斯列宁斯大林著作编译局. 马克思恩格斯全集（第 44 卷）[M]. 北京：人民出版社，2001

　　[26] 中共中央马克思恩格斯列宁斯大林著作编译局. 马克思恩格斯全集（第 46 卷上册）[M]. 北京：人民出版社，1979.

　　[27] 中共中央马克思恩格斯列宁斯大林著作编译局. 马克思恩格斯选集

（第 1 卷）［M］. 北京：人民出版社，1995.

［28］中共中央马克思恩格斯列宁斯大林著作编译局. 马克思恩格斯文集（第 2 卷）［M］. 北京：人民出版社，2009.

［29］中共中央马克思恩格斯列宁斯大林著作编译局. 马克思恩格斯文集（第 8 卷）［M］. 北京：人民出版社，2009.

［30］马克思，恩格斯. 德意志意识形态［M］. 北京：人民出版社，1961.

［31］中共中央马克思恩格斯列宁斯大林著作编译局.1844 年经济学哲学手稿［M］. 北京：人民出版社，1985.

［32］中共中央马克思恩格斯列宁斯大林著作编译局. 列宁全集（第 2 卷）［M］. 北京：人民出版社，1984.

［33］中共中央马克思恩格斯列宁斯大林著作编译局. 列宁全集（第 3 卷）［M］. 北京：人民出版社，2013.

［34］中共中央马克思恩格斯列宁斯大林著作编译局. 列宁全集（第 5 卷）［M］. 北京：人民出版社，2013.

［35］中共中央马克思恩格斯列宁斯大林著作编译局. 列宁全集（第 6 卷）［M］. 北京：人民出版社，1963.

［36］毛泽东. 毛泽东选集（第二卷）［M］. 北京：人民出版社，1991.

［37］毛泽东. 毛泽东选集（第三卷）［M］. 北京：人民出版社，1991.

［38］毛泽东. 毛泽东选集（第四卷）［M］. 北京：人民出版社，1991.

［39］毛泽东. 毛泽东选集（第五卷）［M］. 北京：人民出版社，1999.

［40］毛泽东. 毛泽东选集（第六卷）［M］. 北京：人民出版社，1999.

［41］毛泽东. 毛泽东选集（第七卷）［M］. 北京：人民出版社，1999.

［42］董必武. 董必武法学文集. 北京：法律出版社，2001.

［43］陈独秀著作选编（第二卷）［M］. 上海：上海人民出版社，2009.

［44］刘少奇. 刘少奇选集（下）［M］. 北京：人民出版社，1985.

［45］刘少奇论党的建设［M］. 北京：中央文献出版社，1991.

［46］邓小平. 邓小平文选（第一卷）［M］. 北京：人民出版社，1993.

［47］邓小平. 邓小平文选（第二卷）［M］. 北京：人民出版社，1993.

［48］邓小平. 邓小平文选（第三卷）［M］. 北京：人民出版社，1993.

［49］邓小平文集（下卷）［M］. 北京：人民出版社，2014.

［50］江泽民. 江泽民文选（第一卷）［M］. 北京：人民出版社，2006.

［51］江泽民．江泽民文选（第二卷）［M］．北京：人民出版社，2006．

［52］江泽民．江泽民文选（第三卷）［M］．北京：人民出版社，2006．

［53］胡锦涛文选（第一卷）［M］．北京：人民出版社，2016．

［54］胡锦涛文选（第二卷）［M］．北京：人民出版社，2016．

［55］胡锦涛文选（第三卷）［M］．北京：人民出版社，2016．

［56］习近平．习近平谈治国理政（第一卷）［M］．北京：外文出版社，2018．

［57］习近平．习近平谈治国理政（第二卷）［M］．北京：外文出版社，2017．

［58］习近平．习近平谈治国理政（第三卷）［M］．北京：外文出版社，2020．

［59］习近平．论坚持全面依法治国［M］．北京：中央文献出版社，2020．

［60］中共中央文献研究室．习近平关于全面依法治国论述摘编［M］．北京：中央文献出版社，2015．

［61］中共中央关于全面深化改革若干重大问题的决定［M］．北京：人民出版社，2013．

［62］中共中央文献研究室．习近平关于全面深化改革论述摘编［M］．北京：中央文献出版社，2014．

［63］中国共产党第十九次全国代表大会文件汇编［M］．北京：人民出版社，2017．

［64］中国共产党第十九届中央委员会第四次全体会议文件汇编［M］．北京：人民出版社，2019．

［65］中共中央文献研究室．十六大以来重要文献选编［M］．北京：中央文献出版社，2009．

［66］中共中央文献研究室．十七大以来重要文献选编［M］．北京：中央文献出版社，2009．

［67］中共中央关于全面深化改革若干重大问题的决定［M］．北京：人民出版社，2016．

［68］中共中央文件选集．第11册［M］．北京：中共中央党校出版社，1991．

［69］蔡和森文集（上）［M］．长沙：湖南人民出版社，1979．

［70］程炼. 伦理学导论［M］. 北京：北京大学出版社，2017.

［71］邓正来. 中国法学向何处去［M］. 北京：商务印书馆，2006.

［72］冯玉军. 全面依法治国新征程［M］. 北京：中国人民大学出版社，2017.

［73］付子堂. 法理学进阶［M］. 北京：法律出版社，2005.

［74］付子堂. 马克思主义法学理论的中国实践与发展研究［M］. 北京：中国人民大学出版社，2005.

［75］高鸿钧. 法治：理念与制度［M］. 北京：中国政法大学出版社，2002.

［76］葛洪义. 法律与理性. 法的现代性问题解读［M］. 法律出版社，2001.

［77］公丕祥，蔡道通. 马克思主义法律思想通史（第三卷）［M］. 南京：南京师范大学出版社，2014.

［78］公丕祥，龚廷泰. 马克思主义法律思想通史（第二卷）［M］. 南京：南京师范大学出版社，2014.

［79］公丕祥. 马克思的法哲学革命［M］. 浙江人民出版社，1987.

［80］公丕祥. 马克思法哲学思想论述［M］. 河南：人民出版社，1992.

［81］公丕祥. 马克思主义法律思想通史（第一卷）［M］. 南京：南京师范大学出版社，2014.

［82］公丕样. 法制现代化的理论逻辑［M］. 中国政法大学出版社，1999.

［83］公丕样主编. 当代中国的法律革命［M］. 法律出版社，1999.

［84］龚廷泰. 程德文. 马克思主义法律思想通史（第四卷）［M］. 南京：南京师范大学出版社，2014.

［85］韩延龙，常兆儒. 中国新民主主义革命时期根据地法制文献选编（第一卷）［M］. 北京：中国社会科学出版社，1981.

［86］姜明安. 行政执法研究［M］. 北京：北京大学出版社，2004.

［87］金盛华，张杰. 当代社会心理学导论［M］. 北京：北京师范大学出版社，1995.

［88］李建华. 法律伦理学研究［M］. 湖南：湖南人民出版社，2006.

［89］梁漱溟. 中国文化要义［M］. 上海：上海人民出版社，2003.

［90］梁治平. 法辨：中国法的过去、现在与未来［M］. 贵阳：贵州人

民出版社，1992.

[91] 刘作翔. 法律文化理论 [M]. 商务印书馆. 1999.

[92] 倪愫襄. 伦理学导论 [M]. 湖北：武汉大学出版社，2002.

[93] 邱昭继，王进，王金霞. 马克思主义与西方法理学 [M]. 北京：中国人民大学出版社，2018.

[94] 沈宗灵. 现代西方法理学 [M]. 北京：北京大学出版社，1992.

[95] 苏力. 法治及本土资源 [M]. 中国政法大学出版社，1995.

[96] 王萍，王定国，吉世霖. 谢觉哉论民主与法制 [M]. 北京：法律出版社，1996.

[97] 王琦，李岭梅. 中国法制史 [M]. 北京：中国检察出版社，2016.

[98] 王人博. 中国特色社会主义法治理论研究 [M]. 北京：中国政法大学出版社，2016.

[99] 王学栋. 简明马克思主义发展史 [M]. 南京：东南大学出版社，1991.

[100] 王亚南. 中国官僚政治研究 [M]. 北京：商务印书馆，2012.

[101] 文正邦. 当代法哲学研究与探索 [M]. 北京：法律出版社，1999.

[102] 武树臣. 中国传统法律文化 [M]. 北京：北京大学出版社，1996. ·

[103] 谢觉哉. 谢觉哉日记（下）[M]. 北京：人民出版社，1984.

[104] 信春鹰. 法律移植的理论与实践 [M]. 广州：广东科技出版社，2007.

[105] 燕继荣. 政治学十五讲 [M]. 北京：北京大学出版社，2004.

[106] 俞吾金. 意识形态论 [M]. 北京：人民出版社，2000.

[107] 曾宪义. 中国法制史 [M]. 北京：北京大学出版社，2000.

[108] 张晋藩. 中国法律的传统与近代转型（第2版）[M]. 北京：法律出版社，2005.

[109] 张文显. 马克思主义法理学：理论与方法论 [M]. 长春：吉林大学出版社，1989.

[110] 张文显. 马克思主义法理学 [M]. 长春：吉林大学出版社，1993.

[111] [英] 哈特. 法律的概念 [M]. 张文显，译. 北京：中国大百科全书出版社，1996.

[112] [英] 奥斯丁. 法学的范围 [M]. 刘星，译. 北京：中国法制

出版社，2002.

[113] [英] 特里·伊格尔顿. 马克思为什么是对的 [M]. 北京：新星出版社，2011.

[114] [英] 休·柯林斯. 马克思主义与法律 [M]. 邱昭继，译. 北京：法律出版社，2012.

[115] [英] 安东尼·吉登斯. 现代性的后果 [M]. 田禾，译. 南京：译林出版社，2000.

[116] [英] 弗雷德里希·奥古斯特·冯·哈耶克. 自由宪章 [M]. 北京：中国社会科学出版社，1999.

[117] [英] 边沁. 道德与立法原理导论 [M]. 北京：商务印书馆，2011.

[118] [英] 约瑟夫·拉兹. 法律体系的概念 [M]. 吴玉章，译. 北京：中国法制出版社，2003.

[119] [德] 古斯塔夫·拉德布鲁赫. 法哲学入门 [M]. 雷磊，译. 北京：商务印书馆，2019.

[120] [德] 汉斯-格奥尔格·加达默尔著. 真理与方法：哲学诠释学的基本特征 [M]. 洪汉鼎，译. 上海：上海译文出版社，2004.

[121] [德] 迪特玛尔·冯·德尔·普佛尔滕. 法哲学导论 [M]. 雷磊，译. 北京：中国政法大学出版社，2017.

[122] [德] 阿图尔·考夫曼. 法律哲学 [M]. 刘幸义，译. 北京：法律出版社，2011.

[123] [德] 古斯塔夫·拉德布鲁赫雷磊. 法哲学入门 [M]. 雷磊，译. 北京：商务印书馆，2019.

[124] [德] 康德. 道德形而上学的奠基 [M]. 李秋零，译. 北京：中国人民大学出版社，2013.

[125] [德] 康德. 法的形而上学原理—权利的科学 [M]. 沈叔平，译. 北京：商务印书馆，1991.

[126] [美] 安德鲁·奥尔特曼. 批判法学 [M]. 信春鹰，等译. 北京：中国政法大学出版社，2009.

[127] [德] 斐迪南·滕尼斯. 共同体与社会 [M]. 林荣远，译. 北京：商务印书馆，1999.

[128] [美] 诺内特，[美] 塞尔兹尼克. 张志铭. 转变中的法律与社

会：迈向回应型法 [M]. 中国政法大学出版社, 1994.

[129] [美] 拉塞尔·哈丁. 群体冲突的逻辑 [M]. 上海：人民出版社, 2013.

[130] [美] 波斯纳. 法理学问题 [M]. 苏力, 译. 北京：中国政法大学出版社, 1994.

[131] [美] E. 博登海默. 法理学：法律哲学与法律方法 [M]. 邓正来, 译. 北京：中国政法大学出版社,

[132] [美] 伯尔曼. 法律与宗教 [M]. 梁治平, 译. 北京：生活·读书·新知三联书店, 1991.

[133] [美] 富勒. 法律的道德性 [M]. 郑戈, 译. 北京：商务印书馆, 2009.

[134] [美] 戴维·迈尔斯. 社会心理学 [M]. 侯玉波, 乐国安, 张志勇, 译. 北京：人民邮电出版社, 2006.

[135] [美] 安弗莎妮·纳哈雯蒂. 领导艺术与科学（第6版）[M]. 笪鸿安, 冯云霞, 龙昕, 等译. 北京：电子工业出版社, 2012.

[136] [美] 阿拉斯代尔·麦金太尔. 伦理学简史 [M]. 龚群, 译. 北京：商务印书馆, 2019.

[137] [美] 麦金太尔. 谁之正义？何种合理性？[M]. 万俊人, 等译. 北京：当代中国出版社, 1996.

[138] [美] 埃尔斯特. 理解马克思 [M]. 何怀远, 等译. 北京：中国人民大学出版社, 2008.

[139] [美] 阿尔文·施密特. 基督教对文明的影响 [M]. 汪晓丹, 赵巍, 译. 北京：北京大学出版社, 2004.

[140] [美] 诺内特, [美] 塞尔兹尼克. 转变中的法律与社会：迈向回应型法 [M]. 张志铭, 译. 北京：中国政法大学出版社, 2004.

[141] [美] 巴里·海格. 法治决策者概念指南 [M] 曼斯菲尔德太平洋事务中心, 译. 北京：中国政法大学出版社, 2005.

[142] [美] 庞德. 法理学 [M]. 王保民, 王玉, 译. 北京：法律出版社, 2007.

[143] [美] 罗尔斯. 正义论 [M]. 何怀宏, 等译. 北京：中国社会科学出版社, 2009.

[144] [美] 塔马纳哈. 法律工具主义：对法治的危害 [M]. 陈虎, 杨

洁，译．北京：北京大学出版社，2016.

［145］［苏］帕舒卡尼斯．法的一般理论和马克思主义［M］．杨昂，张玲玉，译．北京：中国法制出版社，2008.

［146］［苏］维果斯基．维果斯基教育论著选［M］．余震球，译．北京：人民教育出版社，2007.

［147］［奥］埃利希．法律社会学基本原理［M］．叶名怡，袁震，译．北京：中国社会科学出版社，2009.

［148］［奥］弗里德里希·哈耶克．致命的自负［M］．冯克利，胡晋华，等译．北京：中国社会科学出版社，2000.

［149］［奥］凯尔森．共产主义法律理论［M］．王名扬，译．北京：中国法制出版社，2004.

［150］［匈］卢卡奇．历史与阶级意识［M］．杜章智，等译．北京：商务印书馆，2017.

［151］［希腊］尼科斯·普兰查斯．政治权力和社会阶级［M］．北京：中国社会科学出版社，1982.

［152］［法］阿尔杜塞．列宁和哲学［M］．远流出版事业股份有限公司，1990.

［153］［法］阿尔都塞．保卫马克思［M］．北京：商务印书馆，1984.

［154］［利比里亚］查尔斯·泰勒．现代性之隐忧［M］．程炼，译．北京：中央编译出版社，2000.

［155］［日］滋贺秀三．中国家族法原理［M］．张建国，等译．北京：法律出版社2003.

［156］［日］杉原泰雄，吕昶，渠涛．宪法的历史［M］．北京：社会科学文献出版社，2000.

［157］［日］穗积陈重．法律进化论［M］．黄尊三，等译．北京：中国政法大学出版社，1998.

［158］［澳］切丽尔·桑德斯．普遍性和法治：全球化的挑战［A］．毕小青，译//夏勇．法治与21世纪［M］．北京：社会科学文献出版社，2004.

［159］［意］安东尼奥·葛兰西．狱中札记［M］．张跃，等译．郑州：河南大学出版社，2016.

二、论文类

[1] 马长山. 法治的平衡取向与渐进主义法治道路 [J]. 法学研究, 2008, 30 (04).

[2] 倪洪涛, 刘丽. 走出福利法治国的困境 [J]. 法律科学 (西北政法大学学报), 2006, 24 (04).

[3] 俞吾金. 马克思主义的中国化和中国马克思主义的国际化——兼论普遍性与特殊性的辩证关系 [J]. 现代哲学, 2009 (01).

[4] 公丕祥. 新时代中国法治现代化的战略安排 [J]. 中国法学, 2018 (03).

[5] 舒国滢, 冯洁. 作为文明过程的法治 [J]. 中共中央党校学报, 2015, 19 (01).

[6] 王思睿. 人权与国权的觉悟——新文化运动与五四运动同异论 [J]. 战略与管理, 1999 (03).

[7] 唐丰鹤, 王永杰. 论马克思主义法学中国化与社会主义法律体系的建立 [J]. 毛泽东邓小平理论研究, 2011 (06).

[8] 张明. 新中国成立 70 年来马克思主义中国化的基本经验 [J]. 福州: 东南学术, 2019 (04).

[9] 赵家祥. 理论与实践关系的复杂性思考——兼评惟实践主义倾向 [J]. 北京大学学报 (哲学社会科学版), 2005 (01).

[10] 秦刚. 马克思主义中国化的理论创造与中国前途命运问题的解答 [J]. 科学社会主义, 2011 (02).

[11] 佟德志. 中国政治体制改革的历史贡献—兼驳西方马克思主义的 "法学空区" 论 [J]. 比较政治学研究, 2010 (1).

[12] 刘召峰. 马克思的拜物教概念考辨 [J]. 南京大学学报 (哲学. 人文科学. 社会科学版), 2012, 49 (01).

[13] 包毅. 恩格斯晚年对马克思主义法学的重大贡献 [J]. 中共天津市委党校学报, 2005 (01).

[14] 陈锡喜. 什么不是马克思主义: 教条主义话语还是马克思主义核心观点的辨析 [J]. 探索与争鸣, 2014 (09).

[15] 张晋藩. 综论百年法学与法治中国 [J]. 中国法学, 2005 (05).

[16] 张晋藩. 体现马克思主义唯物史观的中华法文化 [J]. 法学杂志, 2020, 41 (03).

[17] 夏勇. 中国宪法改革的几个基本理论问题 [J]. 中国社会科学, 2003 (2).

[18] 瞿子夜. 中国传统法治观的流变及重构 [J]. 思想政治教育研究, 2019 (4).

[19] 李龙. 中国特色社会主义法治理论体系纲要 [J]. 法学杂志, 2010, 31 (01).

[20] 李龙. 党法关系是全面依法治国的核心问题 [J]. 中国领导科学, 2017 (9).

[21] 李龙. 马克思主义法学中国化与法学的创新 [J]. 武汉大学学报, 2005, 58 (4).

[22] 江平. 完善市场经济法律制度的思考 [J]. 中国法学, 1993 (1).

[23] 范忠信. 移植法制的民族化改良（笔谈）——传统法治资源的传承体系建设与法治中国化 [J]. 学习与探索, 2016.11-13.

[24] 朱振辉. 从传统法律文化到法治现代化的路径选择 [J]. 理论建设, 2012 (5).

[25] 张中秋. 中西法治文明历史演进比较 [J]. 南京社会科学, 2015 (5).

[26] 沈荣华. 法治现代化论 [J]. 苏州大学学报, 2000.

[27] 万高隆. 德法合治：历史沿革、时代价值与未来方向 [J]. 岭南学刊, 2020 (02).

[28] 杨三正. 邓小平经济法制思想及其当代价值——写在改革开放 30 周年时 [J]. 湛江师范学院学报, 2008, 29 (04).

[29] 王雅琴. 中国传统法律文化及其转型 [J]. 太原理工大学学报（社会科学版）, 2014 (06).

[30] 靳浩辉. 中西文化对勘视阈中的礼法之辨——儒家的礼治传统与基督教的法治传统之比较 [J]. 理论月刊, 2017 (05).

[31] 李辉. 学习领会习近平法治观深刻内涵加快社会主义法治国家建设 [J]. 奋斗, 2015 (03).

[32] 王人博. 一个最低限度的法治概念——对中国法家思想的现代阐释 [J]. 法学论坛, 2003 (01).

［33］王人博．中国法治：问题与难点［J］．师大法学，2017（1）．

［34］刘立明．法治中国进程中传统法律文化的理性传承［J］．理论月刊，2015（9）．

［35］李鼎楚．权利的"方法主义"与法学的"中国建构"［J］．湘潭大学学报，2014（3）．

［36］李交发．论古代中国家族司法［J］．法商研究，2002（04）．

［37］封丽霞．马克思主义法律理论中国化的当代意义［J］．法学研究，2018，40（1）．

［38］蔡卫忠，刘晓然．中国法治的资源与发展趋向［J］．山东社会科学，2019，288（8）．

［39］胡仁智．改革与法制：中国传统"变法"观念与实践的历史考量［J］．法制与社会发展，2017，23（3）．

［40］张明．新中国成立70年来马克思主义中国化的基本经验［J］．东南学术，2019（4）．

［41］胡进考．新中国成立70年来马克思主义中国化的发展历程与基本经验［J］．理论研究，2019（5）．

［42］杨宗科．马克思主义法学的当代价值［J］．法律科学（西北政法大学学报），2019，37（1）．

［43］苏一星，李应伟．浅析我国法制现代化的障碍性因素及其对策［J］．和田师范专科学校学报：汉文综合版（6期）．

［44］张继成．法律推理模式的理性构建［J］．法商研究，2002（4）．

［45］董皞．司法功能与司法公正、司法权威［J］．政法论坛：中国政法大学学报，2002，20（2）．

［46］朱景文．中国特色社会主义法律体系：结构，特色和趋势［J］．中国社会科学，2011（3）．

［47］管华．党内法规制定技术规范论纲［J］．中国法学，2019（6）．

［48］应松年．加快法治建设促进国家治理体系和治理能力现代化［J］．中国法学，2014（6）．

［49］王振民．党内法规制度体系建设的基本理论问题［J］．中国高校社会科学，2013（5）．

［50］周强．形成高效的法治实施体系［J］．求是，2014（22）．

［51］姜明安．中国依宪治国和法治政府建设的主要特色［J］．政治与法

律，2019（8）.

［52］李连宁．我国人民代表大会制度的特征和优势［J］．人民论坛，2021（4）.

［53］吴传毅．法治政府建设的多维审视［J］．行政论坛，2019，26（3）.

［54］李蕊．论我国行政责任追究制度的历史演变与发展趋势［J］．济南大学学报（社会科学版），2009，19（6）.

［55］习近平．辩证唯物主义是中国共产党人的世界观和方法论［J］．求是，2019（1）.

［56］李冉．中国道路与马克思实践观的革命性质［J］．理论探讨，2019（3）.

［57］于浩．中国改革开放40年来的法理学演变——兼论对马克思主义法学理论中国化的坚持与发展［J］．毛泽东邓小平理论研究，2018（4）.

［58］黎国智，田成有．创新与超越马克思主义法学在当代中国的命运［J］．现代法学，1995（6）.

［59］王南湜．马克思主义哲学中国化：百年回顾与展望［J］．社会科学文摘，2020（10）.

［60］倪瑞华．马克思的意识形态概念内涵的语境分析［J］．马克思主义研究，2017（9）.

［61］孙炳炎．论马克思主义阶级性与科学性的统一：兼评西方马克思主义的历史进程［J］．安阳师范学院学报，2013（3）.

［62］李敬煊，金姣．马克思主义在中国的早期传播［J］．学习与实践，2020（5）.

［63］王新生．马克思正义理论的四重辩护［J］．中国社会科学，2014（4）.

［64］沈晓阳．论交换的正义［J］．社会科学辑刊，1997（4）.

［65］张国清．分配正义与社会应得［J］．中国社会科学，2015（5）.

［66］傅鹤鸣．亚里士多德矫正正义观的现代诠释［J］．兰州学刊，2003（6）.

［67］高奇琦．全球治理、人的流动与人类命运共同体［J］．世界经济与政治，2017（1）.

［68］艾伦·伍德，林进平，张娜．正义与阶级利益［J］．国外理论动

态，2016（1）.

[69] 赵京超.《正义论》中的经济学模型研究 [J]. 黑龙江工业学院学报（综合版），2018，18（4）.

[70] 傅丽红，张国清. 马克思、罗尔斯和社会正义 [J]. 浙江社会科学，2021（2）.

[71] 陈瑞华. 论协商性的程序正义 [J]. 比较法研究，2021（1）.

[72] 雷琳，张倩. 中国共产党执政理念的演化与发展 [J]. 科学社会主义，2006：52.

[73] 郑曙村. 中国共产党执政合法性的转型及其路径选择 [J]. 文史哲，2005（1）.

[74] 胡建，刘惠. 中国共产党执政合法性的流变及其重塑 [J]. 内蒙古社会科学：汉文版，2010（3）.

[75] 郭定平. 政党中心的国家治理：中国的经验 [J]. 政治学研究，2019（3）.

[76] 王玉春. 完善宪法人权保护的路径研究 [J]. 法制与社会：旬刊，2016：65.

[77] 叶海波. 中国共产党依规治党的法治基因及其百年历史演进 [J]. 武汉大学学报（哲学社会科学版）2021，74（1）.

[78] 汤景业. 论中国共产党依规治党的基本构造 [J]. 党内法规理论研究，2020（1）.

[79] 刘群，徐德刚. 依规治党是全面从严治党的根本路径 [J]. 中国党政干部论坛，2020（12）.

[80] 刘长秋. 论党内法规的含义及其制度建设的要求 [J]. 探索，2019（3）：80-86，2.

[81] 郝铁川. 依法治国和依规治党中若干重大关系问题之我见 [J]. 华东政法大学学报，2020，23（5）.

[82] 陆宇峰. 依规治党与依法治国相统一的原理和要求 [J]. 当代世界与社会主义，2017（1）.

[83] 侯继虎. 新时代党内法规体系化的法理逻辑与发展路径 [J]. 政治与法律，2019（4）.

[84] 王建芹. 法治视野下的党内法规体系建设 [J]. 中共浙江省委党校学报，2017，33（3）.

[85] 武小川."党内法规"的权力规限论——兼论"党内法规"软法论的应用局限 [J]. 中共中央党校学报, 2016, 20 (6).

[86] 李泽泉. 中国共产党党内法规建设的历史考察 [J]. 浙江科技学院学报, 2017, 29 (2).

[87] 周叶中. 邵帅. 论依规治党 [J]. 学习与实践, 2020 (2).

[88] 胡娟. 马克思主义哲学中国化的方法论 [J]. 学术探索, 2017 (2).

[89] 高放. 马克思主义是人的解放学——对加强马克思主义整体研究的呼唤 [J]. 宁夏党校学报, 2005 (2).

[90] 李佃来. 马克思正义思想的三重意蕴 [J]. 中国社会科学, 2014 (3).

[91] 徐爱国. 亚里士多德法律正义论的思想史探索 [J]. 中外法学, 2004 (4).

[92] 翟子夜. 中国传统法治观的流变及重构 [J]. 思想政治教育研究, 2019 (4).

[93] 王雅琴. 中国传统法律文化及其转型 [J]. 太原理工大学学报（社会科学版）, 2014 (6).

[94] 陈真. 何为美德伦理学 [J]. 哲学研究, 2016 (7).

三、报纸

[1] 习近平. 在哲学社会科学工作座谈会上的讲话 [N]. 人民日报, 2016-05-19 (2).

[2] 何帆，李承运，李威娜. 推动新兴科技与诉讼制度深度融合强化互联网法院依法治网引领作用 [N]. 人民法院报, 2020-10-15 (5).

[3] 张文显. 统筹推进中国特色社会主义法治体系建设 [N]. 人民日报：2017-08-14 (7).

[4] 彭波. 司法公开彰显制度力量 [N]. 人民日报, 2019-08-15 (19).

[5] 陈梅娟. 为公正司法插上智慧的翅膀 [N]. 人民法院报, 2020-06-07 ().

[6] 烨泉. 独立审判，司法改革的攻坚之战 [N]. 法制日报, 2013-11-15 (7).

［7］彭波. 司法公开彰显制度力量［N］. 人民日报，2019-08-15（19）.

［8］陈梅娟. 为公正司法插上智慧的翅膀［N］. 人民法院报，2020-06-07（2）.

［9］刘武俊. 每一个公民都应成为"七五"普法的参与者［N］. 人民公安报，2016-04-21（3）.

［10］黄继鹏. 关于依法治国和依规治党的思考［N］. 中国纪检监察报，2015-01-06（5）.

［11］王晓巍. 把依规治党贯穿全面从严治党全过程［N］. 中国国门时报，2020-12-02（4）.

四、外文文献类

［1］Maurine Cainand Alan Hunter. *Marx and Engles on Law*［M］. Penguin Press. New York, N. Y, 1979.

［2］Lucio Colletti, *From Rousseau to Lenin*［M］. New York：Monthly Review Press, 1972.

［3］Cf. Ronald Dworkin, *Taking Rights Seriously*［M］. Harvard University Press, 1978.

［4］Jeremy, Waldron, *The Rule of Law in Contemporary Liberal Theory*［M］. Ratio Juris, 1989.

［5］Cf. L. Fuller, The Morality of Law, rev. ed［M］. Yale University Press, 1969.

［6］Max Weber. *On Law in Economy and Society*［M］. Simon&Schuster, New York. 1954.

［7］E. P. Thompson. *Whigs and Hunters*［M］. New York, N. Y., 1975.

［8］Cohen, G. A, *Kail Marxs Theory of History. A Defence*［M］. Oxford, 1978.

［9］P. Berny and R. *Quinny, Marxism and Law*［M］. Free Press, New York, N. Y., 1982.

［10］AVINERI, S. *The Social and Political Thought of Karl Marx*［M］. Cambridge, 1968. Ch. 3.

［11］MILIBAND, R. *Marxism and Politics*［M］. Oxford, Chs, Ⅲ and

IV-. 1977.

[12] Moothouse, B. , *Law. State and Society* [M]. Croom Helm, London, 1981.

[13] Cain, M. and Hunt, A. *Marx and Engels on Law* [M]. Academic Press, London, 1979: 50

[14] RENNER, K. *The Institutions of Private Law and their Social Functions* [M]. ed. London, 1949: 28

[15] Nicos Poulantzas. *Political Power and Social Classes* [M]. New Left Books and Sheed&Ward, London, 1975.

[16] Nicos Poulantzas. *Classes in Contemporary Capitalism* [M]. NLB, 1975: 14.

[17] Richard B. Brandt. *A Theory of the Good and the Right* [M]. Oxford and Gloucestershire: Oxford, clarendon press, 1979. [18] Friedman L M. *Legal Culture and Social Development* [J]. Verfassung in Recht und bersee, 1969, 2 (3).

[19] Jürgen Habermas. *What does Socialism Mean Today? The Rectifying Revolution and the Need for New Thinking on the Left* [J]. New Left Review. Sept/Oct, 1990. 12.

[20] Martin, Krygier, *Marxism and the Rule of Law: Reflections after the Collapse of Communism* [J]. Law&Social Inquiry, 1990.

[21] Plamenatz, J. *Man and Society* [J]. Vol. 2. Longmans, London, 1963.